融合型·新形态教材
复旦学前云平台 fudanxueqian.com

普通高等学校学前教育专业系列教材

# 幼儿教育法制案例分析

主　编　童宪明

副主编　饶志燊　丁德胜

编　者（按姓氏笔画排列）

　　　　丁德胜　田建国　江一浩

　　　　饶志燊　嵇　辉　童宪明

复旦大学出版社

## 内容提要

　　本书精选与幼儿教师或幼儿密切相关的153个法制案例，内容分别涉及幼儿园与幼儿、幼儿园与教师、家庭与社会、国外案例。每个案例以案情、分析和建议来呈现，案例丰富多样，分析简洁易懂，建议中肯实用，有利于增强幼儿教师和家长的法律意识，保护自我，减少安全和侵权隐患。

# 前　言

2013 年 9 月，复旦大学出版社组织编写并出版了《幼儿教育法规与政策》这本学前教育的教材，被数十所幼儿师范学校使用，并得到好评。从反馈情况来看，学生对这一新的学科颇感兴趣，教材很受师生的青睐，并迫切盼望有一本配套的《幼儿教育法制案例分析》出版，以便了解不同状况下发生的幼儿事故的处理及相关的法律法规，提高事故预防和处理能力，拓展法律的视野，提升法律素养。

另一方面，这几年来，与幼儿相关的社会事件频频发生，有些还是以前从未出现过的新的事故。如幼儿园校车事故很多，有翻车事故、闷死幼儿事故、校车撞人事故、校车超载事故、车厢内伤害事故等。再如，随着微信的广泛使用，很多人（包括幼儿教师）爱在朋友圈里"晒"图片，有些缺乏法律意识的老师把幼儿体检时的"裸照"或本班体检结果"晒"出来，吸引点赞。面对这些新型的幼儿事故，家长感到很迷茫，需要了解相关的法律法规；幼儿园园长很着急，教师也很担心，迫切希望了解相关的知识，尽可能避免事故的发生，在事故之后，能有效地应对这类事件。

基于此，复旦大学出版社组织人员编写了这本《幼儿教育法制案例分析》。

本书中的案例都是以幼儿或幼儿教育为中心收集的，大部分案例来自社会现实中发生的真实的事件，小部分是拟制案例。案例分四个部分，分别是幼儿园与幼儿、幼儿园与教师、家庭与社会和附编国外案例。每个案例分三个部分，案情、分析、建议，但国外案例只作介绍，不作分析与建议。

编写中，为了避免重复，对于一些经常出现的法律文本的名称采用简写的形式。如《中华人民共和国教育法》，写为《教育法》；《中华人民共和国未成年人保护法》，写为《未成年人保护法》，以节省篇幅，也不影响效果。

本书由以下人员编写：苏州幼儿师范高等专科学校童宪明，贵阳幼儿师范高等专科学校饶志燊，徐州幼儿师范高等专科学校嵇辉，铜仁幼儿师范高等专科学校丁德胜，江西万年师范学校江一浩，洛阳幼儿师范学校田建国。

本书编写过程中，参考了不少的省市报纸杂志，得到了很多老师、朋友的支持和帮助，在此一并表示感谢。由于编写人员水平所限，案例分析主要着眼于法律条款的适用上，未作学理上的探究，书中的不足与疏漏在所难免，恳请广大读者、教师、专家批评指正。

童宪明

2015 年 10 月 12 日

# 目　录

## 第二编　幼儿园与教师

## 第三编　家庭与社会

## 附编　国外案例

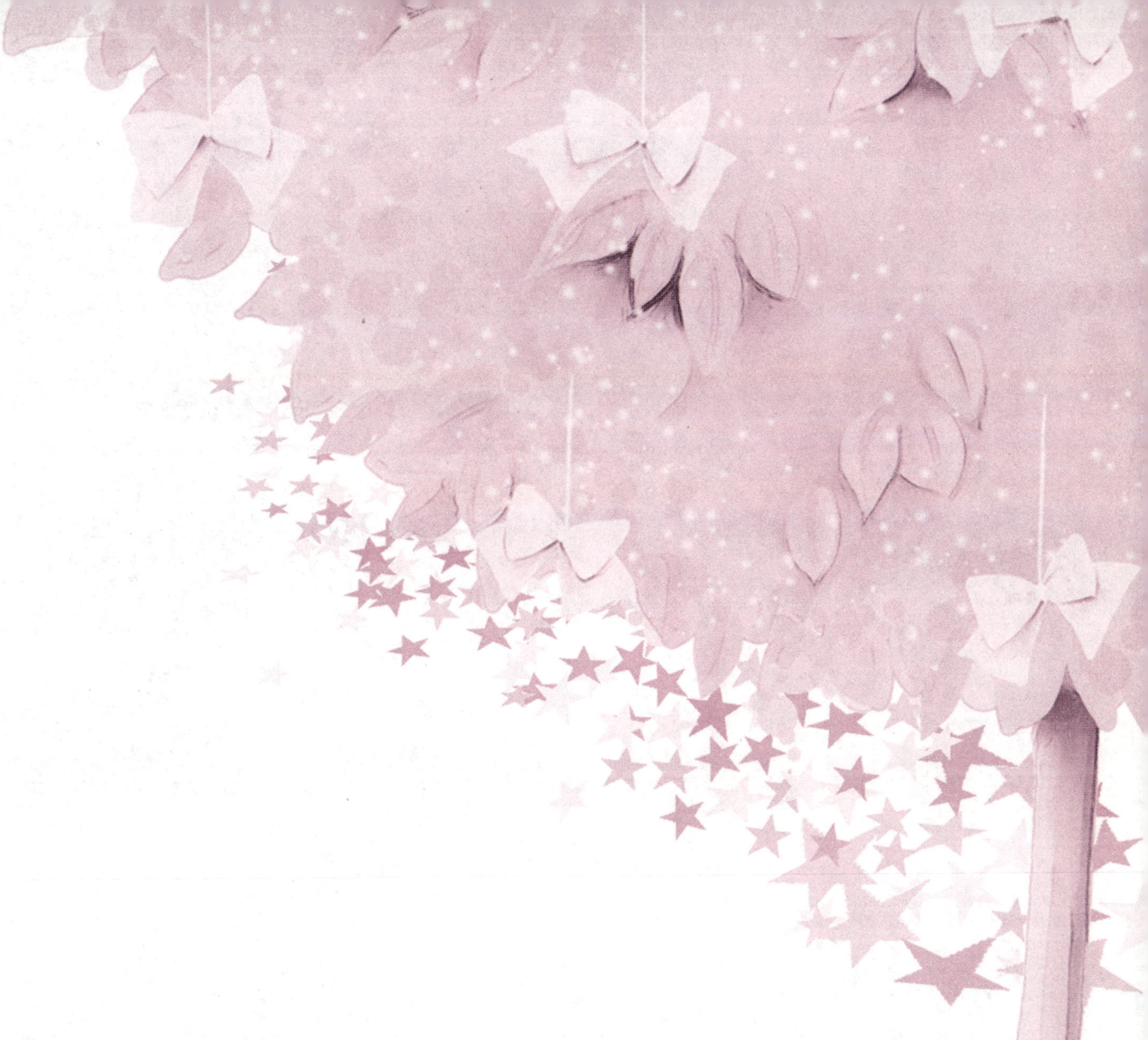

# 第一编 幼儿园与幼儿

# 1. 放学后摔伤，幼儿园免责

## 案情

　　2014年9月的一个下午，江苏某幼儿园已过了放学时间，绝大多数孩子已经跟随家长回家了。只剩下张明和其他两个大班的孩子留在传达室里，由王老师和陈老师看护着。五时左右，张明从窗子里看到父亲远远地在走来了，他急切跑出传达室，要在幼儿园的大门口等父亲。王老师为了防止他冲出大门，就挽护着他一起站在大门口。张父在距离大门还有三米左右，就对儿子拍拍手，说过来吧。王老师松开了手，张明就冲向其父。不料刚跑两步，脚一绊摔了一跤，跌倒在其父亲的跟前。张明倒在地上，左胳膊不能动弹。王老师当即和张父一起将张明送医院救治，诊断为左肱骨髁上骨折。后医院告知张明家长，张明的骨折愈合部位畸形，应当在12周岁后做矫形手术。张父感到这是一笔不小的费用，就与幼儿园协商要求支付一定的费用。但幼儿园认为自己没有什么过错，不应该承担赔偿责任。张明遂将幼儿园告上法庭，要求被告支付张明的矫形治疗费等。

## 分析

　　这是一桩幼儿伤害纠纷案。伤害事故发生在幼儿交接过程中，幼儿园是否要承担责任，关键要看交接手续有没有完成。

　　法院审理时，在查清认定了上述事实后认为：学校对在校未成年学生的人身安全在一定范围内负有管理、监督和保护责任。但这种责任并非监护责任。未成年学生的法定监护人仍然是家长而非学校，学校只是代为履行学生在校期间其法定代理人不便于行使的部分监护责任，而且该职责应限制在未成年学生在学校的管理和控制之下的特定时间和空间内，而不能任意延伸、扩大学校的责任范围。

　　本案中，幼儿园教师尽心尽职，过了放学时间派遣了两位教师专门看管三个孩子，王老师还拉着张明的手等在大门口。是张父说了声过来吧，老师才松手的，可以认为这时对幼儿的交接已经完成，意味着幼儿园对幼儿的保护、照顾之责已经终结。对于小孩跑了两步后摔倒，这是老师无法预见的，家长也是无法预见的，所以无过错。事情发生后，老师积极配合家长救治，尽了本分职责之外的义务，体现了教师对幼儿的关爱。纵观整个事件，幼儿园和老师并无过错。由此，根据《最高人民法院关于贯彻执行民法通则若干问题的意见（试行）》第160条关于学校、幼儿园对在校学习的无民事行为能力人受到伤害或致人损害的，有过错时才适用承担赔偿责任的规定，判决该幼儿园不承担赔偿责任，张明所需治疗费用万余元由家长自己承担。

　　另外，2002年9月1日生效的《学生伤害事故处理办法》第13条规定："在学生自行上学、放学、返校、离校途中发生人身损害后果的"，学校行为并无不当，不承担后果。该"办法"与民法通则及最高院的"意见"是不相悖的。法院的判决是公正的。

### 建 议

(1) 幼儿园严格看管幼儿是值得肯定的,一方面可以避免不良事故的发生,保护好幼儿;另一方面,一旦出现伤害事故,幼儿园只要按照制度办事,就可以免责。

(2) 幼儿园和家长应多多教育孩子,不要在马路上奔跑,走路时要看清路面是否平整、是不是有障碍物等,防止跌摔而致伤。

(3) 家长应给幼儿园一个宽松的环境,多一份理解与支持,为哺育祖国的下一代共同努力,让祖国的花朵能健康成长。

## 2. 幼儿逗留幼儿园,身体受伤谁负责?

### 案 情

小星是小月同一所幼儿园大(1)班的孩子,他们父母都是上班族,工作较忙,小孩子来去幼儿园的任务均由退休在家的爷爷完成。2002年9月11日,星期三,幼儿园按时拉开大门,让孩子的家人进园接走自己家的小孩。小星和小月均由其爷爷领出班级,但由于时间尚早,两个小孩子均不想回家,要留在幼儿园内玩大型玩具。由于幼儿园没有明文规定,家长带领走出教室后,是否可以留在园内玩耍,所以许多孩子常常在家长的伴同下,逗留幼儿园内,玩耍大型玩具。这天,小星和小月在各自爷爷的陪同下,玩滑滑梯。一开始很规矩,相安无事。后来玩得有点兴奋了,比谁滑得快。小月一次滑下后,发现鞋带松了,就坐在滑梯的下端系鞋带;小星一心想着滑得快,也不看下面坐着的人就滑下了,结果小星的脚撞击了小月的小腿,造成小月胫骨骨折,由此引发了纠纷。那么小月的损伤应该由谁来负责呢?

### 分 析

本案是两个幼儿在相互玩耍中,造成身体伤害的纠纷。伤害发生在幼儿园中,而此时已放学,幼儿已脱离教师的管理,在家人的看管下发生的,使纠纷更为复杂。

首先分析一下幼儿园是否存在过错。幼儿园老师在规定的放学时间之后,将孩子交给了其爷爷,应该认为此时教师对幼儿的管理、照顾的责任已经完成,其责任已转移到了其爷爷的身上。爷爷带了孩子在未经幼儿园许可的情况下,擅自滞留在幼儿园内玩耍,而小孩的伤害并非是大型玩具(滑滑梯)的不合格所致,关键是爷爷没有尽到看管的责任所致,因此园方是没有过错的。最高人民法院《关于贯彻〈中华人民共和国民法通则〉若干问题的意见(试行)》第160条规定:"在幼儿园、学校生活、学习的无民事行为能力的人或者在精神病院治疗的精病人,受到伤害或者给他人造成损害,单位有过错的,可以责令这些单位适当给予赔偿。"所以幼儿园是不负责的。

另一方面,教育部《学生伤害事故处理办法》已于2002年9月1日生效。幼儿园发生的幼儿伤害事故参照该办法处理。该办法第十三条规定"下列情形下发生的造成学生人身损害后果的事故,学校行为并无不当的,不承担事故责任。……(三)在放学后、节假日或者假期等学校工作时间以外,学生自行滞留学校或者自行到校发生的。"本案显然符合该条款,故幼儿园不负责任。

其次,分析致害人小星是否该负责?小星在玩耍滑梯时,将小月的胫骨撞断,其行为直接侵害了小月的合法权益,应该承担相应的民事责任。但是,小星是个大班的幼儿,不满十周岁,是无民事行为能力人,不可能由小星自己来赔偿。根据《民法通则》第一百三十三条的规定:"无民事行为能力人、限制行为能力人造成他人损害的,由监护人承担民事责任。"小星的法定监护人是其父母,不是其爷爷,所以小星的父母应承担民事责任。

第三,分析受害方是否要负一定的责任?小月的爷爷是受小月的父母之托去接小月的,在接到小月之后,爷爷应该看管、照顾好小月。在小月玩滑梯时,其爷爷也在旁边,当两个幼儿在拼命跑上去滑下来快滑时,就隐藏着事故发生的可能性,其爷爷没有及时制止。小月坐在滑梯下端系鞋带,这个行为违反了游戏的基本规则,而其爷爷也没有及时拉走小月。所以,其爷爷没有尽到看管、照顾的责任。因此受害方也有一定的责任,应该承担相应的民事责任。

本案,最后在幼儿园的协调下,双方达成了协议。小星父母负主要赔偿责任;小月父母负小部分责任;幼儿园出于人道和对幼儿的爱护,主动给予一定的补偿。

## 建 议

(1) 幼儿家人接到幼儿后,逗留在幼儿园内玩耍,是常见的现象,幼儿园应对此作出相关规定,或提醒家长注意某些事项。

(2) 家人陪同幼儿在幼儿园玩耍,应把安全放在第一位;教师要教育幼儿遵守游戏规则。

## 3. 幼儿园里被狗咬,如何请求赔偿?

### 案 情

江南某小镇幼儿园,四周为居民住宅区,有不少居民养狗作为宠物。一天下午,大班孩子在幼儿园操场上做游戏时,一条白狗从围墙的铁栏杆间钻了进来,窜至大班孩子活动的场边。孩子们见狗跑来,十分惧怕,向操场四周跑散,年轻的老师也急忙躲避。结果,白狗追上一男孩小春,并在其左腿上咬了一口,伤口流出了少量血。旋即,幼儿园的教职工一起出来,将狗打了出去,并把小春送往镇卫生院治疗。经查该白狗注射过狂犬疫苗,狗的主人为超市老板王六一。治愈后,小春父母就孩子受到的伤害,提出了赔偿的请求。

### 分 析

这是一起动物致人损害赔偿纠纷案,由于白狗咬人发生在幼儿园上课时,故本案涉及三方当事人。我国《民法通则》第127条规定:"饲养的动物造成他人损害的,动物饲养人或者管理人应当承担民事责任;由于第三人的过错造成损害的,第三人应当承担民事责任。"本案中,咬伤小春的白狗是王六一所养,

即王六一为动物饲养人,这是附近居民及居委会均可作证的事实,王六一也承认该狗为他所养,所以,王六一应负赔偿责任。在整个咬人的过程中,受害人小春是在幼儿园老师的带领下,进行正常的室外活动,无任何过错,因此,可以排除王六一的免责理由。

由于本案发生在幼儿园的教学活动中,幼儿园也有相应的责任。最高人民法院《关于贯彻〈中华人民共和国民法通则〉若干问题的意见(试行)》第160条规定:"在幼儿园、学校生活、学习的无民事行为能力的人或者在精神病院治疗的精神病人,受到伤害或者给他人造成损害,单位有过错的,可以责令这些单位适当给予赔偿。"那么幼儿园在本案中,有无过错呢? 根据国家教委《幼儿园管理条例》第7条:"举办幼儿园必须将幼儿园设置在安全区域内。严禁在污染区和危险区内设置幼儿园。"该条例第19条规定:"幼儿园应当建立安全防护制度,严禁在幼儿园内设置威胁幼儿安全的危险建筑物和设施。"本案中,白狗在幼儿园围墙的铁栏杆间钻进来,说明幼儿园的围墙是存在缺陷的,不能保证幼儿在幼儿园中安全活动,幼儿园存在过错。

另一方面,《中华人民共和国未成年人保护法》第22条:"学校、幼儿园安排未成年人参加集会、文化娱乐、社会实践等集体活动,应当有利于未成年人的健康成长,防止发生人身安全事故。"我国《教育法》第44条:"教育、体育、卫生行政部门和学校及其他教育机构应当完善体育、卫生保健设施,保护学生的身心健康。"我国《教师法》第8条第五款规定:"教师应制止有害于学生的行为或者其他侵犯学生合法权益的行为。"

以上法律条款,要求教师在教育活动中,应保护、照顾好幼儿,防止伤害幼儿人身安全的事故发生,确保孩子的人身安全。本案中,白狗窜向孩子时,教师自己也在躲避,根本没有设法打退白狗的追咬,没有尽到保护孩子的职责,这是幼儿园的又一过错。因此,幼儿园应承担相应的责任。

## 建 议

(1) 目前,居民养宠物狗的现象较多,幼儿园在围墙及其他设置上,应予以相应的设施,防止狗窜入围墙内伤害无辜的幼儿。

(2) 教师应学习一些应急技能、方法,对一些突发事件不应慌张,尽可能首先保护孩子。

(3) 幼儿园应与附近居民委员会、街道等组织联系,倡导给幼儿一个安全的环境,不要让散养的狗之类的宠物进入幼儿园附近。

## 4. 园内幼童被拐,园方承担责任

### 案 情

王小明是某私立幼儿园中班的孩子,今年4岁。其父母在本地开一小店为生,业务很忙,没有时间照顾小孩,一直由小明的外婆接送到幼儿园。去年2月的一天,家人与往常一样将小明送至幼儿园。下午一时左右,一个自称是王小明叔叔的男子匆匆来幼儿园接小明,并对小明的老师说小明的父亲在外出了车祸,在医院快不行了,来接小明去见其父最后一面。情急之下,年轻班老师也来不及核实情况,就将午睡中的小明叫醒,匆忙地帮其穿好衣服遂交给该男子接走。当日下午

3点多钟,小明的外婆到幼儿园接小明回家,被告知小明已在中午被人接走,并将当时的详细情况说了一遍。外婆感到情况不妙,小孩一定是被人骗走了,因为小明的父亲今天根本没有外出,始终在店里做生意,外婆出来时还看到小明的父亲好好的,怎么会可能出车祸呢? 小明父母亲得知情况后,放下生意立即赶至幼儿园。与此同时园方感觉问题严重,马上向"110"报警。

小明的父母迅速通知了所有的亲戚朋友一起帮助寻找孩子,并在车站码头张贴寻人启事。两天后,小明由公安人员送回到家。据查,当天小明被一男子带上去外地的客车,行至途中顿生害怕,该男子借口下车,就再也不见了,司机只好把小明带回本地,正好在车站内看到了寻找小明的启事,于是将小明送至公安局。拐走小明的犯罪嫌疑人至今未抓获。后小明父母多次与园方协商赔偿事宜,未果,遂向法院起诉。要求园方承担经济损失4 881元,精神损失费4 000元。

## 分 析

这是一件幼儿被拐骗案,而且是在幼儿园的作息时间内、在教师的手上被骗子拐走的,所以幼儿园的过错是显而易见的,尽管孩子回来了,没有造成多大的实际损害,但给家长带来的精神负担还是非常大的。幼儿园作出赔偿是应该的。本案的骗子由司法机关追究其刑事责任,另案处理,这里不再详述。

幼儿园对幼儿有保护、照顾的法定责任。《中华人民共和国未成年人保护法》第22条:"学校不得使未成年学生在危及人身安全、健康的校舍和其他教育教学设施中活动。""学校和幼儿园安排未成年学生和儿童参加集体活动,应当有利于未成年人的健康成长,防止发生人身安全事故。"第26条:"幼儿园应当做好保育、教育工作,促进幼儿在体质、智力、品德等方面和谐发展。"

幼儿园应当按照规章制度办事,严格遵守幼儿的接送制度,不管何种情况都不能把孩子交给一个不认识的人,即使是出现了突发事件也是如此。本案中,一位自称是小明叔叔的人,编了一个十分低级的谎言,教师就把孩子交给了他,也没有问一问小明是否认识他,或者打个电话问一下家长,是否托人来接小孩。本来完全可以避免事件的发生,由于幼儿园的过失而发生了,幼儿园没有尽到保护的法定职责,其责任不可推卸。

法院经审理认为,本案中园方未严格执行幼儿接送制度,违反了其法定义务,小明父母提出的经济损失有证据证实的,园方应予赔偿。据此判决园方赔偿小明父母实际经济损失631元,精神抚慰金2 000元。法院的判决是正确的,也是合情合理的。

## 建 议

(1) 幼儿园应当严格遵守幼儿的接送制度,一定程度上这比幼儿园的教育工作更为重要,它牵涉到幼儿的生命和安全,来不得半点疏忽。

(2) 年轻的教师刚从师范院校毕业,缺乏一定的社会经验,思想较为单纯,容易上骗子的圈套,幼儿园应该给她们补上这节课,提高保护幼儿的意识,加强防范意识。

(3) 有些幼儿园的经验值得借鉴,他们给每位幼儿一张家人接送证,届时凭证接孩子,认证不认人,不管多熟悉的人,没有证就不给孩子。完全从保护幼儿的角度出发,家长也能理解与支持的。

# 5. 孩子被人咬，园方有无责？

## 案情

2001年6月，某幼儿园中班的孩子进行户外的体育活动，主要内容是玩小皮球。孩子们玩得非常投入，个个都是汗流浃背。老师让他们把长袖、外衣脱了，身上只穿件汗衫或背心。小山与明明在一起各自玩着自己手中的皮球，小山提出要与明明换球玩，但明明不同意并抱住自己的球。小山见明明不肯给球，就放下自己的球去抢明明的球。由于小山身体比明明高大，力气也大，没几下小山就抢到了明明的球。球被抢去，明明非常恼怒，从后边追上去，拉住小山的左臂狠狠咬了一口。小山痛得大叫，手臂上鲜血流了出来。正在为小孩子脱衣服的老师听见了叫声，迅速赶了过来，制止事态的发展，并立即叫来了校医把小孩送去医院。医生给小山缝了三针，包扎好伤口，用去医疗费将近百元。事后，小山的父母认为，小孩的伤害虽然不太严重，治疗费也不高，但责任全在园方，并要求幼儿园保证以后绝对不再发生此类事件。幼儿园认为此事责任不在园方，而在两个孩子身上，并且表示不可能保证此类事件绝对不会重现。为此，发生纠纷，走进了法院。

## 分析

这是一起在园幼儿伤害幼儿引发的纠纷，此时教育部《学生伤害事故处理办法》尚未颁布。当时法律界人士对幼儿园与幼儿的关系有多种观点，认为幼儿园是幼儿的临时监护人，就是其中一个具有代表性的观点。最后法院以幼儿园未能完全履行临时监护责任为由，判决幼儿园承担主要损害责任；两个孩子不遵守幼儿园的纪律，未按教师的要求活动，由其法定代理人对其行为后果承担一定责任。幼儿园为了宁事息讼，不宜扩大影响，服从判决。

本案法院判决幼儿园承担的是"临时监护责任"，即将幼儿园与在园内学习、生活的未成年人之间看成是一种临时的监护与被监护的关系。这种观点，从现在来看是站不住脚的。2002年9月1日起《学生伤害事故处理办法》正式施行，该《办法》第7条规定："未成年学生的父母或者其他监护人应当依法履行监护的职责，配合学校对学生进行安全教育、管理和保护工作。学校对未成年学生不承担监护职责。" 2010年实施的《侵权责任法》第38条规定："无民事行为能力人在幼儿园、学校或者其他教育机构学习、生活期间受到人身损害的，幼儿园、学校或者其他教育机构应当承担责任，但能够证明尽到教育、管理职责的，不承担责任。"

由此可以确定幼儿园不是幼儿的监护人，不应尽监护责任，幼儿园只有教育、管理、保护幼儿的责任。所以，幼儿园不应承担这种"临时监护责任"。

## 建议

(1) 幼儿园不是幼儿的监护人，但是幼儿园有保护、教育、管理幼儿的责任，这是义不容辞的。

(2) 幼儿园应把安全放在首要的位置，任何教学活动首先要考虑的就是安全因素。

(3) 教师配合家长，教育幼儿不能去伤害或冲撞他人。

## 6. 幼儿高铺摔下，园方要负何责？

### 案　情

　　5岁的兰兰上幼儿园中班，去年秋天，爷爷的堂兄从国外回来探亲，为孙辈小孩带了很多服装，因为最喜欢兰兰，就让兰兰先去挑选。兰兰母亲选取了淡红色套裙一件，款式新颖，上衣的钮扣是用金色的金属钩组成的，左右钩相勾就扣上了衣襟。第二天，兰兰穿了新衣服去幼儿园，老师和小朋友都说兰兰的新衣服非常漂亮，兰兰笑得很甜。可是，在户外活动时，班主任王老师发现，兰兰衣服上的金属钩常常勾住其他小朋友的衣服，特别是衣襟解开时，勾住别人的概率很高，所以王老师就让兰兰把套装的上衣脱下了再活动。放学时，王老师告诉兰兰爷爷，这件衣服易勾住他人，不巧的话会划伤其他小孩子，建议明天不要穿此衣服或者更换衣服的钮扣。但兰兰母亲认为没问题的，教师夸大了事实。第二天仍然穿了该套裙来园。一周后，兰兰午睡后穿好衣服准备下床，由于睡在上铺，下来时双手抓住护栏，一脚踏在横杆上。不料护栏突然折断，兰兰侧摔在地上，左眼恰巧撞在自己衣服的金属钮扣上，当场眼睛出血，哇哇大哭。王老师立即叫来救护车，送医院急诊治疗。经医院检查，除了眼睛之外，无其他伤害。兰兰经手术及术后的治疗，三个月后出院了，眼睛保住了，但视力下降了不少。共用去医疗费2万元，为此家长与园方出现了纠纷，那么幼儿园与家长应该如何分担责任呢？

### 分　析

　　这是一起幼儿在幼儿园伤害的纠纷案，表面上纠纷在于医疗费的分担，而本质上，是对家长和幼儿园双方责任的认定上。

　　家长认为，本次伤害事故的责任完全应由幼儿园负责，其理由有三条：第一，小孩是无民事行为能力人，家长把小孩送进幼儿园，就是把小孩交给了幼儿园，或者说是委托给了幼儿园，意味着家长已经将幼儿在园期间的监护责任委托给了幼儿园，幼儿园成了幼儿的临时监护人，发生在幼儿园内所有事故，园方都应承担责任；第二，伤害事故发生的首要原因是上铺护栏的折断。根据《幼儿园管理条例》和《未成年人保护法》等相关条款的规定，幼儿园应为幼儿提供合格、卫生的教学和生活设施，保证幼儿活动的健康与安全。本案中，幼儿园提供了不合格的床铺，导致小孩摔下，存在着过错；第三，根据最高人民法院《关于贯彻〈中华人民共和国民法通则〉若干问题的意见》第160条规定："在幼儿园、学校生活、学习的无民事行为能力的人或者精神病院的精神病人，受到伤害或者给他人造成损害，单位有过错的，可以责令这些单位适当给予赔偿。"

　　幼儿园认为家长的意见过于偏颇，园方确实存在一定的过错，但不应负全部的责任。最多负一半的责任。园方提出了答辩意见。第一，幼儿园不是幼儿的临时监护人，不承担监护责任。根据我国的法律，监护权是基于民事法律所确定的，建立在亲权的基础上的一种法定职责。而幼儿园作为承担公共教育职能的社会机构，承担对幼儿的教育、管理、保护的责任，是一种公法范畴的职责与义务，它与监护责任的职责范围有部分的相似或相同，但两者的性质完全不同。第二，兰兰受伤的仅仅是眼睛，没有其他部位的损伤。而眼睛的伤害是因为自己衣服上的金属钮扣砸伤的，如果衣服上没有这样的金属钩，即使摔下，眼睛也不会钩伤，其他部位也不会受伤，就没有这样的伤害结果。第三，兰兰第一天穿该服装来幼

儿园,王老师在放学时就要求以后不要穿这套服装,但家长没有采纳教师的意见,最后导致眼睛受伤,家长存在着过错,幼儿园已尽到了职责。

法院经审理认为,家长和幼儿园都存在着一定的过错,采纳了原告的第二、第三个理由和被告的第一、第三个观点,判决双方各承担一半责任,医疗费双方平均分摊。这一判决是合理、准确的。

## 建 议

(1) 幼儿园要经常检查幼儿的生活用具、教学用具,及时发现问题,消除隐患,避免伤害事故的发生。

(2) 家长要常与教师沟通,听取教师的合理建议,不能只顾孩子衣着的漂亮,不考虑安全因素。

## 7. 幼儿园内放鼠药,幼儿误食酿苦果

### 案 情

暑假中,幼儿园所在街道,要求所辖单位进行一次灭鼠行动,并向各单位分发了一定数量的灭鼠药。幼儿园以前从未用药灭鼠,都是用鼠夹进行灭鼠,时间在假期。这一次因为在暑假,幼儿园内没有小朋友上课,所以幼儿园也领了灭鼠药,放在园中的各处。园长一再关照,在下学期幼儿报到之日的前三天全部收尽。一天,两个小学生带着一名五岁的幼儿小春,在幼儿园周围的花丛中捉蟋蟀,几次想进幼儿园内,均被门卫挡在门外。但三个孩子还是趁门卫上厕所之际,溜进了幼儿园内,5 岁的小春竟然误食了灭鼠药。待门卫发觉园内有人,去叫他们出去时,发现小春已躺在走廊里,口吐白沫。门卫知道不妙,立即拨打 120 叫来救护车。由于抢救及时,小春保住了性命,但身体受到了很大的痛苦,花去了一笔不小的医疗费。为此,家长向幼儿园提出医药费和精神损失费的赔偿请求。

### 分 析

这是一起伤害赔偿纠纷案。由于事发于幼儿园内,灭鼠药又是园方所投,园方必然成为被告。

孩子的家长认为,幼儿园内放了灭鼠药,就绝对不能让小孩子进入园内,而本案中,三个孩子是从幼儿园的门卫处进入的,并非是翻墙或钻墙而入,所以幼儿园是有责任的,应该负责赔偿。

幼儿园提出三点抗辩理由。第一,小春父母作为小春的监护人,没有看管好自己的孩子,是一种失职,应该对此事负责。第二,门卫已几次挡住了三个孩子,但他们是趁门卫上厕所之时,溜进园内的,园方已尽到了责任。第三,门卫一发觉他们入园了,就及时寻找,并在第一时间内采取了有效措施,使损害降到了最低限度。

我国《民法通则》第 12 条规定:"不满 10 周岁的未成年人是无民事行为能力人,由他的法定代理人代理民事活动。"该法第 16 条规定:"未成年人的父母是未成年人的监护人。"该法第 14 条规定:"无民事行为能力人、限制民事行为能力人的监护人是他的法定代理人。"我国《婚姻法》第 23 条规定:"父母有保护和教育未成年子女的权利和义务。"《未成年人保护法》第 10 条规定:"父母或者其他监护人应当创造

良好、和睦的家庭环境,依法履行对未成年人的监护职责和抚养义务。"

本案中,小春误食鼠药与其监护人的失职是有因果关系的。父母作为孩子的监护人,没有尽到监护的责任,没有照看好自己的小孩,致使没有辨别能力的幼儿误食了鼠药,监护人有不可推卸的责任。但幼儿园在本案中也负有一定的责任,门卫几次阻挡了三个孩子,他应该更加注意孩子的行动,然而就是门卫一时的疏忽让小孩溜了进来,造成了伤害的后果。法院最后判决,小春父母负主要责任,幼儿园作一定数量的赔偿。

## 建 议

(1) 每逢节假期,学生都放假了,父母应加强对孩子的看管,切不可有一点疏忽。

(2) 幼儿园不应用药物灭鼠,尽可能用别的办法进行灭鼠。

(3) 幼儿园和家长均应教育孩子,不要随便捡东西吃,避免不幸事件的发生。

(4) 建议街道社会在学生放假期间,组织一些健康有益的文体活动,让孩子一起参与。减少小孩"无序"的活动。

## 8. 玩火成火灾,园方来负担

### 案 情

小虎今年6岁,家住江苏苏州的城郊,原来在郊区的一家幼儿园上中班。父母希望小孩一年后能上城里的实验小学,今年暑假后,小虎转学到苏州城里的一所幼儿园上大班,以便能快些适应以后实验小学的学习。小虎的父亲和祖父均抽烟,故家里点火用的一次性打火机有不少,而且是随意乱放,有时小虎还用打火机为父亲或祖父点烟,大人们从未制止过,反而感到很开心。平日里,小虎的口袋里也有放置打火机的情况,父母对此是听之任之,没有认识到这是事故的隐患。幼儿园教师曾经两次发现过小虎带了打火机来园,并拿出来玩耍,都被老师及时叫停且作暂时保管,至放学时交还其父母,教师明确要求小虎的父母不能让小孩子携带打火机。今年寒假后的一天上午,正在上课的教师突然感到腹痛难忍,就匆匆离开教室上卫生间去了。孩子们处于无人看管的状态,小虎就取出藏在怀里的打火机点火玩耍,不料点燃了桌子上画图的纸,又引燃了旁边放着的其他小朋友的两件衣服,火苗顿时窜了起来,又把边上的钢琴烧着了。教室里一片混乱,孩子们哭叫着、乱跑着。此时,保育员恰好从食堂取点心回来,一见此状,放下点心取下墙上的灭火器,一阵猛射,幸亏火势还不是很大,火焰很快全部扑灭了。据查火灾中,烧坏了一张桌子、一架钢琴和两件衣服。幼儿园向小虎的家长提出了赔偿的要求,但家长认为是教师的失职导致了损失的产生,不应由家长承担。为此双方发生了争议。

### 分 析

这是一件较为少见的幼儿园火灾引发的纠纷。火灾的原始因素是幼儿玩耍打火机,但幼儿园教师的擅自离岗是引起火灾的关键要素,存在着过错,幼儿园有着不可推卸的责任。

幼儿园认为小虎携带打火机是家长监护不到位所致,教师在幼儿园发现过二次小虎玩耍打火机,都被叫停,并作临时保管,交还家长时都作了叮嘱:千万不能让小孩子携带或玩耍打火机,更不能让他带了打火机来幼儿园。但家长未能做到,还是让小虎带了打火机来园。作为幼儿园不可能,也不应该天天去搜查小孩的口袋,这也是法律所禁止的。小虎玩火引发火灾,造成了一定的损失,应该由其父母(监护人)来承担。

小虎的家长认为,事情发生在上课的时间内,教师的责任不可推卸。教师上课怎能随便离开教室,让幼儿处于无人管理的状态,这是引起事故的关键因素。这种状态下,即使不出现火灾,也会发生其他事故的。因此,幼儿园存在过错,损失由幼儿园来承担。

最高人民法院《关于贯彻〈中华人民共和国民法通则〉若干问题的意见(试行)》第160条规定:"在幼儿园、学校生活、学习的无民事行为能力的人或者在精神病院治疗的精神病人,受到伤害或者给他人造成损害,单位有过错的,可以责令这些单位适当给予赔偿。"本案中,教师在上课时离岗,而且此时保育员也不在,显然是一个过错。这违反了幼儿园工作与管理的相关规定的。根据上述的法律规定,幼儿园应承担火灾的损失。本案后经调解得以平息。

## 建 议

(1) 幼儿园应加强对教师的管理与教育,提高每一个教师的工作责任心,明确自己肩负的重任,坚决杜绝擅自离岗的现象出现。

(2) 幼儿园、家长应加强对幼儿的安全教育,不要去玩打火机之类的有隐患的东西。家庭中应妥善保管好此类物品。

(3) 幼儿园应对幼儿进行紧急避险的简单知识的教育,碰到类似的事件,能有序地转移到安全的地方,减少损失的扩展。

## 9. 幼儿集体中毒,病源在于装饰

### 案 情

某幼儿园利用寒假把三个大班教室进行了重新装修、粉刷,面貌焕然一新。开学的第一天,小朋友一进教室看到墙壁上崭新的动画图像,非常兴奋。可是午餐前,部分小朋友开始恶心、呕吐,头晕眼花,并有漫延的趋势。而这一情况集中在大班三个班级里,其他班级没有。大班的三位当班老师也感到有些头晕恶心。校医感到情况不妙,迅速向园长作了汇报。园长立即到教室进行了察看,室内空气很不好,带有强烈的异味。由于尚未进行午餐,食物中毒的可能性不大,估计是教室内墙面的粉刷物有问题。马上作出了决定,让三个大班的幼儿全部离开教室,到活动室上课,将有不良反应的15位孩子送往附近医院治疗,并通知幼儿家长,说明了情况。由于发现早,治疗及时,三天后15位孩子全部回到幼儿园上课,未造成太大的伤害。但是,家长们心有余悸,他们强烈要求幼儿园拆除有害人体的装饰,并重新装修,否则家长将集体起诉幼儿园。据查,三个教室是由某公司承包装修,墙面装饰材料的甲醛含量严重超标,是导致幼儿集体中毒的原因所在。

**分析**

　　这是一起幼儿在幼儿园遭受伤害的纠纷案。涉及三方当事人,存在着两个诉讼法律关系。幼儿园与幼儿的侵权诉讼关系;某公司与幼儿园的违约诉讼关系。

　　本案中,某公司与幼儿园之间存在着合同关系,公司为幼儿园提供装修服务时,应提供合格的产品和服务,但某公司的材料不符合国家的规定,损害了幼儿园的权利,应负违约责任,作出一定的赔偿。我国《消费者权益保护法》第 7 条规定:"消费者在购买、使用商品和接受服务时享有人身、财产安全不受损害的权利。消费者有权要求经营者提供的商品和服务,符合保障人身、财产安全的要求。"该法第 41 条规定:"经营者提供商品或者服务,造成消费者或者其他人人身伤害的,应当支付医疗费、治疗期间的护理费、因误工减少的收入等费用。"我国《合同法》第 113 条规定:"当事人一方不履行合同义务或者履行合同义务不符合约定,给对方造成损失的,损失赔偿额应当相当于因违约所造成的损失,包括合同履行后可以获得的利益。"该法第 262 条规定:"承揽人交付的工作成果不符合质量要求的,定作人可以要求承担修理、重作、减少报酬、赔偿损失等违约责任。"

　　幼儿园迫于家长的呼声,把某公司推上了法庭,要求对方拆除原来的装修材料,重新装修,达到国家规定的标准,并赔偿幼儿园为幼儿治疗所支付的费用。幼儿园又提供了的质量监督局出示的质量检测报告,证明装修材料严重超标,幼儿园的请求得到了法庭的支持。

　　一部分家长原先要把幼儿园推上被告席,但由于幼儿园的事后工作做得十分积极、颇有诚意,分派教师到医院及家中看望小孩,并向家长诚恳道歉,主动对幼儿作了一定的经济补偿,平息了家长的气愤,家长纷纷撤诉了事。

**建议**

　　(1) 幼儿园教室的装修,尽可能寻找正规的、信誉高的大公司,相对而言质量的保险系数较高。

　　(2) 教室装修后,应请相关部门作一个检测报告,合格后才可使用。

　　(3) 一旦幼儿有集体性不良事件发生,要尽早作出处理,并与家长联系,不要隐瞒事实,避免与家长造成对立情绪。

# 10. 幼儿追闹跌伤,三方各负其责

**案情**

　　江南某幼儿园一教师,在上课时因园长有事与其商量而临时离开教室。幼儿强强见邻桌英英的玩具小狗挺好玩的,就拿过来自己玩,英英不同意,让强强还回。强强拿起小狗就向门外跑,英英急起直追。追逐至走廊，英英不小心滑了一跤，后脑撞在墙上，当即昏迷。邻室教师发现后及时报告园长并送往医院，经诊断为轻微脑震荡，共花去医药费3 000元。经查，强强的父母均在国外工作，其父母将强强委托给朋友张一夫照管。事后，英英父母要求张一夫赔偿3 000元医药费，张一夫以不是强强的父母为由拒绝。

## 分 析

我国《民法通则》第12条规定："10周岁以上的未成年人是限制民事行为能力人，可以进行与他的年龄、智力相适应的民事活动；其他民事活动由他的法定代理人代理，或者征得他的法定代理人的同意。不满十周岁的未成年人是无民事行为能力人，由他的法定代理人代理民事活动。"该法第16条规定："未成年人的父母是未成年人的监护人。"该法第14条规定："无民事行为能力人、限制民事行为能力人的监护人是他的法定代理人。"

本案中，强强作为未成年人，其父母是他的监护人。《民法通则若干问题意见》第159条规定："被监护人造成他人损害的，有明确的监护人时，由监护人承担民事责任。"本案强强的父母应承担赔偿医药费的民事责任。该意见第22条又规定："监护人可以将监护职责部分或者全部委托给他人。因被监护人的侵权行为需要承担民事责任的，应当由监护人承担，但另有约定的除外；被委托人确有过错的，负连带责任。"强强的父母在国外，把强强委托给朋友张一夫，张就成为被委托人。因此，张一夫在强强父母不在期间负有管教、照顾强强的监护职责。本案应由张一夫和强强的父母连带赔付英英的医药费。

最高人民法院《关于贯彻执行〈中华人民共和国民法通则〉若干问题的意见（试行）》第160条规定："在幼儿园、学校生活、学习的无民事行为能力人或者在精神病院治疗的精神病人，受到伤害或者给他人造成损害，单位有过错的，可以责令这些单位适当给予赔偿。"本案中两幼儿均为无民事行为能力人，而且事故的发生与教师离开教室的行为是有因果关系的。家长将孩子送进幼儿园，幼儿园应有看管、照顾、教育的责任，而且上课期间教师不能离开教室，即使有特殊情况需要走开，也应该让别的教师替代后方可离开，这样才能让幼儿始终在教师的看管范围内。本案中，教师离开教室的原因是园长有事找她，但决不是免责的理由，英英的受伤是教师的过错造成的，因此幼儿园应该适当承担责任。

本案最终由强强的父母承担主要民事责任，张一夫承担连带责任，幼儿园承担相应的责任。

## 建 议

(1) 幼儿园教师应严格遵守教育的规章、制度，不得任意离开教室，避免事故的发生。

(2) 幼儿园园长应增强法制意识，认识到让教师离开教室而又没有安排其他教师，使幼儿脱离教师的照管是一种违法行为。

(3) 幼儿教师要加强对幼儿的安全教育，不能随意拿别人的东西。

(4) 家长或者其他监护人要加强对幼儿的教育，在幼儿园要遵守纪律，未经同意不得随意拿别人的东西。

# 11. 提前放学为检查，幼儿路上被车轧

## 案情

　　2003年4月的一天，山东省某镇的一个村办幼儿园，接到上级通知，有关领导将要来该村幼儿园检查工作，要求做好一定的准备。为了迎接上级检查，幼儿园做了很多准备工作，并且作出决定下午提前半小时放学。由于这一决定是临时确定的，没有来得及提前通知幼儿的家长，也没有及时电话通知各位家长，家长当然就不会知道幼儿园今天要提前放学。只有极少部分家长提前来接小孩，恰好接到孩子。但大多数家长未提前到幼儿园来接小孩，在这样的情况下，老师就让这部分孩子自己回家，老师也不护送。幼儿一出幼儿园大门就各归其途。年仅六岁的王某是大班的幼儿，回家路上，必须横穿一条公路，车辆来往较多，平常都是父母搀护着过马路的。这天，王某独自一人穿马路，心里很是害怕。慌慌张张跑上公路，结果被一辆卡车轧死。经交警部门认定：在此次事故中，王某负主要责任，肇事司机负次要责任。后双方当事人在交警部门的调解下，按"二八开"的比例承担责任，由肇事车主赔偿王某的父母一定的费用。

　　就赔偿问题，王某父母多次找幼儿园协商，但幼儿园称其系村委会开办，应由村委会出面处理此事。村委会认为幼儿园无任何过错。2003年10月，赵某一纸诉状将幼儿园、村委会告上法庭，要求支付死亡补偿费等各项费用。

## 分析

　　这是一起幼儿交通死亡事故，事故发生在幼儿园外的公路上，但与幼儿园的行为有着因果关系，所以幼儿园应当承担相应的民事责任。

　　法庭经审理查明：幼儿园系该村委会内部出资设立，主要解决本村幼儿教育问题。事故前，幼儿园为迎接检查，提前放学，但未及时通知家长到校接孩子。

　　法庭认为：幼儿园在未通知家长到校的情况下，擅自让无民事行为能力的幼儿自己回家，工作严重失职，具有明显过错，负有不可推卸的责任，应依法赔偿。幼儿园系村委会出资设立，无法人资格，不能独立承担民事责任，应由村委会承担责任。2001年3月，人民法院一审判决：村委会支付原告死亡补偿费、精神损害补偿费等各项费用共计1万多元。村委会不服，提出上诉。市中级人民法院驳回上诉，维持原判。

　　法院的判决是正确的。首先，该幼儿园为村办的幼儿园，不具备法人资格，其民事责任应由村委会承担；其次，幼儿园确实存在过错，应当依法赔偿。最高人民法院《关于贯彻执行〈中华人民共和国民法通则〉若干问题的意见(试行)》第160条作了明确具体的解释："在幼儿园、学校生活、学习的无民事行为能力人或者在精神病院治疗的精神病人，受到伤害或者给他人造成损害，单位有过错的，可以责令这些单位适当给予赔偿。"2002年9月11日教育部颁布并实施的《学生伤害事故处理办法》第8条"因学校、学生或者其他相关当事人的过错造成的学生伤害事故，相关当事人应当根据其行为的过错程度的比例及其与损害后果之间的因果关系承担相应的责任。

（1）任何幼儿园都应该按照幼儿园教育规程等规章制度办事，任何人不得任意地违反规章制度。

（2）加强幼儿园的基本常规管理，不能随意地改变幼儿的放学时间。如果有重大活动需要改变放学的时间，也必须预先通知家长。

（3）幼儿园具有保护、管理幼儿的法定职责，没有家长来接，即使幼儿的家就在幼儿园的隔壁，也绝对不能让幼儿自己回家，应当安排专人看管，直到交给家长。

# 12. 春游受伤，责任谁担？

## 案 情

某城市的一所幼儿园组织幼儿去春游，大班年级的小朋友去动物园，让幼儿认识更多的动物。由于动物园离幼儿园很近，只有两站公交车的路程，按以往惯例春游到动物园都是步行去的。一方面可以减少乘车的麻烦；另一方面对小孩子也是一次远足锻炼的机会。早上9点整，三个班的大班孩子，在两位园长、六位班主任和三个保育员的护送下，手拉手排成二路纵队，沿着马路右侧的人行道，从幼儿园门口出发，慢慢向动物园行进。到达动物园入口处了，园长去买集体票，孩子们在入口处等待。这时一位中年妇女牵着一只小猴从旁边走过，孩子们非常开心。突然间，小猴挣脱缰绳，扑向正在观看猴子的明明，企图抢走明明手上的面包。明明躲避不及，向后一仰摔了一跤，造成右小腿骨折。该妇女迅速上前擒住了小猴，事态没有进一步发展。园长和班主任马上叫来出租车，把明明送往医院治疗，并电话通知其父母。

然而祸不单行。孩子们进入动物园后，继续排着队伍，在老师的带领下一处处观看各种动物，老师还作些简单的介绍。在猴子的笼子外有一围栏，孩子们看到东蹿西跳的大小猴子，显得格外兴奋。小女孩豆豆就从围栏的柱子的间隔中挤了进去，走到笼子的跟前，三个手指夹着巧克力伸进笼子里喂猴。两只大猴子前来争夺，不巧把豆豆的右手食指咬破。豆豆赶紧收回手指并大声哭喊，但鲜血已经汩汩流出。另一位园长和班主任立即把豆豆送到医院，并及时通知了家人。

## 分 析

这是两起动物伤人事件，发生在幼儿园组织的春游期间，其责任如何来认定呢？

在幼儿园的教育活动中发生的各种人身伤害事故，是否构成侵犯人身权利，是否应承担法律责任问题是个比较复杂的问题。在幼儿园有数以千计的幼儿，每天都进行着各种活动，最忌发生人身事故，但往往难以避免。对待事故问题最根本的措施是搞好预防，作好各种教育工作，加强管理，消除发生事故的根源。一旦发生了人身事故，则应具体问题具体分析，依法处理。

分析处理这类事故责任的关键在于：第一，幼儿园、教育工作者方面有无过失？是属于什么性质的过失？第二，幼儿园方面的过失与人身事故之间有无因果关系？第三，发生人身事故的后果。据幼儿园

的一般情况分析,主要有以下几种情况:

(1) 幼儿园和教师在教育工作中无任何过错,则对发生的人身事故不负法律责任。

由于其他幼儿或幼儿本人的过错误造成的人身事故,应由致害人或受害人本人及其家长承担有关法律责任。由此造成幼儿园财产损失的,有关责任人应负责赔偿。

(2) 幼儿园或教育工作者在工作中有某些过错,但不构成人身事故的原因,而仅是发生事故的一种条件,幼儿园应该承担部分责任。所谓构成事故的原因,是指直接造成事故后果的,与事故结果具有必然的联系;而条件只是促成事故结果的发生,为事故结果的发生提供了可能,与事故结果只有一般的联系,而无必然联系。

如果与教师照顾不周、幼儿园场地设备不良有关的事故,幼儿园应承担部分责任。

(3) 由幼儿园和教师工作中造成的人身事故,应由幼儿园承担法律责任。

本案两桩伤害事故,出现在同一天同一幼儿园,但事故的性质是有很大区别的。

先分析第一件事故即明明小腿骨折,其责任完全不在幼儿园而在中年妇女。当时明明和其他小孩一样排在队伍中,在教师的看护下等待着入园,小猴经过时只是观看而已,并没有去打它或者惊吓它,没有任何过错。猴子扑向明明的目的可能就是为抢面包,它有绳子拴着,本来是不会碰到小孩子身上的,但它挣脱了缰绳,这一责任在于该妇女,不在于教师。教师不可能会预计到小猴会抢吃的东西并挣脱拴绳,应该说教师已经尽到了自己的职责。我国《民法通则》第127条规定:"饲养的动物造成他人损害的,动物饲养人或者管理人应当承担民事责任;由于受害人的过错造成损害的,动物饲养人或管理人不承担民事责任。"据此,该事故的责任全部由这个中年妇女负责。

再看第二件事故即豆豆被咬伤之事,此事应由幼儿园负责,动物园没有责任。豆豆违反动物园的规定,擅自挤到围栏里,且把手指伸进猴子的笼内,豆豆是有过错的。但豆豆是幼儿,是无民事行为能力人,所以这一过错要归属到幼儿园。幼儿园组织幼儿春游,教师就有保护、照顾幼儿的基本职责,豆豆挤进围栏时教师没有发现更没有去制止,之前也没有向孩子们作相关的安全教育。教育部《学生伤害事故处理办法》第9条:"因下列情形之一造成的学生伤害事故,学校应当依法承担相应的责任:(四)学校组织学生参加教育教学活动或者校外活动,未对学生进行相应的安全教育,并未在可预见的范围内采取必要的安全措施的。"本案中,直到豆豆的手指出血,教师才发现小孩出事了,显然是没有尽到教育、保护、照顾的职责,其过错是明确的,也是不可推卸的,所以幼儿园应当承担全部民事责任。

## 建 议

(1) 在园发生的人身事故,应以事实和法律为依据,具体情况具体分析,必须严格区分有过错和无过错,造成事故的原因和条件,以及教育工作中的失误、故意和一般的工作改进之间的原则界限。既不应混淆是非责任,伤害幼儿园和教育工作者的积极性,也不应放纵任何违法行为。要分清法律责任,实事求是地妥善处理。那种把所有在校发生的人身事故或与教育工作有关的人身事故都归由幼儿园负责,由幼儿园"包下来"的看法也是不正确的。

(2) 让幼儿增长相关的知识,组织幼儿进行园外的教育活动是很有必要的,但应当考虑得全面些、周到些,预先进行一些有关安全知识的教育,尽可能地避免伤害事件的发生。

(3) 教育活动中一旦出现伤害事故,应采取积极的措施,及时与家人联系。不要拖延时间,更不要隐瞒家长,争取家人的配合与理解。

# 13. 放射性物质致病，幼儿如何请求赔偿？

## 案 情

某幼儿园大班孩子在二位教师的带领下，步行去附近儿童乐园春游。孩子们两路纵队沿马路右侧很有次序地向前走着，两位教师，一位在排头领路，另一位在最后压阵。这时一辆某研究所的卡车开过，从车上落下一些乒乓球大小的颗粒物，纷纷滚落到孩子们的脚下，吴明等孩子就把这些颗粒物捡起来玩耍。后边压阵的教师不知道孩子们捡的是何物，但还是要求小孩不能去捡，已捡的把它拿出来。可是有的小朋友已把它放入衣袋中，老师难以发现。直到春游结束回到幼儿园，教师要求每个小朋友必须把捡到的东西拿出来才可回家，所有捡了东西的孩子都乖乖地交了出来。数天后，吴明等孩子出现病症，经医院会诊确定为接触放射性物质所致。经查当天某研究所装运的确是放射性物质，并用铅箱包装，由于路面不好，车子颠簸厉害，一个铅箱开裂，致使一些放射性物质落地。那么孩子的医疗费和其他必要的费用应由谁来承担呢？

## 分 析

这是一件放射性物质致幼儿伤害案，而伤害的时间恰好在幼儿园组织的活动期间，涉及双方的责任。

根据我国《民法通则》第123条规定："从事高空、高压、易爆、易燃、剧毒、放射性、高速运输工具与对周围环境有高度危险的作业造成他人损害的，应当承担民事责任；如果能证明损害是由受害人故意造成的，不承担民事责任。"本案中，某研究所装运放射性物质，由于铅箱的包装存在缺陷，使放射性物质滚落到地面，造成幼儿身体受到伤害，研究所是有过错的，应当承担赔偿责任。

另一方面，由于吴明等孩子是幼儿，根据我国《民法通则》第12条规定："不满十周岁的未成年人是无民事行为能力人，由他的法定代理人代理民事活动。"小孩子捡到放射性物质玩耍，因其为无行为能力，不能说这个损害是受害人故意造成的，研究所的免责条件不能成立。

幼儿园有一定的责任。幼儿春游活动是幼儿园统一安排的，而且是在教师的组织下进行的。伤害事件的发生就在教师组织的活动阶段，尽管教师当时也要求幼儿不要去捡地上的东西，但事实上，部分幼儿已经把捡到东西放入了口袋中，并在身上滞留了一定的时间，直到春游结束才使放射性物质离开幼儿的身体。这一过程中，幼儿园存在一定的过错。最高人民法院《关于贯彻〈中华人民共和国民法通则〉若干问题的意见（试行）》第160条规定："在幼儿园、学校生活、学习的无民事行为能力的人或者在精神病院治疗的精神病人，受到伤害或者给他人造成损害，单位有过错的，可以责令这些单位适当给予赔偿。"《中华人民共和国未成年人保护法》第17条："学校和幼儿园安排未成年学生和儿童参加集体活动，应当有利于未成年人的健康成长，防止发生人身安全事故。"我国《教育法》第8条第五款规定："教师应制止有害于学生的行为或者其他侵犯学生合法权益的行为。"因此幼儿园也应作一定的赔偿。

根据本案的实际情况，按照责任的大小来看，某研究所应该负主要责任，幼儿园负次要责任。

**建 议**

（1）装运放射性物质的单位,应切实考虑到装运的物品一旦散落,会造成十分可怕的危害结果,给无辜的公民带来重大的伤害。一定做到安全装运,万无一失。

（2）幼儿教师应教育孩子不要随意捡别人掉在地上的东西,养成良好的卫生习惯。

## 14. 幼儿自带玩具来,致伤他人起纠纷

**案 情**

龙龙是幼儿园大班的小孩,父母是私企老板,家庭条件十分优越,市面上最新的玩具,只要他喜欢都要搬回家。班里的孩子都愿意与他一起玩,因为他常带来很多好玩的玩具,让大家一起共享。这天上午,他带来了款式新颖的电动遥控小火车在教室里玩,很多小朋友跟着他转。小火车围绕着桌椅七拐八弯地快速行进着,当班教师李某也未予制止。突然,小火车的一个轮盘飞了出来,恰好击中坐在凳子上的小琴的右眼。小琴哇的一声大叫,双手捂着右眼大哭起来。李老师及时把小琴送往医务室并报告园长,园长了解情况后马上派人将小琴送往医院,并与家长取得联系。经医生检查、诊断为右眼晶状体受损,需要手术治疗,否则有可能右眼失明。经查,小火车为本市一家玩具厂直销,无质量问题,但一个轮盘被龙龙拆松了。三个月后,小琴回到了幼儿园,手术非常成功,但医疗费很高,孩子又受了不小的痛苦。为此,小琴父母要求幼儿园和龙龙的父母作出赔偿。

**分 析**

这是一件玩具使用不当、造成他人伤害案。由于玩具是幼儿自己带来的,而伤害发生在幼儿园内,所以涉及了三方。对于小琴来说是祸从天降,好好的端坐在座位上,却受到了严重的伤害,十分不幸,值得同情。

龙龙玩耍小火车,致小琴的眼睛受伤,其父母要承担赔偿责任。龙龙玩小火车,如果火车质量没有问题,能正确使用,就不会有伤害事故出现。本案中,小火车的一个轮盘已经被龙龙拆松,这是导致事故发生的关键。由于龙龙的这个行为,导致小琴右眼受伤,侵犯了小琴的合法权益,所以要承担民事责任。但由于龙龙是一个幼儿,是无民事行为能力人,根据《民法通则》的规定,应由他的监护人——父母来承担。

幼儿园存在一定的过错,应负相应的民事责任。该幼儿园默许了幼儿将玩具带来与班里的小朋友一起玩,就应该对玩具的安全性进行一定的检查,确保小朋友有一个安全的活动环境。我国《未成年人保护法》第22条第二款规定:"学校、幼儿园、托儿所不得在危及未成年人人身安全、健康的校舍和其他设施、场所中进行教育教学活动。"《幼儿园管理条例》第19条规定:"幼儿园应当建立安全防护制度,严禁在幼儿园内设置威胁幼儿安全的危险建筑物和设施,严禁使用有毒、有害物质制作教具、玩具。"幼儿园带来了含有事故隐患的玩具,教师未认真检查,即予许可,是一种过错。最高人民法院《关于贯彻〈中华人民共和国民法通则〉若干问题的意见(试行)》第160条规定:"在幼儿园、学校生活、学习的无民事行

为能力的人或者在精神病院治疗的精神病人,受到伤害或者给他人造成损害,单位有过错的,可以责令这些单位适当给予赔偿。"幼儿园作出相应的赔偿不可推卸。

本案经过三方的两次协商,三方都很体谅他方,很快达成妥协。龙龙父母赔偿大部分费用,幼儿园赔了一小部分费用。小琴父母仅要求医疗费用的赔偿,放弃了误工费、交通费、营养费等方面的赔偿。

## 建 议

(1)家长购买玩具应首先考虑到玩具的安全系数,使用中要确保安全因素,才会让玩具带给孩子乐趣。

(2)幼儿园应尽可能限制幼儿自带玩具进教室,对一些活动速度快的、旋转快的玩具,要特别注意,只有在确保安全的前提下,方可答应。

(3)家长、教师要教育幼儿保护好自己的玩具,不要任意拆卸。

# 15. 亲生父贩卖儿子,幼儿教师有罪否?

## 案 情

某幼儿园小班幼儿军军,今年3岁。平日接送儿子多数由他母亲来完成,偶尔其父亲也去幼儿园接送小孩。近两年来,军军父亲做生意不顺利,欠了一大笔债。军军父母的感情出现了问题,经常吵闹,甚至动手打架。为了摆脱不幸的婚姻,军军母亲向法院提起了离婚诉讼,要求解除婚姻关系,抚养独生子,法院支持了她的请求。离婚判决书生效后的第二天,一直处于沮丧中的军军父亲越思越悲,妻子离了、儿子归了女方、自己又负了一屁股债,人财两空,感到军军母亲太绝情,要报复她一下。于是,在吃午饭前,军军父亲来到幼儿园,向班主任冯老师说家中有事,要领儿子回家。冯老师以前就认识他,于是就让他办了接孩子的手续,把小孩子带走了。军军父亲到火车站以5000元的价格,把儿子卖给了人贩子,然后自己也乘车外逃。放学时,军军母亲来幼儿园未见到儿子,冯老师向她说明了情况,她感到不妙,四处找不到前夫,立即向警方报案。据查,军军母亲从未向幼儿园老师讲过离婚之事,也未要求不能让军军父亲来领走儿子。贩卖儿子肯定有罪,那么教师是否有罪呢?

## 分 析

这是一起贩卖儿童案。亲生父亲为了报复前妻,丧失天良,竟将儿子人偷偷卖给人贩子,触犯了刑法,将受刑事处罚。但最痛苦的是小孩,等待他的不知是何种命运。

根据我国刑法总则关于犯罪构成要件的规定来分析。第一,从犯罪主体上分析,行为人是否达到刑事责任年龄并具有刑事责任能力。如果行为人尚未达到刑事责任年龄,或者不具有刑事责任能力,那么,其严重危害社会的行为就不构成犯罪;第二,从犯罪的主观方面分析,看行为人是否出于故意或者过失,从而把犯罪与意外事件区别开来,如果行为人在客观上虽然造成了损害结果,但不是出于行为人的故意或过失,而是由于不能抗拒或者不能预见的原因所引起的,不认为是犯罪。第三,从客观方面分析,看行为人的行为与危害结果之间是否有因果关系,行为人的行为是否有现实危害或危险性,注意把犯罪行为与犯意表示区别开来。第四,从犯罪客体来看,行为人侵犯的客体是否是刑法所保护的对象,如果侵犯的客体不是刑法保护的对象,就不构成犯罪。

依据上述犯罪构成要件,军军父亲完全符合条件,其罪名为拐卖妇女、儿童罪。《刑法》第 240 条规定:"拐卖妇女、儿童的,处五年以上十年以下有期徒刑,并处罚金。"

本文着重分析一下冯老师是否构成犯罪。冯老师不知道军军父母已经离婚,更不知军军由母亲抚养,让军军跟其父亲回去,其交接手续完全符合幼儿园的要求,不存在犯罪的故意或过失,所以不能认为是犯罪。退一步说,即使知道父母离婚了,小孩跟母亲生活,但父亲仍是监护人,还有探视权。我国《婚姻法》第 38 条规定:"离婚后,不直接抚养子女的父或母,有探望子女的权利,另一方有协助的义务。"如果军军母亲与幼儿园没有特别的约定,幼儿园是难以拒绝小孩父亲来接小孩的。因此,冯老师是没有过错的,不构成犯罪。

## 建 议

(1) 幼儿教师要与家长多沟通,了解幼儿在家中的情况、了解幼儿家庭的情况。

(2) 家长应与幼儿班主任多交流,不仅让家长了解小孩在幼儿园的表现,而且能让班主任掌握小孩父母的状况及其变化情况。

## 16. 教师剪去幼儿手指,刑事处罚罪难逃

### 案 情

浙江省某镇幼儿园,一位年轻教师正在给孩子们上课,期间有两位幼儿很不听话,一直在争抢一个玩具。为此,该教师几次停下来训斥两幼儿,叫他们不要再争吵了。但稍隔片刻,争抢又开始了。教师十分恼怒,对他们发出最后通牒:"谁再吵,我就剪掉他的手指头,看你们再敢吵吗?"可是,未过几分钟,两孩子又在争夺玩具了。教师此时竟然真的拿来了一把剪刀冲上去,抓住一个孩子的手,干净利落地将其食指剪去了一节。鲜血从断截的手指上涌出,孩子痛得大哭大叫。这时她忽然大悟,不该伤害孩子啊!但为时已晚,断指已经落地。几经周折,待园方获知情况后,迅速将孩子送往医院。由于医疗条件、时间的耽搁等因素,孩子的手将终身残废。法律将如何处置这位教师呢?

### 分 析

这是一桩曾经轰动全国的幼儿剪指案,属于故意伤害行为,其行为已触犯我国刑律,受到刑事处罚不可逃脱。我国《刑法》第 234 条规定:"故意伤害他人身体的,处三年以下有期限徒刑、拘役或管制。"

根据我国刑法总则关于犯罪构成要件的规定来分析。第一,从犯罪主体上分析,行为人是否达到刑

事责任年龄并具有刑事责任能力。如果行为人尚未达到刑事责任年龄,或者不具有刑事责任能力,那么,其严重危害社会的行为就不构成犯罪;第二,从犯罪的主观方面分析,看行为人是否出于故意或者过失,从而把犯罪与意外事件区别开来,如果行为人在客观上虽然造成了损害结果,但不是出于行为人的故意或过失,而是由于不能抗拒或者不能预见的原因所引起的,不认为是犯罪。第三,从客观方面分析,看行为人的行为与危害结果之间是否有因果关系,行为人的行为是否有现实危害或危险性,注意把犯罪行为与犯意表示区别开来。第四,从犯罪客体来看,行为人侵犯的客体是否是刑法所保护的对象,如果侵犯的客体不是刑法保护的对象,就不构成犯罪。

结合本案,从犯罪主体上分析,行为人——年轻老师已满18周岁,是成年人且精神正常,具有刑事责任能力。我国《刑法》17条规定:"已满16岁的人犯罪,应负刑事责任。"该教师已经达到刑事责任年龄。从客体上分析,剪去幼儿手指,其行为侵犯的客体是幼儿的生命健康权,是刑法所保护的对象,而且其行为和结果是有直接因果关系的。从主观上分析,教师有伤害幼儿的故意,她在几次阻止幼儿争吵后,曾扬言:"谁再吵,我就剪掉他的手指。"她也明白剪去手指的后果是残疾,其主观故意是十分确定的。其行为已构成故意伤害罪。这一行为带来的社会危害是很大的,从表面上看,仅仅是一个幼儿的一节食指,而其社会影响是相当恶劣的,极大地损坏了幼儿园的名声,更损坏了幼儿教师的形象,降低了教师的人格。如果教师都会伤害孩子,还有谁会把自己的孩子送进幼儿园,学前教育将难以开展了。

## 建 议

经查该女教师是未受过师范教育,也未经过幼儿教师专业培训,是临时招来的代课教师。事发后,幼儿园即解除了聘用关系。由此笔者提供以下建议:

(1)幼儿园应结合当前公民道德建设,加强幼儿教师的师德教育,提高教师的道德素养。

(2)加强幼儿教师的法律知识的学习,依法治教,杜绝违法犯罪行为在幼儿园中产生。

(3)对于部分地区缺乏师资数量,在招聘代课教师时,也应进行岗前培训,防止此类事件的发生。

# 17. 幼儿的人格权不容侵犯

## 案 情

江南某幼儿园近年来发生了两件不愉快的事情。第一件事,是一个幼儿从家里带了小铁丸放在口袋里,教师也没有发现。上课时该小朋友把铁丸放进嘴里,老师看到他在吃东西,就问他你吃什么,小孩子一吓,把铁丸吞了下去,急得教师和家长团团转,幸好两天后大便时拉了出来。第二件事,是一个幼儿从家里带了个电动玩具来,在班级里玩耍时,一根弹簧跳了出来,击中了旁边的一个小女孩的眼睛,引发了一场纠纷,幼儿园花去了不少精力。为了避免此类事件的再次发生,园方决定不许小朋友带任何玩具、玩物到幼儿园里。为了落实这项工作,设立了两道关口,第一道是幼儿园大门口,幼儿进门报到时,发现手上带有玩具,即请家长带回。第二道是在教室里,有些小玩具装在口袋里不易发现,由班主任在上课前,对每个小朋友进行搜身,发现东西即扣下,到放学时再让小孩带回,此种做法合法吗?

## 分　析

这是一起教师侵犯幼儿人格权的典型事例。幼儿园为了防止幼儿在幼儿园发生伤害事故,竟然采用搜身的办法,显然侵犯了孩子的合法权益,说明教师的法制意识太淡薄了,普法工作还要加强。

我国《宪法》第37条第三款规定:"禁止非法拘禁和以其他方法非法剥夺或者限制公民的人身自由,禁止非法搜查公民的身体。"第38条:"中华人民共和国公民的人格尊严不受侵犯。禁止用任何方法对公民进行侮辱、诽谤和诬告陷害。"第33条:"凡具有中华人民共和国国籍的人都是中华人民共和国公民。"对照上述条款,幼儿园的做法侵犯了幼儿的人格权。

人格是公民作为人所必须具有的资格,是作为权利和义务主体的自主资格。人格权是民事主体所固有的、以人格利益为客体、平等地享有且为实现其独立人格所必须的权利。这种权利与主体之间具有不可分离的属性,民事主体依据出生的事实,即可取得人格权,权利的享有始于出生,终于死亡,为公民终身享有。

幼儿是未成年人,且为无行为能力人,但他们同样享有人格权,因为他们是中国的公民,受我国宪法的保护,前述宪法条款,明确禁止非法搜查公民的身体,其中当然包含了幼儿。

我国《未成年人保护法》对未成年人的人格保护也有明确的规定,该法第21条:"学校、幼儿园的教职员应当尊重未成年人的人格尊严,不得对未成年学生和儿童实施体罚、变相体罚或其他侮辱人格尊严的行为。"《幼儿园工作规程》第6条:"尊重、爱护幼儿,严禁虐待、歧视、体罚和变相体罚、侮辱幼儿人格等损害幼儿身心健康的行为。"所以说,人格尊严不仅属于成年人,也属于未成年人,也属于幼儿园的孩子。

本案中,由于幼儿园对幼儿的搜身是在教室里进行的,家长未能及时察觉。一个月后,主管部门来园进行业务检查,发现了问题,在场领导及时责令幼儿园纠正了这种违法的行为。

## 建　议

(1) 在法制建设不断完善的今天,对教师的普法工作不可松懈。

(2) 保护幼儿要依法进行;依法治教,不能停在口头上,要真正落实到行动上。

# 18. 老师,你应依法更改幼儿的姓名

### 案　情

王甜是某幼儿园大班的孩子,她母亲陆某是独生女,不幸在三年前的车祸中身亡。王甜就由其父亲抚养,外公、外婆也常来看望、照顾。去年,她父亲出国工作半年,由于王甜的祖父母均已去世,其他亲戚均在外地,故只得委托王甜的外公、外婆来照顾。半年后,她父亲回国,去幼儿园时,发现女儿的姓名被改为陆甜。即与幼儿园进行交涉,教师说这是半年前王甜的外公、外婆说孩子的名字改了,不要再用原来的姓名了。为此,双方发生纠纷。后经调解,幼儿园认了错,外公、外婆也认了错,恢复了孩子原来的姓名。

## 分 析

在法律上,姓名的意义主要体现在两个方面。其一,姓名是使自然人特定化的社会标志。特定的姓名,代表特定的民事主体。从而姓名成为民事主体资格的外在表现。其二,姓名是自然人维持其个性所必不可少的要素,是自然人作为人所必须具备的人格利益。

姓名权是自然人依法享有的决定、变更和使用自己的姓名并得以排除他人干涉或非法使用的权力。此处的姓名包括户籍上,以及曾用名、艺名、笔名,但乳名原则上不属于姓名。

《民法通则》第99条规定:"公民享有姓名权,有权决定、使用和依照规定改变自己的姓名,禁止他人干涉、盗用、假冒。"这一规定明确了权力主体依法享有的权力,任何不特定的人都负有不得侵害和不妨碍权力人行使权力的义务。姓名权的内容主要体现为以下几个方面:

(1) 姓名决定权

姓名决定权又称命名权。指自然人决定其姓名的权利。为自己命名,是自然人享有的基本权利。自然人决定自己的姓名以其具有意思能力为前提。在未成年期间,自然人的姓名实际上由其监护人行使或在征得监护人同意后由自己行使。但一旦未成年人具有表达自己意愿的意思能力,则其监护人即不能妨碍本人行使姓名决定权。

(2) 姓名变更权

姓名变更权又称姓名改动权。指自然人依法改变自己姓名的权利。根据我国《户口登记条例》第18条的规定,未满18周岁的人需要变更姓名时,由其本人或父母、收养人向户口登记机关申请变更登记。

(3) 姓名使用权

指自然人依法使用自己姓名的权利。自然人设立姓名的目的是为了表现其个人特征,并与社会其他成员相区别。

幼儿的姓名由其监护人决定或变更。《民法通则》第16条:未成年人的父母是未成年人的监护人。因此,幼儿的姓名应由其父母决定或变更。《民法通则》第120条规定,侵害姓名权,受害人可以要求侵害人停止侵害、消除影响、赔礼道歉,并可以要求赔偿损失。赔偿损失既包括财产损失,也包括非财产损失。

本案中,王甜的监护人是她的父亲,所以王甜的姓名的变更应由其父亲决定,其外公、外婆是无权变更的。幼儿园仅听了其外公、外婆的话,并没有征得其父亲(监护人)的意见,就把王甜改为陆甜,显然是不合法的,侵犯了幼儿的姓名变更权。幸好,孩子在户口本上的姓名还没有改,纠纷的解决就比较容易。幼儿园认了错,外公、外婆也认了错,恢复了孩子原来的姓名。

## 建 议

(1) 幼儿园老师,对于幼儿姓名的更改,应由其监护人决定,不能由其他家族人员决定。

(2) 如果不是监护人直接来要求更改幼儿姓名的,应让其出示授权委托书,否则不能随便改变幼儿的姓名。

# 19. 幼儿的肖像权不可侵犯

## 案 情

上海某幼儿园在为中班幼儿过集体生日时,拍了一组照片,效果相当好。一家蛋糕店老板恰好有机会看到这些照片,选了两张准备作宣传广告之用。幼儿园感到这样的宣传对自己也是有利的,根本没有考虑到肖像权问题,故非常乐意地奉送了两张幼儿照片。宣传画贴出后,孩子的父母即向店老板提出异议,店老板认为是幼儿园同意使用的,故自己不存在侵权之嫌。父母又向幼儿园提出侵权之请求。幼儿园这才意识到自己的侵权行为,侵犯了幼儿的肖像权。最后通过调解,店老板认识到自己的错误,把贴出的宣传画全部收回并销毁,作了一定的经济补偿;幼儿园也作了赔礼道歉。

## 分 析

肖像是自然人通过摄影、艺术造型等各种平面、立体方式将自己的形象进行再现。肖像权是自然人对客观再现自己的形象享有的专用权,公民对自己的肖像享有利益并排斥他人侵害。肖像权所保护的客体,它直接关系到自然人的人格尊严及其形象的社会评价,它是肖像上所体现的人格利益,是自然人所享有的一项重要人格权。肖像权的基本内容包括以下三项:

(1)制作专有权

肖像权的制作,是借助一定的造型艺术手段,将人的形象表现出来并使其固定在某种物质载体上的行为。肖像权人对自己的肖像均享有制作专有权。肖像权人可以根据自己或他人的需要以任何合法的方式由自己或他人制作自己的肖像;也表现为权利人有权禁止他人非法制作自己的肖像。

(2)使用专有权

自然人有权以任何合法方式使用自己的肖像并通过肖像的利用取得精神上的满足和财产上的利益。使用专有权包括自我使用和转让使用两个方面。

(3)利益维护权

肖像权是绝对权,除权利人外,任何他人都负有不得侵害的义务。肖像权人有权禁止他人恶意非法毁损、玷污、丑化自己的肖像。权利人有权要求侵害人承担民事责任,赔偿人格利益和物质利益的损失。

侵害肖像权的民事责任方式包括停止侵害、消除影响、赔礼道歉、赔偿损失。

《民法通则》第100条规定:"公民享有肖像权,未经本人同意不得以营利为目的使用公民的肖像。"幼儿的肖像权由其监护人行使,幼儿园应切实维护其权益,未经监护人同意不得将幼儿的肖像给厂商或报纸媒体作广告宣传之用,也不得非法毁损、玷污、丑化幼儿的肖像。

本案中,蛋糕店老板以幼儿的照片作广告之用,纯粹出于营利之目的,其中又没有征得幼儿父母(监护人)的同意,构成侵权是毫无疑问的。通过三方协商,幼儿园作了赔礼道歉,蛋糕店老板作了一定的物质赔偿,家长作了一定的退让,才解决本案。事后,园长深有体会地说,一定要加强法律知识的学习,提高全体教师的法律意识和法律知识,避免同类事例的发生。

（1）幼儿园园长和教师应加强法律知识的学习，了解与本职工作相关的法律常识。

（2）经营者应依法经营，避免侵权而带来诉讼，影响了经营。

## 20. 幼儿也有著作权吗？

**案 情**

一位颇有美术天赋的幼儿名叫园园，他自小喜欢画画，并常有儿童画获奖或发表，从中班到大班已有十多张儿童画见诸国内的报刊。有一次，该幼儿的家长收到一封来自一家幼教刊物的批评信，希望他们不要把儿童画一稿多投。原来，园园有一张儿童画在两家刊物上几乎同时发表，而父母仅投了一家，另一稿是幼儿园老师翻拍成照片后寄去的，事先并未征得家长同意。家长认为，幼儿园没有通过家长（监护人）的同意擅自将孩子的画稿投寄报刊，侵犯了幼儿的著作权，应承担相应的民事责任。双方经过协商，幼儿园在一次家长会上公开作了赔礼道歉，杜绝同类事件的发生。家长也表示能理解幼儿园的良好愿望，不再追究赔偿责任。

**分 析**

著作权又称版权，是作者及其他著作权人对其创作的文字、科学和艺术作品依法享有的权力。著作权是民事权利，是知识产权的组成部分。著作权包括人身权和财产权两大类。根据我国《著作权法》第10条规定，人身权包括作者对其作品的发表权、署名权、修改权和保护作品完整权。财产权指作者及其他著作权人对其作品依法所享有的使用和获得报酬的权利。《著作权法》第46条规定，未经著作权人许可，发表其作品的，应承担停止侵害、消除影响、公开赔礼道歉、赔偿损失等民事责任。

幼儿不可能创作小说、剧本、论文等，但有不少幼儿能完成儿童画、书法、摄影作品，有些还能见诸报刊。不能因为幼儿尚未成年而剥夺其版权。根据我国《民法通则》第9条的规定："公民从出生时起到死亡时止，具有民事权利能力，依法享有民事权利"。因此幼儿享有民事权利，他是独立的民事主体，只要其作品符合著作权法的有关要件，即形成著作权。幼儿在实际行使其权利时，由于法律规定幼儿属于无行为能力人，应由他的法定代理人代理民事权利。幼儿的法定代理人就是他的监护人，通常是幼儿的父母。所以幼儿园在使用幼儿的作品时应征得幼儿监护人（父母）的同意，否则不得任意作展览或向报刊投稿。

本案中，幼儿园为了幼儿着想，出于好意，希望自己幼儿园的孩子能多发表一些儿童画等作品，同时也能为自己的幼儿园作良好的宣传，故而将孩子的作品寄给报刊。但是，幼儿园在没有征得（监护人）父母同意的情况下，擅自将幼儿的作品投稿，却是侵犯了幼儿的著作权（发表权）。本案最终通过协商解决，是较合适的途径。

## 建 议

（1）幼儿园教师应多学习一些与幼儿相关的法律知识，避免教育工作中的违法行为。

（2）幼儿园应多与家长沟通，及时传递相关信息，消除误会。

## 21. 相邻艳舞场，难煞幼儿园

### 案 情

两年前，浙江某幼儿园，租用了一幢大楼的一层和二层两个楼面为教学场所，招收了一百多名幼儿，开始了合法学前教学。而这幢大楼的第三层为一营业性舞厅，营业时间从傍晚7:00至次日凌晨。白天，幼儿园里面儿歌阵阵；晚上舞厅里面翩翩起舞。两者的作息时间恰巧交叉，互不影响，两年多来从没有任何纠葛，相安无事。

可是好景不长，今年年初开始，舞厅改变了经营内容和方式。把交际舞厅变成了歌舞演出场所，从各地招徕一些所谓的歌舞团、文工团等演出团体，进行歌舞、小品等表演。演出内容很低俗，更谈不上艺术了。所谓歌舞只是几个年轻女郎穿着异常单薄的衣服，扭扭腰肢，做一些简单的健美操动作；歌舞表演的间隙安排小品，语言粗俗不堪，趣味低级。但由于票价很低，内容又迎合了一部分市民的需要，观众场场坐满，生意十分兴隆，人来人往非常嘈杂。而且在营业时间上与幼儿园的上课时间有冲突，每天安排两场演出，分别是下午2时与晚上8时开始，两个小时左右的时光，三楼强烈的迪斯科音乐窜过门窗，进入各个幼儿的教室，对幼儿的教学活动影响很大；另外，在幼儿园的门口，极不和谐地立着好几个数米高的广告牌，上面都是一些"三点式"女郎的图像，配以"媚力四射""劲歌辣舞"等广告语。门口左侧摆着两只大音箱，发出震耳欲聋的迪斯科音乐声，并且不断夹杂着"精彩演出马上开始"等话语。在幼儿园一楼大门入口处摆着一个售票台，马路上还有装着高音喇叭的"劲歌辣舞"广告宣传车每天在门口转来转去，整个环境与教育场所很不相适。家长意见纷纷，幼儿园也十分抱怨，曾经与歌舞厅交涉过几次，但是没有任何效果。据文化部门的调查，歌舞厅的演出尽管艺术水准不高，但手续合法齐全，没有色情演出内容。

幼儿园的压力很大，想另觅场所，但一时找不到合适的房屋，处境确实比较为难。

### 分 析

本案没有引发诉讼，也没有直接的双方冲突，但是幼儿的权利却实实在在地受到了侵犯。下面作一详细的分析。

我国《未成年人保护法》第26条规定："幼儿园应当做好保育、教育工作，促进幼儿在体质、智力、品德等方面和谐发展。"

我国《教育法》第45条规定："国家机关、军队、企业事业组织、社会团体及其他社会组织和个人，应当依法为儿童、少年、青年学生的身心健康成长创造良好的社会环境。"现行《幼儿园管理条例》第25条规定："任何单位和个人，不得侵占和破坏幼儿园园舍和设施，不得在幼儿园周围设置有危险、有污染或影响幼儿园采光的建筑和设施，不得干扰幼儿园正常的工作秩序。"

笔者认为，广义上讲幼儿园的教育不仅仅限于幼儿园内的各种教育活动，而且包括幼儿园周边环境对幼儿的种种影响，幼儿园应当做好保育、教育工作，包括幼儿园园址的选择应有利于幼儿的健康成长，促进幼儿身心和谐发展。本案中，幼儿园一开始就选择了与舞厅相邻的房子，只不过当时两者的活动时间上不重叠，矛盾没有呈现出来，但问题的隐患已经存在。可以说幼儿园在选址上是有过失的。

两年后问题突现了，舞厅变为了歌舞演出，设置在幼儿园门口的大音箱、马路上广告车、三点式女郎的广告画、上课时络绎不绝的人群，显然与幼儿教育的环境不相符，不是幼儿健康成长创造良好的社会环境，扰乱了教学秩序。是一种侵权行为。

## 建议

（1）幼儿园负责人选择设置幼儿园的场所一定要慎重，反复考察，要从长远利益考虑，不能只顾眼前情况。

（2）幼儿园要依法保护自己的合法权益，对于影响教学活动的周边环境中的各种因素，应出面进行交涉，据理力争，并配合相关行政部门，以维持幼儿园教学活动的正常进行。

# 22. 游戏中幼儿撞伤，如何处理？

## 案情

某天，中班幼儿在老师的带领下，正进行着"迎面障碍接力"游戏，孩子们玩得十分投入。游戏中，佳佳特别兴奋，跑动很积极，为了取胜，撞到了在旁边跑道上同方向的妮妮，妮妮跌倒在地上，脸部左侧着地挫开一条2厘米的伤口。妮妮很快被老师护起并送医务室作了简单的处理，园方马上通知家长，并在老师的陪同下将妮妮送往医院就诊。事后，园方组织双方家长就治疗、赔偿费用进行调解，但未能达成协议。于是，妮妮家长作为监护人，将幼儿园和佳佳告上法庭，要求幼儿园和佳佳承担连带赔偿责任。

## 分析

这是一起园内的幼儿伤害事故，发生在教师组织游戏的上课时段。

妮妮父母认为，幼儿园在上课期间发生了幼儿的伤害事件，幼儿园负有不可推卸的责任。老师在游戏过程中没有照顾好孩子，在游戏的设计上有瑕疵，二队孩子之间的横向距离太小，所以才会出现孩子在跑动中相撞，幼儿园有过错。

幼儿园认为，教师按照教学计划实施游戏，游戏内容符合中班幼儿的年龄特征，活动场地平坦宽广，课前准备完备,没有伤害事故的隐患。教师现场指挥适当有序,出现撞伤事件,纯属意外,是小概率事件。幼儿园没有过错。

佳佳家长认为,佳佳按照教师的要求进行游戏,完全按照规则来做,双方幼儿都在跑动中发生相撞,没有主观上的故意,也没有过错,不应承担赔偿责任。

一审法官审理认为,幼儿园的办学条件上符合法律规定,带班老师有幼儿园教师资格。园内的教育教学设施也不存在危险或不合理之处。"迎面障碍接力"游戏通常是安全的且适合中班幼儿玩耍,游戏过程中,教师始终在现场,没有离开过,游戏活动的设计安排合理,切合实际。园方尽到了教育、管理义务,对于游戏中发生相撞跌倒挫伤的后果无法预见,主观上没有过错。事故发生后,幼儿园及时救助了受伤的幼儿,并及时通知了幼儿的法定代理人。应当说,事后的处理是及时合理的。

同时,佳佳是无民事行为能力人,其在教师的带领下参加这个游戏。完全按照顺序进行游戏,跑动的路线也符合游戏的要求,也没有违反课堂的纪律,所以说佳佳撞倒妮妮致其受伤,并不存在过错。

依据最高人民法院关于贯彻执行《中华人民共和国民法通则》若干问题的意见(试行)第 160 条规定:"在幼儿园、学校生活、学习的无民事行为能力人或者在精神病院治疗的精神病人,受到伤害或者给他人造成损害,单位有过错的。可以责令这些单位适当给予赔偿。"《侵权责任法》第 38 条规定:"无民事行为能力人在幼儿园、学校或者其他教育机构学习、生活期间受到人身损害的。幼儿园、学校或者其他教育机构应当承担责任。但能够证明尽到教育、管理职责的,不承担责任。"即幼儿园对幼儿伤害事故承担的是过错责任,没有过错就没有责任。

尽管幼儿园和佳佳对妮妮所受伤害均不存在过错,但在起因上有一定的关联,同时,妮妮的受伤给其家庭造成了一定的经济损失。根据公平原则,幼儿园和佳佳应对妮妮给予一定的经济补偿。最终判决幼儿园和佳佳分别补偿妮妮 40% 和 30% 的损失。

法官的判决是合理的,适用法律准确,三方均无异议。

## 建 议

(1) 对于跑动性的游戏,事前要有足够的思想准备,一方面要关照孩子按规定的路线前进,另一方面,要告诉孩子遇到碰撞时,尽量避开,减少冲撞的概率。

(2) 游戏中,老师要特别关注几个力量较大、跑速较快又非常兴奋的孩子,尽量控制左右移动的幅度。

(3) 游戏时,队列之间的横向间距,尽可能地拉开。条件允许的,应该在塑胶场地上进行跑动性的游戏,地面柔和些,减少损伤的机会。

# 23. 幼儿在园被误领,身体受伤谁承担?

## 案 情

两个男孩小明和小海,是幼儿园中班的同班同学。小明的父母是从外地来苏州打工的,近阶段正在闹离婚,双方都想要这个儿子,要取得儿子的抚养权。一天,小明的父亲在妻子不知情的情况下,一个人来到幼儿园,想把儿子私自领走,并带回安徽老家藏起来。当时,正是幼儿园午睡时间,孩子们均在午睡室的小床上睡着。由于其父平时来幼儿园次数较少,对幼儿睡觉的环境不太熟悉,加上心里较为紧张,结果把旁边床上的小海误抱走了。想尽快走出幼儿园,脚步匆忙,不料在下台阶时摔了一跤,小海也跌在地上,手肘、小腿等多处受伤。小海醒了,小明父亲发现抱错了人。再把小海带回午睡室,交给老师。

为此,小海的家长向幼儿园提出了赔偿的问题,幼儿园说这是由致害人造成的,应直接去找肇事人,由小明的父亲来赔偿。因此发生了争议。

## 分 析

这是一起发生在幼儿园内的事件,父亲认错儿子的事在现实中很少出现的。

本案中,由于小明的父亲抱错了孩子,把小海当作了小明,又不小心摔了一跤,连带把小海也摔伤了。小海的受伤是一个不容否定的客观事实,提出相关的赔偿也在情理之中。

幼儿园认为,小明是本幼儿园的孩子,他的父亲来园接儿子,完全符合园方的规定,所以门口保安让小明父亲进园没有任何错误。至于小明父亲抱错小孩,又摔跤跌伤了小海,完全是由小明的父亲造成的,责任也应全部由他承担。

小海家长认为,我儿子放在幼儿园,教师应当认真照顾好。由于教师看管的疏忽而让他人抱走,这本身是幼儿园的一个过错,尽管孩子没有被带离幼儿园,但这过错是肯定的。如果教师尽到了看管的责任,孩子不会被别人抱走,也不会发生摔伤的事。因此,先要让幼儿园来承担责任,幼儿园可以再去找肇事人赔偿。

根据本案的事实经过,幼儿园让人错抱了孩子,在看管上存在未尽到管理职责的情形,但主要的肇事人应该是小明的父亲。

我国《侵权责任法》第 40 条规定:"无民事行为能力人或者限制民事行为能力人在幼儿园、学校或者其他教育机构学习、生活期间,受到幼儿园、学校或者其他教育机构以外的人员人身损害的,由侵权人承担侵权责任;幼儿园、学校或者其他教育机构未尽到管理职责的,承担相应的补充责任。"根据上述规定,小海受到的伤害确实是来自同班小明的父亲,但是幼儿园也有未尽到管理职责的情形。

因此,小明的父亲是直接责任人,按第一顺序来承担责任;幼儿园是补充责任人,在第一顺序的责任人无力赔偿、赔偿不足或者下落不明的情况下承担补充责人,在承担赔偿责任后,补充责任人可以向第一顺序的责任人请求追偿。

## 建 议

(1) 加强家园的沟通,班主任及时了解幼儿家庭的各种情况,并向园长汇报。

(2) 发现家庭有离异趋向的,或正在闹离婚的,要与孩子的父母商定,接送孩子的方式和人员,避免不必要的失误。

## 24. 教具破损伤人，忽略检查应担责

### 案情

2013年5月，贵州省贵阳市一幼儿园张老师在组织小朋友上科学课时，发放给每个小朋友一个数学模型教具，教小朋友们识别几何形状，小朋友们兴高采烈地拿着各自的塑料教具玩起来，其中王小米同学拿到了一个长方形的塑料模型，该方形塑料教具由于使用多次边角已经出现破损，张老师发放教具过多未发现这个问题。在张老师教学过程中，小朋友们拿着教具互相打闹嬉戏，王小米在玩耍的过程中用力过猛被教具硬质破损边角划破手指，张老师发现后急忙为王小米贴上了止血贴，认为只是小小皮外伤，没有采取进一步措施，也没向幼儿园园长报告。

事后，王小米手指由于没及时消毒处理回家后伤势扩大，王小米家长遂向法院起诉要求幼儿园赔偿损失，而幼儿园认为这是当班教师张老师的责任，应由张老师承担赔偿，本案该由谁负责呢？

### 分析

本案主要涉及幼儿园提供教具等设施造成幼儿受损责任承担的问题。

首先，本案承担责任的主体应该是幼儿园。根据《侵权责任法》第34条的规定，用人单位的工作人员因执行工作任务造成他人损害的，由用人单位承担侵权责任。本案中王小米受伤是在上课期间造成，张老师是在履行职务行为，代表的是幼儿园，因此对外应由幼儿园承担责任。幼儿园在对王小米受伤的事件中责任体现在以下方面：一是作为教具的提供者未尽到安全检查和管理的义务，根据《幼儿园管理条例》第19条"幼儿园应当建立安全防护制度，严禁在幼儿园内设置威胁幼儿安全的危险建筑物和设施，严禁使用有毒、有害物质制作教具、玩具。"《幼儿园工作规程》16条"幼儿园应建立房屋、设备、消防、交通等安全防护和检查制度；建立食品、药物等管理制度和幼儿接送制度，防止发生各种意外事故。应加强对幼儿的安全教育。"的规定，幼儿园有义务提供安全的教具并建立检查防护制度，但是由于幼儿园的疏于检查导致存在安全隐患的教具仍然在使用；二是幼儿园在幼儿受伤后未及时救助，造成伤势的进一步扩大，属于《学生伤害事故处理办法》第9条规定的"学生在校期间突发疾病或者受到伤害，学校发现，但未根据实际情况及时采取相应措施，导致不良后果加重的情形"。综上两点可以认定幼儿园未尽到管理职责，应对王小米的损失进行赔偿。

其次，幼儿园无权要求张老师承担赔偿责任，但可对其进行相应行政处分。张老师是在工作期间履行职务行为，最终赔偿责任应由用人单位即幼儿园承担。由于张老师存侥幸心理认为王小米被划破手指只是小伤，未进一步处理和上报幼儿园园长，以及其在教学前未预见到教具硬质边角破损易伤人，未对幼儿进行安全教育等行为，可认定张老师存在疏忽大意的过失。但本案引起王小米受伤的原因还在于教具本身存在安全隐患，幼儿园事先未尽到检查义务。幼儿园的管理职责不仅包含对学生的管理，也包含对幼儿园设施、教学玩具设备的安全检查管理，因此本案引起王小米的受伤是多方原因造成的。张老师虽然存在过失，但不属于重大过失。根据《学生伤害事故处理办法》第27条"因学校教师或者其他

工作人员在履行职务中的故意或者重大过失造成的学生伤害事故,学校予以赔偿后,可以向有关责任人员追偿。"的规定,只有在张老师存在故意或重大过失的情况下,幼儿园才能向张老师行使追偿权。在本案中,张老师的责任应体现在违反了《幼儿园管理条例》《幼儿园工作规程》等法规的有关规定,幼儿园可对其进行相应行政处分。

## 建 议

(1) 幼儿园及教师应熟悉幼儿园的教具、玩具设备等,加强防护和检查工作。

(2) 幼儿园应当建立起相应的管理制度,包括对学生伤害的信息报告及处理制度,树立"学生伤害无小事"的安全理念。

(3) 幼儿园应加强对教师的管理,教师应多学习相关安全法律法规知识,树立高度的责任意识。

## 25. 幼儿午休晕倒,延误送医责任大

### 案 情

2015 年 6 月的一天中午,天气相对闷热,四川省泸州市某幼儿园的王老师安排小朋友们在保育室午睡,小王老师照例检查每个小朋友的入睡情况。由于天气较热,小朋友们一直吵闹未安静睡觉,小王老师一边安慰小朋友一边检查,这时有位小朋友强强突然晕倒了,小王老师立即将强强送到园医处治疗。经过常规处理后,强强清醒过来病情有所好转,但说感到全身没有力气,园医处张老师说没事,这是由于天气热了中暑,吃点药喝点水休息下就好了。小王老师看到强强无精打采的样子,建议园方还是送往医院进一步检查治疗,但园长听从了张老师的意见决定观察一下再说。就在老师们争执一段时间后,强强突然又晕倒了,这时园长才慌了,老师们赶紧将强强送往就近的医院,但送往医院后经医生检查强强已经休克死亡。

事后,强强家长带领家属十多人围堵幼儿园门口,要求园方赔偿 200 万元,否则就堵门口不走。后警方和当地政府介入,并在法院调解下,园方赔偿了 50 万元才得以解决。在本案中,园方是否应该承担赔偿责任,面对家长们的维权方式该怎么办?

### 分 析

本案涉及三个问题:一是园方延误治疗是否应担责;二是幼儿损害赔偿是否有法定标准;三是发生纠纷该采取何种维权方式。

本案中,园方的主要责任在于未及时将晕倒的强强送往正规医院治疗,延误了治疗时间,而延误治疗时间恰恰是造成强强死亡的直接原因。由于园方的延误行为造成强强的死亡结果,而延误行为与死亡结果之间又具有直接的因果关系,因而可以认定园方的不作为行为(即应该及时送医而未送)已经构成了侵权,园方应该承担因侵权造成强强死亡的损失责任。根据《未成年人保护法》第 24 条规定,学校对未成年学生在校内或者本校组织的校外活动中发生人身伤害事故的,应当及时救护,妥善处理,并及

时向有关主管部门报告；《学生伤害事故处理办法》第9条的规定，学生在校期间突发疾病或者受到伤害，学校发现，但未根据实际情况及时采取相应措施，导致不良后果加重的，学校应当依法承担相应的责任；以及第15条"发生学生伤害事故，学校应当及时救助受伤害学生，并应当及时告知未成年学生的监护人；有条件的，应当采取紧急救援等方式救助。"的规定，学校在学生受伤时履行及时救助是法定义务，且由于幼儿身体条件和行为能力的特殊性，幼儿园对幼儿的保育、救助义务更高于其他类型的学校。因此在本案中，幼儿园延误治疗的行为实际上违法了法定义务，也是造成幼儿死亡的直接原因，应承担相应的民事赔偿责任和行政责任。

对于强强家长提出的200万元赔偿要求，在法律层面上来说应该提供相应计算的依据。《最高人民法院关于审理人身损害赔偿案件适用法律若干问题的解释》已经对造成人身损害、死亡的损失赔偿项目、费用确立了法定标准和计算方法，具体到本案中主要涉及丧葬费、死亡赔偿金、精神抚慰金等。按照2015年四川省的统计数据计算应为50多万元左右，本案中法院调解最后赔偿50万元是符合法定计算标准的。因此，对于不符合法定计算项目和标准的费用，园方可以拒绝赔偿。

对于强强家长带领家属围堵幼儿园讨赔偿的行为，从情理上可以理解家属的心情，但维权应采取合法的方式，采取过激行为容易产生新的矛盾纠纷以及触犯治安、刑事法律规定，我们不主张家长采取这种方式。根据《学生伤害事故处理办法》第16条"发生学生伤害事故，情形严重的，学校应当及时向主管教育行政部门及有关部门报告；属于重大伤亡事故的，教育行政部门应当按照有关规定及时向同级人民政府和上一级教育行政部门报告。"的规定，幼儿园遇到这种情形，首先是要报告教育行政主管部门，其次应当采取主动与家属协商、调解的方式，最后如协商不成应告知家长起诉至人民法院解决。

## 建 议

（1）幼儿园及教师应强化责任意识，遇幼儿受伤应履行及时救助的法定义务。

（2）幼儿园教师遇到幼儿突发受伤、不舒服等问题，不能掉以轻心、凭经验推测，应有专业人员及时处理，如无专业人员处理应及时送往专业医疗机构救治。

（3）面对家长过激的维权方式，应理性对待，通过合法途径解决。

## 26. 幼儿打架受伤，园方管理不力担责

### 案 情

丁丁和明明是山东省济南市某幼儿园的两名小朋友。2013年4月份的一天，幼儿园张老师组织小朋友们玩游戏，由于这个游戏之前已经玩过很多次，小朋友们都玩得很开心很有秩序，于是张老师觉得没什么问题，就开始拿出手机来玩。就在这时候，丁丁和明明在玩耍过程中为争抢一个玩具互相扭打起来，丁丁在扭打过程中用力推了明明一把，明明没站稳被推倒在地正好左眼角撞在了幼儿园滑梯的边角上，明明当场就大哭起来，张老师听到哭声这才反应过来立即赶来阻止双方再打架，发现明明受伤后园方立即送往医治。后经医院诊断为视网膜破损，明明的家长花去

医疗费 45 000 元,明明出院后左眼视力下降需要佩戴眼镜才能看清。

明明家长为此将丁丁家长和幼儿园告上法庭要求连带赔偿损失,而明明家长认为丁丁只是一个不懂事的幼儿,造成明明受伤主要是幼儿园管理不力,因此幼儿园应该承担全部赔偿责任。那么本案幼儿园该承担什么法律责任呢?

## 分 析

本案涉及两个法律问题:一是幼儿园的管理责任与监护责任的区别;二是发生幼儿打架致受伤幼儿园承担责任问题。

幼儿在幼儿园学习、生活期间发生打闹造成伤害是常见的幼儿受损情形,而如何认定幼儿园的责任是社会上争议比较大的一个问题。不少家长持的一个观点就是只要是发生在幼儿园的伤害事故,如果确有幼儿园看管不力的问题,责任就应该由幼儿园来全部承担,幼儿作为完全无民事行为能力人且已经脱离了监护人的看管不应承担责任。这个观点存在一个误区,即把幼儿园的看管责任等同于父母的监护责任,而只要幼儿脱离了监护人的监护范围,监护责任就转移到了幼儿园。这个观点是不正确的,因为在《民法通则》第 16 条里已经明确了父母是未成年人的法定监护人,《学生伤害事故处理办法》第 7 条规定:"学校对未成年学生不承担监护职责,但法律有规定的或者学校依法接受委托承担相应监护职责的情形除外。"由此可见,虽然幼儿园相对于其他教育机构有更高的管理义务,但不能扩大到等同于监护责任的范围,这既超出了幼儿园的能力范围也不符合公平原则,幼儿园的管理责任不能等同于监护责任。

关于幼儿园如何承担责任涉及侵权责任法中关于过错责任的问题。本案中,丁丁的行为导致了明明的受伤,根据《侵权责任法》第 32 条"无民事行为能力人、限制民事行为能力人造成他人损害的,由监护人承担侵权责任。监护人尽到监护责任的,可以减轻其侵权责任"的规定,丁丁作为无民事行为能力人,其监护人要承担相应的责任。根据《最高人民法院关于审理人身损害赔偿案件适用法律若干问题的解释》第 7 条"对未成年人依法负有教育、管理、保护义务的学校、幼儿园或者其他教育机构,未尽职责范围内的相关义务致使未成年人遭受人身损害,或者未成年人致他人人身损害的,应当承担与其过错相应的赔偿责任"的规定,丁丁的行为和幼儿园的管理不力都是造成明明受损的原因,应根据过错原则即行为人有无过错、过错大小来划分双方的责任,丁丁的直接侵权行为导致了明明眼睛受伤的损害后果,丁丁的监护人应该对明明的损失承担主要责任。幼儿园张老师上课期间玩手机未尽到安全注意义务,存在一定过错,因此幼儿园应对明明的损失承担次要责任。

## 建 议

(1)幼儿园的管理责任要符合法定范围,正确区分监护责任和管理责任。

(2)幼儿园发生幼儿之间伤害事故,要分清造成事故的原因,判断幼儿园是否应该承担责任的前提是幼儿园有无过错,即幼儿园有没有尽到教育、管理、保护义务。

(3)幼儿园应该加强安全管理、安全教育,避免出现过错、过失行为。

## 27. 歹徒幼儿园门口行凶，突发伤害不担责

### 案 情

2015年6月4日，武汉某幼儿园门口放学时，老师们正引导着小朋友们出校门，这时一名歹徒手持斧头突然冲到园门口，对幼儿实施了乱砍行为，造成三名幼儿受伤，其中两名受重伤一名受轻伤。当时幼儿的家长们正在门口接孩子，人群比较密集。当歹徒突然手持斧头从人群中冲出来时，造成人群混乱，歹徒在混乱中持斧砍伤了三名幼儿。面对紧急突发情况，园方迅速报警，现场几名家长勇敢地上前联合制服了歹徒，警察赶到后迅速控制了歹徒。但本次事件造成了三名幼儿受伤，一名家长在制服歹徒过程中也受轻伤。

幼儿园发现幼儿受伤后，立即组织将受伤孩子送往医院治疗，并及时通知了家长。经医院治疗，三名孩子共花去医疗费40 000多元。

事后，三名孩子家长认为孩子是在幼儿园放学期间发生的伤害，要求幼儿园承担法律责任。

### 分 析

本案主要涉及的法律问题为：幼儿放学后已经离开校园范围受损，幼儿园是否应担责。

近年来国内已发生多起针对校园、学生的恶性恐怖袭击、暴力伤人事件。面对突发的此类案件，显然目前幼儿园的防范能力是不足以应对的。为此国家相继出台了反恐防暴的多项法律法规，教育行政部门也多次发文要求各级学校建立反恐防暴预案。本案即是一起典型的暴力伤人事件，歹徒的行为不仅仅是民事侵权行为，已经对社会造成了严重危害，构成了刑事犯罪。幼儿园在面对此类突发暴恐袭击时，第一要建立起相关的反恐防暴预案，第二就是要加强门岗安保值班巡逻，三就是要以重在预防为主。而面对已经发生的暴恐袭击，如幼儿园没有履行好相关的安全预防义务，则应该承担一定的赔偿责任。

关于幼儿园在本案中责任承担的问题，有些老师可能认为，幼儿已经离开学校了，学校就没有管理责任了，因此幼儿在校外遭受的损害幼儿园没有责任。应该说，这种理解是片面的。首先必须明确的一点是，幼儿作为完全无民事行为能力人，幼儿园在管理义务上高于其他学校和教育机构。根据《学生伤害事故处理办法》第13条的规定，在幼儿上学、放学、返校、离校途中，幼儿园根据实际情形都有一定的看管保护义务，这是根据幼儿的身心条件、行为能力所决定的。其次在法律认定上不应将幼儿园对发生在放学、上学、返校、离校途中发生的安全管理责任等同于校内的安全管理责任，应根据情形区别对待，客观上讲幼儿园对校内的安全管理责任更高。一般情况下，幼儿放学时，幼儿园应尽到派专门老师引导陪同出校门的义务，如本案未履行该义务则应当认定幼儿园行为存在不当。根据《最高人民法院关于审理人身损害赔偿案件适用法律若干问题的解释》第7条"第三人侵权致未成年人遭受人身损害的，应当承担赔偿责任。学校、幼儿园等教育机构有过错的，应当承担相应的补充赔偿责任。"以及《学生伤害事故处理办法》第12条关于"来自学校外部的突发性、偶发性侵害造成的""学校已履行了相应职责，行为并无不当的，无法律责任"的规定，本案系由突发性的第三人侵权造成幼儿受伤，应当由第三人承担赔偿责任，幼儿园在本案中行为并无不当，面对突发的侵害不应承担赔偿责任。

对于校外学生安全的问题,幼儿园的主要义务应该表现为对校园周边尽到看管、预警的安全注意义务,也应对校园周边环境治理有一定的义务。但有人会说幼儿园根本无执法权无法治理校园周边环境,实际上幼儿园如果发现周边环境存在安全隐患,如交通安全、可疑人员安全等,应该尽到向相关部门报告并配合的义务,这就需要幼儿园联合公安、城管、工商等部门联合治理,以免在校外发生安全事故。

## 建 议

(1) 幼儿园要根据教育行政部门的要求,建立反恐防暴安全预案,尽到安全防范义务。

(2) 幼儿园要重视校园周边环境治理和建立安全预警、门岗巡查登记机制,发现可疑情况及时处理、报告。

(3) 对幼儿上学、放学、返校、离校途中尽到安全教育、与家长信息沟通、校门口接送等义务。

## 28. 组织幼儿看动画,电视爆炸谁担责

### 案 情

为发展小朋友们的兴趣爱好和特长,贵阳市观山湖区某幼儿园在暑期举办了绘画艺术培训班。这一天,该幼儿园周老师准备教小朋友们画黑猫警长,为了让小朋友们提高兴趣,在绘画前,周老师组织孩子们观看经典动画片《黑猫警长》,使用的是新买来的大屏幕电视机。正当小朋友们看得兴高采烈的时候,电视机突然"轰"的一声发生爆炸,屏幕破碎飞溅的碎片正好击中坐在前排的两位小朋友洋洋和浩浩,造成洋洋和浩浩面部严重受损,其他小朋友也因为爆炸声响吓得一片哭声。幼儿园立即将受伤的孩子送往医院救治。事后,洋洋和浩浩的家长向幼儿园索赔医疗费、护理费、精神损失费等共计23万多元。

经相关部门介入调查,电视机爆炸的原因为液晶屏幕质量低劣以及幼儿园电压不稳造成。本案中,幼儿园是否应该承担赔偿责任呢?幼儿园该怎么办?

### 分 析

一般情况下,幼儿园是否承担责任应看幼儿园是否尽到了安全管理义务或有无过错。但在现实生活中,尽管幼儿园行为无不当,因突发的设施设备质量问题造成的幼儿受损是否应该承担责任呢?

本案中,幼儿园应该承担赔偿责任。首先,电视机作为教学设施是由幼儿园提供的,根据《未成年人保护法》第16条的规定,幼儿园作为教学活动的组织者应该提供符合安全标准的教学设施,不得使未成年学生在危及人身安全、健康的校舍和其他教育教学设施中活动,因此幼儿园对电视机负有管理责任。其次,电视机爆炸是由于质量原因和幼儿园电压不稳引起,《学生伤害事故处理办法》第9条规定学校提供给学生使用的学具、教育教学和生活设施、设备不符合国家规定的标准,或者有明显不安全因素,造成学生伤害事故的,学校应当依法承担相应的责任。因此,在本案中尽管表面上看幼儿园并无行为不当,但是作为电视机的提供者,幼儿园根据相关法律法规确有管理和检查的责任,幼儿园购买存在质量缺陷

的电视机以及没有事前检查用电安全都是其责任所在。

　　但需要注意的一点是,幼儿园虽然是电视的提供者和管理者应承担赔偿责任,但电视机本身质量有问题才是导致幼儿受伤的根本原因,电视机作为在保修期内的产品出现质量问题导致幼儿受损,依据《产品质量法》第四十二条、第四十三条的规定,幼儿园在承担赔偿责任后可向电视机生产厂商或销售者进行追偿。需要指出的是,受害人的法定代理人也可以直接起诉生产者或销售者要求赔偿,如受害人得到赔偿后幼儿园只应承担因为电压不稳的相应补充责任。

　　对于学校在采购电视机过程中出现质量问题的情形,如果学校负责采购的人员存在玩忽职守或者与销售者有利益关系等行为,应该要追究相关人员的行政责任甚至刑事责任。

## 建　议

　　(1)幼儿园购买教育教学设施、设备要建立相关的采购制度程序,严把质量关,同时注意保留销售合同和发票,以便发生纠纷可向商家追诉。

　　(2)幼儿园要建立对校内教学设施、设备的检查制度,对于涉及用电、有消防安全等隐患的设施设备,要请专业人员进行检查、维护,并培训使用人员确保操作规范。

　　(3)对幼儿因校内设施、设备受伤时,幼儿园应该及时处理、赔偿,并在确定系产品质量问题后向厂家或商家追偿。必要时也可以建议受害人直接起诉厂家或商家,幼儿园予以配合。尽量保护受害人的合法权益。

## 29. 牛奶变质仍使用，幼儿园、商家均有责

### 案　情

　　贵阳市南明区某幼儿园一直使用某公司供应的牛奶。这天中午,张老师照例给每位小朋友发放了牛奶,有的小朋友向老师反映说牛奶有点酸的味道,张老师立即意识到了问题,赶紧通知小朋友们都别喝牛奶,这时候已经有些小朋友开始呕吐,张老师马上通知园长,园方紧急派车将呕吐的小朋友送往医院治疗,并收取了每位小朋友手上的牛奶。之后,园方还组织了所有小朋友去医院进行检查。呕吐的几位小朋友经紧急治疗得以康复。

　　经相关部门组织调查,牛奶系变质产品,存在质量问题。

　　事后,送医的几位幼儿家长向幼儿园索赔,幼儿园认为园方已经尽到了及时救助的义务,不应该承担责任。本案中,对于幼儿因为食物中毒的损失应该由谁负责赔偿?

### 分　析

　　这是一起因为食品安全引起的责任纠纷。从表面上看,幼儿园行为并无不当,采取了及时救助义务,牛奶变质也不是幼儿园引起的。那么,幼儿园是否要承担责任呢?

　　本案中,幼儿园应该承担赔偿责任。首先,我们必须认识到安全管理责任贯穿于幼儿园教育、教学、

生活管理的全过程,以及对幼儿园事前、事中、事后的安全管理责任都有要求。本案中幼儿园在事发时采取了及时应对的措施,对于幼儿的救助比较及时,对于全体幼儿采取了收取牛奶、送医检查的措施比较得当,尽到了安全管理责任。但是幼儿园的责任体现在事前监管没有到位,也就是对于幼儿所喝的牛奶没有把好质量关,根据《学生伤害事故处理办法》第9条的规定,为学生提供药品、食品、饮用水符合国家或者行业有关标准、要求是学校的法定义务。本案中,正是由于幼儿园在采购牛奶时没有给予充分注意,在牛奶投入使用过程中没有及时发现质量问题才导致了幼儿中毒的发生,并且食品安全问题责任重大,对幼儿园赋予的注意义务更高,幼儿园在事前没有做好把控工作,存在一定过失,应该根据实际情形承担一定的责任。

但变质牛奶的生产厂家和供应商同样应该承担赔偿责任。《食品安全法》第28条规定禁止生产超过保质期的食品,《产品质量法》第43条规定因产品缺陷造成他人损害的,受害人可向生产者或销售者索赔。本案中,最终的责任应该由生产、经营者承担。因此幼儿园在承担相应责任后可向生产厂家和供应商追偿。

食品安全是关乎幼儿生命权、健康权的大事,幼儿园如在食品安全卫生方面没把好质量关、检查关、救助关,不仅要承担民事赔偿责任,还要承担相应的行政责任,造成重大人员伤亡的还要追究刑事责任。

### 建 议

(1) 幼儿园必须高度重视食品安全问题。在购买牛奶等食品、药品、饮用水时,一定要选择具有卫生许可证等相关资质的商家,并与商家签订规范完备的合同。

(2) 幼儿园对于采购回来的食品,一定要加强检查,对于有异味、变色的食品坚决不用、不吃,做好防范工作。

(3) 幼儿园要建立食品安全卫生监督制度,保证食品、环境、人员、用具、操作流程符合卫生标准,加强幼儿用餐的管理工作。

(4) 对于突发的食品中毒事故,事前要制定好预案,事发时要及时救助,事发后要积极与幼儿家长协商处理,赔付后可向厂家、商家追偿。

## 30. 临时舞台塌陷,园方组织提供应担责

### 案 情

贵州省清镇市某幼儿园在"六一"儿童节这天举办幼儿园才艺表演活动,并邀请了家长参加。活动当天气氛热烈,小朋友们纷纷上台表演唱歌、跳舞等节目。由于幼儿园场地狭小,舞台是临时搭建的。在表演过程中,一个班的学生在舞台中央跳舞时,舞台有块木板突然垮塌,三位小朋友当时就摔倒,而家长们见孩子摔倒,立即赶上去营救,由于现场人数太多迅速引起了混乱,在混乱过程中又有几位小朋友摔倒受伤。幼儿园园长通过话筒指挥现场才没导致进一步混乱,后园方组织将受伤孩子送往医院治疗。所幸幼儿园所搭舞台不高,几位小朋友的伤势不重,经抢救均无大碍。

事后,受伤小朋友的家长向幼儿园提出 43 890 元的赔偿请求。幼儿园认为园方已经履行了及时救助的义务,不应承担那么多的赔偿责任。后经法院调解园方赔偿了受伤小朋友 4 万元。

### 分 析

本案是一起因突发事故引起的伤害事件,幼儿园是否承担责任要看是否已经尽到了管理职责和有无过错。

本案中,幼儿园不能以已经履行及时救助的义务为由免责。因为幼儿园的责任还体现在以下方面:首先,幼儿园的责任体现在组织管理责任。幼儿园作为本次活动的组织者,应该将安全因素考虑在活动方案的各个环节,在活动开始前一定要检查活动场地、设备、设施,舞台设施作为临时搭建的平台更需要严格检验。正是由于幼儿园作为组织者检查不力,提供给学生表演的舞台设施存在安全隐患才造成了学生受伤,违反了《未成年人保护法》第 22 条关于幼儿园不得在危及未成年人人身安全、健康的校舍和其他设施、场所中进行教育教学活动的规定;其次,幼儿园的责任体现在没有建立安全防范制度和安全教育义务。《未成年人保护法》第 22 条规定幼儿园安排未成年人参加集会、文化娱乐、社会实践等集体活动,应当有利于未成年人的健康成长,防止发生人身安全事故,以及要求幼儿园建立安全制度,加强对幼儿的安全教育。《未成年人保护法》第 23 条同时要求幼儿园建立突发事故紧急预案。本案中,幼儿园安排学生参加"六一"儿童节活动,就应该做好安全防范工作,建立安全制度和紧急预案,防止发生人身伤害事故。但该幼儿园未建立完善的安全制度,同时幼儿园在活动前也未履行好安全教育的责任,对发生突发的事故也没有紧急处置方案,导致人群混乱造成幼儿进一步受伤。综上,由于幼儿园未提供安全设施以及建立完善的安全制度,遇突发事件时又未能有相应紧急预案予以应对,都是导致幼儿受伤的原因,因此幼儿园在本案中应该承担主要或全部责任。法院调解赔偿金额符合法律规定和幼儿园的责任程度。

同时需要说明的是,本案造成幼儿受伤的原因是坍塌的舞台设施,如该舞台设施是由第三人提供,舞台设施本身搭建、设计有缺陷能够证明第三人有过错的,幼儿园在承担赔偿责任后可以按照产品质量责任向第三人追偿。

### 建 议

(1) 幼儿园应该建立相关安全防范制度。

(2) 幼儿园在组织幼儿参加集体活动时,应保障幼儿的人身安全,制定相关突发事件紧急预案,并提前对幼儿进行安全教育。

(3) 在组织活动的过程中如发生幼儿受伤,幼儿园应当履行及时救助和报告家长的义务。

## 31. 幼儿好奇致烫伤,看护不力应担责

### 案 情

贵州省贞丰县某乡镇幼儿园由于条件设施简陋,幼儿活动区域和教师办公室是连在一起的。这天,该幼儿园组织小朋友们在办公室门口的场地进行游戏活动,在游戏过程中,老师和小朋友们都玩得很开心。这时候,小明看见老师的办公室门是开着的,出于好奇就往办公室里走,带队老师正与小

朋友们玩游戏忽略了小明的举动。小明进入办公室后发现办公室没有人,看到一个饮水机很漂亮,小明出于好奇伸手去摸饮水机的开关,正好触碰到开水开关,开水立马流下来烫伤了小明的手。老师发现后立即将小明送往医院医治,并及时告知了家长。经医院治疗共花去医药费2 000多元。

事后,小明家长将幼儿园告上法院要求赔偿医疗费、护理费、家属误工费、精神抚慰金等共计2万元损失。幼儿园认为小明系自行开启饮水机造成烫伤,园方已经履行了及时救助并告知家长的义务,不应该承担赔偿责任,最多适当补偿部分医药费。

本案中,幼儿园是否应该承担责任,如承担责任,承担多大责任呢?

## 分　析

本案涉及的焦点在于幼儿因自身原因导致烫伤,幼儿园是否担责的问题。

表面上看,幼儿受伤是由于自身好奇,不服从老师的指挥擅自进入老师办公室去触碰饮水机开关引起的,幼儿未听从老师的管理是造成这起事故的原因之一,但鉴于幼儿本身的行为能力和认识能力,是不能认识和预见到相关危险,也没有能力应对危险的发生。因此,幼儿在幼儿园的活动范围内,幼儿园对幼儿的行为具有看护的管理责任。本次事故中,由于幼儿园没有根据本园硬件设施实际尽到看管防范义务,幼儿园办公室与活动区域连为一体,在进行游戏活动时,幼儿园老师应该能够预见到存在幼儿擅离区域进入办公室的安全隐患,但是老师没有采取关闭办公室门或者有其他老师看守的措施;其次,在游戏活动过程中幼儿擅离活动区域,老师却没有及时发现及时制止。因此,幼儿园没有尽到注意和管理义务,存在一定过错。

根据《中华人民共和国侵权责任法》确定的过错责任原则,本案应在分清幼儿自身与幼儿园过错比例的前提下划分责任,幼儿园根据责任比例承担相应的赔偿责任。经法院认定,幼儿园未尽到安全管理责任应承担80%的责任,小明由于自身原因应承担20%责任。对于赔偿金额应有法律依据和事实依据,小明家长起诉的2万多元明显过高,应该对照《最高人民法院关于审理人身损害赔偿案件适用法律若干问题的解释》规定的赔偿项目和计算方法来认定。最后本案经法院判决,幼儿园赔偿了小明医药费1 800元。

## 建　议

(1) 幼儿园应根据自身硬件条件设置教学活动,做好安全防范。

(2) 幼儿园在进行教学、游戏等活动过程中,注意观察幼儿行为和动向,防范幼儿走失。

## 32. 幼儿上舞蹈课受伤,教师应注意看护

### 案　情

贵阳观山湖区某幼儿园为吸引幼儿入学,开办了舞蹈兴趣班,新来的王老师专门教小朋友们

跳可爱的兔子舞。这天下午,王老师像往常一样组织小朋友们跳舞。为了提高小朋友们的兴趣,王老师这天专门新教了一个转身跳跃的舞蹈动作。当王老师轻盈的舞步跳转时,小朋友们都开心极了,显然这个舞蹈动作赢得了小朋友们的喜欢,于是大家都跟着王老师的示范动作跳起来。玲玲也很卖力地学习着这个舞蹈动作,但是由于用力过度在转身时重心不稳一下子摔倒扭伤了脚。王老师发现玲玲受伤后立即将玲玲送往医院救治,并通知了家长。

玲玲摔伤特别严重,经医院诊断为骨髓受伤,需要进行手术治疗,并且后续恢复还需要护理。为此,玲玲家长花去医药费10多万元,玲玲出院后长达半年不能运动需要护理。

玲玲家长认为,玲玲是在幼儿园上课期间受伤的,幼儿园应该赔偿所有费用。而幼儿园认为舞蹈课已经开设一段时间,其他幼儿并没因此受伤,玲玲受伤纯属意外,幼儿园及时救助并通知了家长行为并无不当,不应承担赔偿责任。本案中,幼儿园是否应该承担责任呢?

### 分　析

幼儿在上课期间,以及在幼儿园组织的舞蹈、游戏、体育锻炼等活动期间往往会发生意外伤害,幼儿园是否承担责任应重点看园方是否已经尽到安全教育和安全管理的责任。

本案中,幼儿园应该承担一定的赔偿责任。首先,幼儿园存在应预见到风险而没预见到的过失。幼儿园在组织舞蹈、游戏活动期间,应该根据幼儿本身的身体条件、活动能力以及环境设施等情况具体组织开展相应活动。王老师在教授舞蹈动作时,应将场地条件、幼儿身体素质和活动能力考虑在内,应该预见到教授难度较大的舞蹈动作存在发生意外伤害的风险。但是本案中王老师所教授舞蹈动作难度不适宜幼儿,存在发生意外伤害的风险,王老师存在应该预见到风险而没有预见到的过失。其次,幼儿园未尽到看护义务。基于幼儿的特殊身体条件和行为能力,幼儿园具有很强的看护义务。本案中,王老师在教授舞蹈动作时就应该具有观察每个幼儿行为状况并进行看护的义务,但王老师显然未能完全尽到看护义务,才导致玲玲过度卖力转身受伤的发生。再次,幼儿园未尽到安全教育的义务。王老师在教授小朋友们舞蹈动作时,应该预见到有一定的风险,因此要尽到对孩子们安全注意事项教育的责任。本案中,王老师在学生正式跳舞前未尽到安全注意事项提醒义务,也存在一定过失。据此,幼儿园对玲玲受伤的发生是存在一定过失的,应在责任范围内承担赔偿责任。

但应该注意到,玲玲的受伤也的确存在意外因素,系由于玲玲自身过度用力导致重心不稳摔倒,玲玲受伤后幼儿园也履行了及时救助和通知家长的义务,因此不能将全部赔偿责任划归在幼儿园身上。《侵权责任法》已经确定了过错责任原则,《未成年人保护法》和《学生伤害事故处理办法》也规定了学校在过错范围内承担相应责任。因此本案中,应根据幼儿园存在的实际过错划定幼儿园承担的责任比例,幼儿园承担相应的赔偿责任。最后经法院判决,幼儿园承担玲玲因受伤造成损失18万元中的20%部分即3.6万元。

### 建　议

(1) 幼儿园在组织幼儿进行舞蹈、游戏、体育锻炼等存在一定风险动作的教学活动时,应该根据幼儿的身体条件、活动场地设施条件等情况预见到风险的存在,并采取相应的防护措施,必要时对活动进行修改调整。

(2) 幼儿园在组织幼儿进行活动时,应尽到看护义务,确保幼儿安全。

(3) 幼儿园在组织幼儿进行活动时,应对幼儿进行安全教育,做到安全注意事项提醒义务。

(4) 发生幼儿受伤,及时救助并通知家长。

## 33. 校车超载出事故，幼儿园应负责

### 案 情

　　贵州省某贫困县一所民办幼儿园购买了一辆中巴车作为校车接送孩子上学，由于条件有限，本来核载19座的中巴车每天都有接近30名幼儿乘坐，运行一段时间后也没发生什么事，幼儿园就继续使用。2015年7月的一天，司机张某和带班李老师像往常一样接送孩子上学。在路过一个岔路口时，与一辆重型卡车相撞，当场导致车辆侧翻，车上有十多名幼儿不同程度受伤。经交警队认定，校车超载和大卡车占道行驶在此次事故中负同等责任。

　　事后，十多名幼儿家长要求幼儿园赔偿因此次交通事故受伤造成的全部损失，幼儿园却认为园方只应承担一半的责任。本案中，受伤幼儿家长可以向幼儿园主张赔偿全部损失吗？

### 分 析

　　这是一起因校车接送幼儿发生的伤害事故。本案争议的焦点在于，遇有第三人造成事故的发生时，园方是否应当负全责的问题。

　　校车作为幼儿园提供的交通设施，园方主观上应该认识到超载可能存在造成伤害事故发生的风险，但园方为节省成本，仍然超载接送幼儿，违反了《道路交通安全法》第49条"机动车载人不得超过核定的人数"的规定，存在重大过错。园方超载接送幼儿的行为不仅违反了道路交通安全法律法规，也未能尽到对幼儿具有的安全管理义务。《未成年人保护法》规定，学校不得使未成年学生在危及人身安全、健康的校舍和其他教育教学设施中活动，《学生伤害事故处理办法》第4条要求学校的举办者应当提供符合安全标准的校舍、场地、其他教育教学设施和生活设施，该幼儿园校车超载的行为显然违反了提供安全生活设施的规定。同时接送幼儿上学的行为属于学校组织安排的活动，幼儿园理应保障活动的安全，防止发生人身安全事故。因此，幼儿园使用超载校车接送幼儿的行为违反了提供安全设施、保障活动人身安全的管理义务，幼儿在本次事故中没有责任。幼儿园与幼儿形成一个安全管理与被管理的关系，幼儿家长可以幼儿园未尽到安全管理责任为由要求幼儿园赔偿全部损失。

　　但是要注意到，本次伤害事故的发生是由于第三人即重型卡车相撞造成，因此幼儿园在承担赔偿责任后，可以根据本次交通事故的责任大小，向第三人和保险公司进行追偿。由于机动车交通事故的特殊性，在处理交通事故赔偿纠纷时，往往还涉及保险公司。对于本次事故造成的损失，应该首先由保险公司在所承保的范围内予以赔付，不足的部分由当事人按照责任大小来承担。国家实行机动车第三者强制保险制度，幼儿园还可以购买商业机动车第三者责任保险，以增加赔付比例。

　　校车安全重于泰山，幼儿园应该引起高度重视。校车安全事故的发生，如系幼儿园过错造成，幼儿园不仅要承担民事赔偿责任，还要承担行政责任，情节严重的，幼儿园不仅要被取消办学资格，还要追究相关负责人和当事人的行政责任甚至刑事责任。因此，必须重视校车安全，加强校车管理。

**建议**

（1）幼儿园在提供校车时，一定要加强校车安全管理，遵守道路交通安全法律法规，加强校车质量把控，加强对司机、老师进行相关安全教育，确保校车安全。

（2）幼儿园在使用校车接送幼儿期间，应安排随车老师，尽到看护幼儿义务。

（3）幼儿园应对校车购买机动车强制第三者责任保险，尽量购买商业第三者险、车上人员险以及学生意外伤害险。

## 34. 幼儿也有财产权，没收游戏机该归还

**案情**

5岁半的小明是幼儿园大班的小朋友，由于马上快从幼儿园毕业了，小明的爸爸给他买了一个游戏机玩。这一天，小明将游戏机带到幼儿园去玩，立即吸引了其他小朋友的围观。王老师在上课的时候发现小朋友们都不听讲，全部都围着小明看他手里的东西。王老师打了几次招呼小朋友们都听不进去，这才发现小明在玩游戏机，王老师认为小明上课玩游戏机的行为影响了课堂秩序，也影响了其他小朋友，于是王老师就当堂把小明的游戏机没收了。

事后，小明回家告知了家长，家长到幼儿园要求王老师归还游戏机，王老师却说游戏机已经被没收了，要看小明今后的表现而定是否归还。本案中，王老师有权拒绝归还没收的游戏机吗？

**分析**

本案涉及幼儿财产权保护的问题。现实中幼儿园以幼儿违反教学秩序，"没收"幼儿的玩具、游戏机等物品十分常见，但是对于没收后的玩具、游戏机等物品，幼儿园有权拒绝归还吗？

首先应明确的一个概念是，"没收"的法律定义一般是指无偿收归公有，而幼儿园作为没有行政权的事业单位是无权将私人物品收归公有的。对于学生在课堂上或者在幼儿园组织的活动中违反纪律擅自玩游戏机、玩具的行为，幼儿园出于维护课堂教学秩序是可以要求学生交出游戏机暂由园方保管的。"没收"应该是一个暂时保管行为，而不是收归公有的行为。

其次，必须明确的是没有民事行为能力不能混同为没有民事权利。幼儿虽然是未成年人不具有完全的民事行为能力，但是不妨碍其拥有合法的民事权利，《民法通则》第9条规定公民从出生时起到死亡时止，具有民事权利能力，依法享有民事权利，可见民事权利的享有是从一出生就开始了的，与是否成年是否有民事行为能力无关，而财产权就是一个基本的民事权利。幼儿在法律上虽没有行为能力，但其民事权利可由其监护人代为行使。因此，本案中涉及的游戏机的所有权应该属于小明，幼儿园没收的行为属于一个教学管理的行为，其性质只能为暂时保管，但无权继续占有，当课堂教学结束后，暂时保管的行为失去了合理依据，小明及其家长要求幼儿园返还游戏机属于行使财产所有权的行为，幼儿园应予返还，不得以"没收"为由拒绝。

同时,幼儿在幼儿园学习生活期间,由于幼儿属于完全无民事行为能力人,因此幼儿带到幼儿园的财产园方应有一定的看管义务。如系园方管理失误造成幼儿财产遭受损失的,幼儿园应承担相应的赔偿责任。

## 建议

（1）幼儿园应理解"没收"的实质含义,应以暂时保管替代没收。

（2）幼儿园应尊重和保护幼儿的基本民事权利,如财产权、姓名权、隐私权、人身权等。

（3）幼儿园对于暂时保管的物品,事后应及时归还,不得有擅自使用、处分等行为,否则将构成侵犯他人的财产权。

# 35. 擅用幼儿照片做广告，侵犯肖像权该赔偿

## 案情

贵阳市观山湖区某民办幼儿园为了吸引更多孩子就学,请广告公司为该园做了招生广告。广告公司让幼儿园提供照片素材,幼儿园在筛选照片的过程中,发现一张老师和幼儿们游戏的照片特别自然,小朋友们玩得特别开心,其中一个小朋友菲菲正面的笑脸特别灿烂,幼儿园就将该照片发给广告公司用于制作招生广告。

之后菲菲的照片就出现在了幼儿园招生广告宣传画中,幼儿园将该广告宣传画挂于商业闹市区,并制作了宣传单四处散发。菲菲的照片就这样在社会中传播,很多菲菲的亲戚朋友都向菲菲的家长反映了这件事。菲菲家长认为孩子还小,这样到处挂着菲菲的照片未经家长同意给菲菲和其家人带来了很多困扰。于是菲菲的家长张女士就将该幼儿园告上了法庭,要求广告公司和幼儿园赔偿侵犯菲菲肖像权的损失。

本案中,菲菲是否也有肖像权? 幼儿园和广告公司的行为是否侵犯了菲菲的肖像权呢?

## 分析

现实中,幼儿园擅自使用幼儿肖像的行为十分普遍,幼儿园往往认为使用幼儿肖像不会对幼儿产生什么损失,反而是一种光荣,且幼儿无认知能力,所以不需要经过幼儿同意。其实这是一种错误的观念和做法。

民事权利从公民一出生即拥有,肖像权和财产权、人身权、名誉权一样是一项基本的民事权利,因此菲菲拥有肖像权是肯定的。广告公司和幼儿园出于商业目的未经菲菲或其法定代理人同意擅自使用其肖像的行为构成侵权,应对菲菲进行赔偿。

肖像权是自然人所享有的在自己的肖像上体现的以人格利益为内容的权利,肖像权不仅体现一定的人格权益,也体现一定的财产权益。本案中幼儿园和广告公司擅自使用菲菲肖像进行营利宣传的行为,不仅让菲菲的肖像广为人知,也从中牟取到了一定的利益。肖像作为识别个人形象的唯一性,未经

权利人允许对外以商业目的的公布,使个人没有隐私权可言,侵犯了公民的合法人格权益,同时菲菲肖像被人利用牟利也侵犯了菲菲的知情权和基于肖像获取财产权益的权利。《民法通则》第100条规定:"公民享有肖像权,未经本人同意,不得以营利为目的使用公民的肖像",因此菲菲肖像的使用,非经本人或其法定代理人同意,不得以营利为目的擅自使用,幼儿园和广告公司的行为已经构成侵权,菲菲的法定代理人有权起诉要求赔偿。由于肖像权是一项特殊的人格权益,对于侵权的赔偿形式不仅是财产赔偿,更为重要的是视具体情形停止侵害、恢复名誉、消除影响、赔礼道歉,使人格权益得以保障,受害人人格得以尊重。

同时需要注意的是,如果不是以营利为目的使用肖像的行为也要区分情况看是否构成侵权。在司法实践中,为维护国家的利益和社会的需要,使用具有新闻价值社会公众人物肖像,使用在特定场合出席特定活动的人物的肖像,在诉讼活动中作为证据使用他人肖像等情形不认为侵犯公民的肖像权。而对于非出于公益目的,擅自对外恶意公布他人肖像的,可认定为属于侵犯隐私权的行为。

## 建 议

(1) 幼儿园应树立幼儿也有基本民事权利的观念,尊重和保护幼儿的肖像权、财产权等基本民事权利。

(2) 幼儿园凡需要使用幼儿肖像用于商业用途时,必须事先征得幼儿法定代理人同意,并签订书面协议。

(3) 幼儿园非出于营利目的的需要使用幼儿肖像时,也要考虑是否会侵犯幼儿隐私权。

## 36. 幼儿受赠礼物有效,园方收归己有违法

### 案 情

贵州省望谟县是国家级贫困县,香港某教育慈善集团一行在"六一"儿童节当天前往该县一所幼儿园参观慰问,该幼儿园为迎接慈善集团爱心人士的到来,专门组织了小朋友们进行文艺表演节目,慈善集团在当地政府领导陪同下一起观看了小朋友们的精彩演出。演出结束后,慈善集团对该幼儿园进行了捐赠活动,捐给该幼儿园慈善款30万元。其中慈善集团的几位爱心人士出于对表演节目幼儿的喜爱,私人将随身的一些物品赠送给了在场的几位小朋友,这些物品有衣服、笔记本电脑、文具等。

事后,幼儿园认为几位小朋友登台表演的机会是幼儿园提供的,且幼儿无民事行为能力,不能接受赠与,其接受赠与的行为是代表幼儿园,因此捐赠的物品应该属于幼儿园所有,拒绝将捐赠的衣服、笔记本电脑、文具给这几位小朋友。幼儿园的做法是否合法,几位小朋友有权索要捐赠物品吗?

### 分 析

本案争议的焦点在于幼儿接受赠与的行为是否有效。

民事行为能力是指自然人能够以自己的行为行使民事权利和设定民事义务,并且能够对自己行为

承担民事责任的资格。民事行为能力与自然人的年龄阶段和智力状况有关,幼儿作为未满 10 周岁的未成年人,在法律上属于无民事行为能力人,其民事活动应由法定代理人代理行使。本案中,幼儿接受赠与的行为应该属于一个民事行为,根据《民法通则》关于民事行为的规定,幼儿在无民事行为能力的情况下,其接受赠与行为表面上看是无效的,但是对于这种受益性的民事行为,法律上是有特殊规定的。《最高人民法院关于贯彻执行〈中华人民共和国民法通则〉若干问题的意见(试行)》第 6 条明确规定:"无民事行为能力人、限制民事行为能力人接受奖励、赠与、报酬,他人不得以行为人无民事行为能力、限制民事行为能力为由,主张以上行为无效",因此对于受益性的民事行为,在法律上是有效的,幼儿可以接受他人的赠与,对于香港慈善集团爱心人士赠与的物品应该属于幼儿所有,幼儿园认为其受赠无效的主张不成立,幼儿园不得将捐赠物品占为己有,几位小朋友的法定代理人有权要求幼儿园返还受赠物品。

需要强调的一点是,幼儿园以幼儿上台表演节目是幼儿园提供机会,幼儿是代表幼儿园接受赠与,从而认为受赠人是幼儿园的理由不成立。根据《物权法》和《合同法》的相关规定,在赠与关系中,赠与物在未转移之前是属于赠与人所有,赠与人作为所有权人有权自主处分自己的物品,赠与给谁应以赠与人的意思表示为准。本案中,慈善集团爱心人士已经明确表示是出于对小朋友的喜爱而赠与给幼儿个人,并非赠与给幼儿园,因此赠与物应归幼儿个人所有。

## 建 议

(1) 幼儿园应该认识到幼儿接受奖励、赠与、报酬的行为是有效的,不得私自占为己有。

(2) 对于幼儿接受奖励、赠与、报酬所获得的财物,幼儿园应该代为保管的同时及时告知并移交给幼儿的法定代理人。

(3) 赠与关系中,应以赠与人的真实意思表示为准,幼儿园不能擅自以幼儿代表园方为由将受赠物占为己有。

## 37. 幼儿尿床事小,老师宣扬事大

### 案 情

小明在一家幼儿园上学,中午在幼儿园保育室睡觉休息。由于小明有尿床的习惯,保育员多次为小明更换床单后感到厌烦,就每次在换床单的时候当着小朋友们和老师的面念叨:别的孩子都好乖,只有你们班的小明是个脏小孩,每次都尿床。小朋友们都开始嘲笑小明,甚至有一次,小明在上课时不听话,老师生气了就当着全班小朋友的面训斥小明说:你这个孩子真没用,不仅尿床,上课还不听讲,以后啊看哪个小朋友跟你这个脏孩子玩。由于老师和小朋友们经常拿小明尿床的事说事,小明感到自尊心很受伤,渐渐产生了厌学情绪,甚至很惧怕去幼儿园。小明的家长了解情况后,认为幼儿园老师经常拿小明尿床的事当众宣扬的行为损害了小明的名誉权,造成了小明身心受到伤害,要求幼儿园对小明赔礼道歉,并且以后停止宣扬行为。幼儿园却认为家长是小题大作,随口说说的行为不构成侵犯名誉权。

本案中,幼儿园老师和保育员的行为是否构成侵害小明名誉权呢?

## 分析

小明虽然是一名幼儿,但是也拥有名誉权和人格尊严。本案涉及的焦点在于老师和保育员的行为是否侵害了小明的名誉权。

名誉权是一项基本的民事权利,指民事主体享有的维持自己获得公正的社会评价的权利,获得正常的名誉评价是一个公民人格尊严的体现。《民法通则》第101条规定,"公民、法人享有名誉权,公民的人格尊严受法律保护,禁止用侮辱、诽谤等方式损害公民、法人的名誉。"侵犯名誉权是指客观上造成他人名誉贬损的行为,小明虽然是一名幼儿,但是已经开始在乎他人对于自身的评价,也有获得他人尊重评价的权利。作为一名幼儿园的教师和工作人员,应该充分尊重幼儿的基本权利,保护和善待幼儿不受到身心伤害,这既是一名幼师基本的职业道德,也是法律赋予的义务。而本案中,幼儿园老师和保育员没有顾忌小明的感受,多次在公众场合宣扬小明尿床的事,严重损害了小明的自尊心,也使得小明在小朋友中的评价降低,小明受到了一定的精神伤害,其名誉受到了实质的贬损,幼儿园老师和保育员的行为已经构成侵权。依照《民法通则》第120条关于名誉权受到侵害有权要求停止侵害,恢复名誉,消除影响,赔礼道歉,并可以要求赔偿损失的规定,小明的法定代理人有权要求幼儿园老师和保育员停止侵害、恢复名誉、消除影响、赔礼道歉等。

幼儿尿床本属于小事,幼儿园老师应给予幼儿充分的宽容和理解,应尊重幼儿的名誉权和人格尊严,自己不仅不能四处宣扬,遇到别的小朋友嘲笑还要及时教育和开导,为孩子创造一个公平、健康、友爱、宽容的氛围,让孩子能够健康快乐地在幼儿园学习生活,这才是一名合格的幼师。

## 建议

(1) 幼儿园应加强师德教育和管理,严禁有损害幼儿名誉权的行为,充分尊重幼儿的人格尊严,注意保护幼儿的身心健康发展。

(2) 当发生幼儿尿床或者有其他不雅行为时,幼儿园老师要给予幼儿极大宽容和爱护,自身不能宣扬外还要教导其他小朋友不得歧视,给幼儿营造一个获得充分尊重的宽松环境。

## 38. 教师体罚学生致伤,幼儿园担责

### 案情

2015年8月的一天,云南省昭通市一幼儿园在上课期间,由于小朋友们上课小动作不断,新来的实习老师王某渐渐失去耐心,先是粗口斥骂学生,随后王某情绪越来越激动,吓得孩子们纷纷哭起来,王某不仅不去安慰哭泣的孩子,反而动手去揪其中一名哭得较凶的孩子小明的耳朵,边揪着小明耳朵边骂,最后哭声太大惊动了其他老师,王某的行为才被当场制止。后发现小明的耳朵已经被撕裂出血,幼儿园赶紧送医救治。

事后,小明家长起诉幼儿园要求赔偿医药费和精神抚慰金等损失共计15万元。而幼儿园同意赔偿医药费,但拒绝赔偿精神抚慰金,认为王某只是吓唬孩子,不至于造成精神损害。

## 分析

这是一起严重侵害幼儿人身权的行为,幼儿园作为具有安全管理义务的责任人理应赔偿幼儿的全部损失。

近年来,幼儿园教师侵害幼儿人身权利的案件屡见不鲜,幼儿园教师采取体罚、变相体罚、甚至直接动手殴打等行为对幼儿身心造成了巨大伤害,这既是严重的违法行为,也是严重违反教师职业道德的行为。幼儿享有基本的人身权利,其生命权、健康权、身体权和人格尊严受到法律的保护,《教师法》第37条、《未成年人保护法》第21条都规定了教师不得体罚和变相体罚学生。本案中,王某首先斥骂幼儿的行为就已经构成了侵害学生名誉权,王某动手揪小明的耳朵行为是直接的侵犯小明健康权、身体权的行为,如造成轻伤以上还可构成故意伤害罪。王某是在上课期间实施了上述行为,是幼儿园未尽到安全管理义务的体现,幼儿园应对幼儿承担全部赔偿责任。而对于小明家长起诉要求的精神损害赔偿,是有事实依据和法律依据的。《最高人民法院关于确定民事侵权精神损害赔偿责任若干问题的解释》第1条明确规定自然人因生命权、健康权、身体权等人格权利遭受非法侵害的有权起诉请求赔偿精神损害。本案中,小明不仅身体遭受损害,更为重要的是,小明作为一名幼儿,其身心发育尚不健全,王某的暴力行为给小明留下巨大的心理阴影,必将影响小明今后的成长,实质上对小明造成了巨大的精神伤害,因此小明有权依法要求幼儿园赔偿精神抚慰金,至于精神抚慰金的标准应由法院根据侵权行为造成的后果、当地平均生活水平等因素酌情确定。

本案中,王某的行为虽然是职务行为,但王某存在重大过错,根据《学生伤害事故处理办法》第27条"因学校教师或者其他工作人员在履行职务中的故意或者重大过失造成的学生伤害事故,学校予以赔偿后,可以向有关责任人员追偿"的规定,幼儿园在承担赔偿责任后可向王某追偿。同时由于王某的行为违反了教师职业道德规范要求,根据相关法律法规,幼儿园可以对其作出开除的处分。

## 建 议

(1)幼儿园应加强教师职业道德教育,制定奖惩规定并严格执行。

(2)幼儿园在招聘教师时,应把职业道德作为一个重要标准予以考量,确保招进有师德、有素质的合格教师。

(3)发生教师侵害幼儿案件,幼儿园应该积极赔偿,以免激化矛盾而产生新的纠纷,赔偿后可向当事人追偿。

## 39. 丁丁绘画作品被刊登,有权署名要稿酬

### 案 情

丁丁的父亲是一名大学美术教授,丁丁从4岁就开始跟着画家父亲学画画,在父亲的熏陶之下,丁丁6岁的时候就能画出很多同龄孩子不能完成的画作,丁丁也成为所在幼儿园的骄傲,幼儿

园每逢外来嘉宾参观都将丁丁的绘画作品对外展示。一次,某出版社来该幼儿园参观时看中了丁丁画的一幅画,出版社编辑向幼儿园表示正在出版一本以童年幻想为主题的绘本图书,觉得丁丁的画作十分符合该书的要求,于是幼儿园就与该出版社签订了协议,约定将丁丁的画作交由出版社编辑出版,署幼儿园的名称,并支付幼儿园稿酬2 000元。事后,丁丁的家长在市面上买到该书后才发现丁丁的画作被收录在内并署名出处为该幼儿园。丁丁家长遂将幼儿园和出版社以侵犯著作权为由告上法庭,要求赔偿损失并登报道歉。幼儿园辩称该幅画丁丁是在课堂完成,并已经留在学校作为学校所有,丁丁一直未要求归还事实已经默认了不属于个人所有,因此幼儿园有权自行将该画作出版,不属于侵权。

对于丁丁课堂完成的作业交给幼儿园后,丁丁是否还享有对该画作的著作权呢?

## 分　析

这是一起因侵犯幼儿著作权产生的法律纠纷。

公民自出生之日即享有民事基本权利,跟其年龄和行为能力无关。著作权是一项基本的民事权利,指作者及其他著作权人对自己作品享有的权利,包括人身权和财产权两类,著作权是因作品的创作而产生,突出对人身权的保护。《著作权法》第9条、第11条规定,著作权首先属于作者,即作品的创作人,丁丁作为该幅画作的作者当然享有该幅画的著作权,具体包括发表权、署名权、使用权和获得报酬权等。

幼儿园以该幅作品为课堂作业归园方所有为由抗辩不成立,幼儿园混淆了财产所有权跟著作权的区别,对于画作本身的纸张如系幼儿园发放,该纸张属于幼儿园所有,但对于纸张上基于作者智力创作而成的画作图案属于丁丁的个人创造劳动,而因该创造劳动产生的人身财产权利即著作权当然应归丁丁所有,幼儿园不能因为纸张是园方提供的就认为画作归属于园方,而丁丁即使将画作交给幼儿园也只是转移了纸张本身的物权,著作权仍然属于丁丁。

需要强调的是,丁丁虽然是无民事行为能力人,但是对于画画本身的行为不属于民事行为,与有无民事行为能力无关联,而著作权作为一项基本民事权利也与民事行为能力无关。因此,丁丁作为无民事行为能力人并不影响其享有著作权。幼儿园和出版社未经著作权人丁丁许可就将丁丁的画作对外出版,已经构成侵权,根据《著作权法》第47条关于"未经著作权人许可发表其作品的","没有参加创作,为谋取个人名利,在他人作品上署名的"属于侵权行为,应承担侵权责任的规定,丁丁的法定代理人有权代理丁丁向侵权人要求其承担停止侵害、消除影响、赔礼道歉、赔偿损失等民事责任。

## 建　议

(1) 幼儿园应充分认识到幼儿虽无民事行为能力,但仍同成年人一样享有每个公民同等的基本民事权利,幼儿对于自己创作的物品享有著作权。

(2) 幼儿园不能将物权与著作权混同,要认识到对于幼儿创作的绘画、文字等作品,著作权归幼儿所有,如需发表必须经得幼儿法定代理人同意,并保证幼儿的署名权、获得报酬权等权益。

# 40. 幼儿患有白化病，园方拒收违法

## 案 情

小彬由于遗传因素患上了白化病,先天性皮肤和头发就是白色的,和别的孩子有明显的区别。小彬在3岁大的时候,父母送其去上本地的一所幼儿园,幼儿园在报名时发现小彬有白化病,担心小彬入学后影响其他小朋友,最终影响到幼儿园的生源,于是园方就以各种理由推诿,让小彬的父母去开各种证明。小彬父母多次奔走后仍然无法报名,后来从朋友那得知幼儿园真实目的,小彬父母为此非常生气,认为幼儿园侵犯了小彬的合法权益,于是向当地教育行政部门反映,要求幼儿园让小彬报名入学,并保证今后不得歧视孩子。

本案中,幼儿园的做法是否违法?

## 分 析

本案涉及幼儿受教育权、平等权保护的问题。

幼儿园的做法是违反法律规定的,侵犯了小彬的受教育权和平等权。受教育权是《宪法》赋予公民的基本权利,国家保障公民受教育权的实现,不仅是从物质基础、教师资源、政策支持上予以保障,更为重要的是平等地保护每一位公民的受教育权。根据《教育法》和《未成年人保护法》关于受教育权和平等权的相关规定,要求学校尊重和保护未成年人的受教育权,同时也明确了公民不分民族、种族、性别、职业、财产状况、宗教信仰等,依法享有平等的受教育机会。本案中,幼儿园以各种理由推诿拒绝让小彬入学的行为违反了尊重和保障未成年人受教育的法定义务,侵犯了小彬的受教育权,幼儿园拒绝小彬入学的真实原因是因为小彬患有白化病,带有明显的歧视,根据小彬的身体状况不平等地对待,侵犯了小彬的平等权。

同时幼儿园的行为还涉及教育公平的问题,幼儿园歧视身体有疾病的幼儿,让小彬享受不到同龄人应有的平等待遇,对小彬来说是教育不公平,不仅侵犯了小彬平等接受教育的权利,也会对小彬身心造成伤害,对小彬的成长不利。对于有疾病的幼儿,按照《未成年人保护法》的规定,国家、社会、学校应给予充分保护和尊重,为其健康成长创造有利条件,而不是相反给予歧视和不平等的待遇,该幼儿园的做法是缺乏社会责任感的体现,也是违背了教育机构公益性的办学原则,小彬的父母有权向教育行政机构反映,教育行政主管部门有权对幼儿园提出整改要求并对相关责任人进行行政处分,以纠正幼儿园的违法行为,保障幼儿受教育权和平等权的实现。

## 建 议

(1) 幼儿园应履行尊重和保护幼儿受教育权的法定义务,不因民族、种族、性别、职业、财产状况、宗教信仰、身体条件等因素歧视幼儿,平等地对待每个入学的幼儿。

(2) 幼儿园不能仅以营利为目的,应勇于承担社会责任和体现学校的公益性质。

# 41. 溺水身亡放学后

## 案 情

2015年6月,鹰潭某幼儿园在放学时,小董的哥哥大董(14周岁)去接弟弟,老师看他还小,就不放心,于是打电话给家长问情况,可打了两个电话家长都没接。于是老师就让他把弟弟接走了,可当哥哥的没立即把弟弟带回家,而是去了河边玩,结果弟弟在戏水时掉进河里淹死了。家长最后找到幼儿园,要求赔偿20万元的抚恤金。

## 分 析

这是一起幼儿人身伤亡赔偿纠纷。幼儿溺水身亡发生在幼儿园放学后,按照2002年9月1日生效的《学生伤害事故处理办法》第13条的规定,在学生自行上学、放学、返校、离校途中发生人身损害后果的,学校行为并无不当的,不承担事故责任。但是本案中承担责任与否要看幼儿园是否完成幼儿的交接手续以及交接手续是否有瑕疵。

家长将孩子送到幼儿园,幼儿园就应当尽到相应的管理、保护职责,放学后应该把孩子安全交接给孩子父母或孩子父母指定的具有接送资格的人员。可是,幼儿园并未严格按照规定以及接送制度进行管理,把小孩交给了他14岁的未成年的哥哥,虽然交接时存有疑虑,给其父母打了2个电话,但因为电话未接通,则擅自交接给哥哥大董,他哥哥只有14岁,属于法律上的限制行为能力人,对一些行为的危险性没有足够的认识,在放学后并没有带弟弟立即回家,而是去玩水,这是此事件发生的直接原因。所以,放学后幼儿园擅自把弟弟小董交接给他哥哥大董的行为,具有过错责任,应当承担民事赔偿责任。

但本案,父母也存在过错责任。首先,哥哥大董去接弟弟放学,是否受父母指派?如果是,父母知道或应该知道让未成年的哥哥去接弟弟可能存在危险,却仍然放任他去做。如果不是,幼儿园到了放学时间,作为家长,没有按照放学时间去接小孩,也没有提前电话告知老师,老师致电后也没有及时电话联系老师,有悖监护人职责。其次,哥哥大董虽然是法律意义上的限制行为能力人,但是仍然可以从事与其智力、年龄相仿的民事活动,父母作为大董和小董的监护人,平时也应尽基本的家庭安全教育责任,尤其是哥哥大董,经过多年的家庭和学校安全教育,应该对弟弟戏水的危险性有基本的认识,哥哥大董的安全意识差,对弟弟的看护不力,监护人有推卸不了的管教责任。再次,按照我国法律规定,因限制民事行为能力人导致的侵权法律后果由监护人承担。

所以,本案所发生的人身伤亡侵权责任应由幼儿园和家长共同承担民事赔偿责任。最后双方赔偿责任的比例取决于双方的举证情况和法官自由裁量权的行使。

## 建 议

(1) 幼儿园老师应该树立牢固的安全意识,不可抱侥幸心理。

（2）家长在接送孩子事情上更不可以掉以轻心，最好自己亲自接送，如果实在有事，也应交给年满十八周岁的至亲接送。甚至也不能让过于年迈的爷爷奶奶接送。

## 42. 家长无理猜测怪学校

### 案 情

乐平市一幼儿园，在夏天午休起床时，有个女孩对老师说："王老师，我要喝水。"王老师答："你自己去喝吧，小心点啊。"于是孩子独自去喝水。女孩可能是太渴了，走得很急摔了一跤，正好鼻子触到了地，鲜血直流，女孩看见自己的鼻子出了血，吓得大声哭了起来！老师赶紧出来，抱起孩子拿餐巾纸止血，不一会血止住了。所以就没有向园长汇报此事。离园时，孩子爸爸高高兴兴接走了孩子。途中习惯性问孩子："宝贝，今天在幼儿园高兴吗？老师对你好吗……"女孩回答说："我今天不高兴，鼻子出了好多血！"爸爸一听宝贝出鼻血了，马上就返回幼儿园问老师。王老师向爸爸说明了孩子流鼻血的经过，并道歉。可家长认为：老师不主动说孩子出鼻血的事情，肯定是老师心里有鬼，应该是老师打了孩子才出鼻血的！于是家长找到园长说："今天老师打得我孩子出鼻血了，我要退学费……"面对无理家长，园方应如何应对？

### 分 析

这是一起发生在幼儿园内的幼儿伤害纠纷事件。在园期间幼儿发生人身伤害的，幼儿园是否承担责任主要看幼儿园是否尽到必要的教育、安全监管职责。

根据《侵权责任法》第38条规定："无民事行为能力人在幼儿园、学校或者其他教育机构学习、生活期间受到人身损害的，幼儿园、学校或者其他教育机构应当承担责任，但能够证明尽到教育、管理职责的，不承担责任。"

按照本案提供的有限信息，幼儿要去喝水，老师提醒她小心点，在幼儿摔跤鼻子流血后也采取合理的止血救治措施，如果不存在教室地面湿滑、地面凹凸不平、饮水机太高、水温度太高等安全隐患，学校已经尽到了必要的教育和安全管理职责的，因为在正常情况下小女孩自己走路过去完成喝水是没有问题的。家长无理猜测老师打学生要求退学费不合理。面对该家长，如果教室有摄像头，建议学校可以调取教室摄像记录予以澄清，安抚家长情绪，让家长自己也可以问小孩，消除家长疑虑。

### 建 议

（1）幼儿园老师在工作中应该尽量做到细致细心，尽量陪同小朋友的一切单独行动，避免意外发生。

（2）幼儿园教室内应该安装摄像头，这样一方面可以监督老师的工作，避免个别老师做出体罚学生等不法行为；另一方面还可以消除家长疑虑，让家长对老师放心，对学校放心。

## 43. 小孩摔跤，家长要求高

### 案 情

江西省万年县某幼儿园，在一个夏天的早晨，有十几个孩子来学校来得很早，值班章老师为了让孩子们呼吸外面的新鲜空气，于是带领孩子们去操场做游戏。正值孩子们玩得高兴时，有个大二班男孩摔了一跤，章老师赶紧把他扶起来，看见他的左手不敢动，于是把男孩带给保健李医生看，园长正好也在。医生和园长都觉得可能骨折了，赶紧送医院，并通知家长。经医院确诊男孩左手骨折。但家长要求去省城医院治疗，不能在县城医院，否则一切后果幼儿园负责……此纠纷应该有哪方承担责任？家长的要求合理吗？

### 分 析

这是一起涉及幼儿人身损害的侵权纠纷。发生在常见事故中的幼儿游戏过程中，该案园方是否承担责任，跟游戏过程中教师是否尽了必要的看护义务有关。

根据我国侵权责任法规定，幼儿园对于无行为能力学生的校园事故责任适用的是过错责任原则。幼儿园对幼儿负有教育、管理与保护的职责，教学中，即便教师在现场，学生的伤害也是不可避免的。幼儿在活动中很难对自己的行为进行有效的控制，幼儿活动时不小心绊倒，相互之间的碰撞以及其他的伤害都是不可避免的。

本案中，幼儿园存在过错，应该承担赔偿责任。关于救治应去什么地方，什么等级的医院？目前我国法律规定没有明确的规定，但根据司法实践和学术界的普遍观点，应选择有相应医疗资格的就近范围内的医院。2001年1月21日最高人民法院在《关于审理触电人身损害赔偿案件若干问题的解释》中对医疗费问题，其第4条第（一）项规定："当事人选择的医院应当是依法成立的、具有相应治疗能力的医院、卫生院、急救站等医疗机构。当事人应当根据受损害的状况和治疗需要就近选择治疗医院。"

从本案来说，幼儿受伤后，幼儿园进行了及时的处理和救治，并送去医院治疗都属于事后的积极应对措施，面对家长要求去省城医院治疗的要求，这要看正在救治的医院是否具备救治该伤情的条件和相应资质，如果病情在医院救治能力范围之外，则医院也会开具转院通知。否则，因擅自转院造成医药费的增加，幼儿园可以要求不予承担或部分承担。

### 建 议

（1）幼儿园老师在小孩摔跤后，及时发现问题，并及时处理问题，既告知园方，又及时通知家长，共同处理这一突发情况，此举完全值得肯定和赞扬。如果没有这样做，就容易被家长找空子，寻麻烦。

（2）幼儿园在碰到此类难以沟通的家长时，不能跟家长一样暴跳如雷，气急败坏，而应多方协调，安抚家长情绪。如果家长还要闹，那也要不卑不亢，最后寻求法律机构解决。

## 44. 盥洗室里小孩摔倒留疤痕

### 案 情

江西省万年县某幼儿园,在一天上午,中二班集体学习活动结束时,老师便组织孩子们上厕所。还没有等老师把孩子分好组,十几个男孩就跑进了盥洗室。老师也没来得及进入盥洗室引导组织,有个男孩就摔倒了,头部碰到洗手池的边缘,池边的角是方的,结果刚好碰到角上了,导致鲜血直流!老师一手用消毒毛巾按住伤口,一边赶紧报告园长和保健医生,并及时送往医院治疗。经过治疗,伤口痊愈,但留下了一道小小的疤痕!家长找到幼儿园说:"孩子的容颜有了影响,这可是孩子一辈子的事情!怎么处理?"……

### 分 析

这同样是一起发生在幼儿园园内的幼儿意外事故纠纷事件。按照《侵权责任法》第38条规定:无民事行为能力人在幼儿园、学校或者其他教育机构学习、生活期间受到人身损害的,幼儿园、学校或者其他教育机构应当承担责任,但能够证明尽到教育、管理职责的,不承担责任。

《未成年人保护法》第22条:学校、幼儿园、托儿所应当建立安全制度,加强对未成年人的安全教育,采取措施保障未成年人的人身安全。学校、幼儿园、托儿所不得在危及未成年人人身安全、健康的校舍和其他设施场所中进行教育教学活动。学校、幼儿园安排未成年人参加集会、文化娱乐、社会实践等集体活动,应当有利于未成年人的健康成长,防止发生人身安全事故。

此事件中园方有两个方面是没有做好的:一个是老师组织不力,看护不力,致使小朋友急中出错;另一个方面是幼儿园的设施设备存在安全隐患,洗水池应该做成圆的而不是方的,也就是无棱无角的,不然小孩的磕磕碰碰很容易发生危险,所以园方未尽到足够的安全保障义务。综上,对于男孩的损伤,园方应承担全部赔偿责任,如疤痕构成伤残,还需按照相应等级进行伤残赔偿。

### 建 议

(1)作为幼儿园老师,平时就要把学生编排好,按学号分成几组,上厕所、睡觉或者是去户外等等都应该按这个顺序来。

(2)作为幼儿园的管理者,园长应该在开学前对学校的教学设施设备进行检查,发现存在安全隐患的问题及时提出维修。

# 45. 小事情变成大问题

## 案 情

余干县某幼儿园,一天,在小朋友离园的时候,大班的孩子们在写字,老师与部分家长交流孩子在园情况。突然有个孩子哭起来,老师走进一看,原来有个孩子的铅笔刺进了另一个孩子眼睛周围的皮肤里!万幸没有刺伤眼睛!老师看了情况,还好不深,只在表皮里,也没出血。老师没有重视此事,也没有向园长汇报。一个学期后,孩子的妈妈找到园长反映孩子受伤情况(孩子受伤处留下了一个小小的黑色点),并说要去上海处理。园长感到很突然,这个事情她一点也不知道,而且那个老师已经辞职离开了幼儿园……面对此事,园方作何应对?

## 分 析

根据《侵权责任法》第32条:"无民事行为能力人、限制民事行为能力人造成他人损害的,由监护人承担侵权责任。监护人尽到监护责任的,可以减轻其侵权责任。"

《未成年人保护法》第22条:"学校、幼儿园、托儿所应当建立安全制度,加强对未成年人的安全教育,采取措施保障未成年人的人身安全。"

学校、幼儿园、托儿所不得在危及未成年人人身安全、健康的校舍和其他设施、场所中进行教育教学活动。

学校、幼儿园安排未成年人参加集会、文化娱乐、社会实践等集体活动,应当有利于未成年人的健康成长,防止发生人身安全事故。

本案中,孩子被同班孩子伤害,尽管伤情不是十分严重,但是从理论上分析,致害儿童家长(监护人)就承担部分赔偿责任;由于还在教室里,教师管理上疏忽,园方也要承担部分责任。当班教师已经辞职,进行相关的行政处分已无实际意义,但可以根据合同及相关法规,对其作出经济上的追偿。

## 建 议

(1)幼儿园教师的工作是一种非常需要细心和耐心的工作,教学中,稍不留意,可能就出状况。所以老师们在平常的教学中应该多给小朋友讲讲安全方面的知识,并告诉他们什么可以做,什么不可以做。

(2)园长作为一园之长,应该制定这方面的规章制度,比如小朋友的行为准则"十要十不要",并要求各班老师多给小朋友加强安全意识。如此一来,必然可以减少许多事故的发生。

# 46. 疑似食物中毒该如何

## 案 情

余干县某幼儿园,在新学期开学的第一天,幼儿园各项工作都准备就绪,一切工作也依序进行。放学后,家长接到孩子后都高高兴兴地离园了,园长很是欣慰。园长累了一天,正准备下班回家休息,这时接到一个中班家长的投诉电话,说:"我孩子拉肚子,回到家就拉了二次。是不是在幼儿园食物中毒了。刚才我打电话问了另一个孩子的妈妈(她是我的同学),她说孩子肚子也不舒服……"

经查,该园小朋友当天确有10多人回家后拉肚子,是食堂的蔬菜中暂留农药所致。

## 分 析

根据《食品安全法》第57条:学校、托幼机构、养老机构、建筑工地等集中用餐单位的食堂应当严格遵守法律、法规和食品安全标准;从供餐单位订餐的,应当从取得食品生产经营许可的企业订购,并按照要求对订购的食品进行查验。供餐单位应当严格遵守法律、法规和食品安全标准,当餐加工,确保食品安全。

本案中,幼儿园食堂师傅在购买蔬菜时,没有严格把关,在清洗过程中又没有彻底漂洗干净,责任完全在幼儿园。根据《侵权责任法》等相关法律规定,幼儿园负全部责任,并赔偿学生的医药费用及相关的支出。幼儿园可以对食堂的具体责任人作出一定数量的经济追偿。

## 建 议

(1) 幼儿应根据《食品安全法》等相关法律法规,制定食品购买、加工工作程序,并落实到位,定期检查。
(2) 园方遇到此类事情,应该配合家长,仔细调查,找出原因,避免同样事件的发生。

# 47. 疏忽大意酿大错

## 案 情

贵州省某县一个幼儿园,消毒工作非常正规,每天早上和中午对教室消毒两次。但有一天中午,保洁员照例对教室消毒,消完毒后离开教室,却疏忽大意把一个消毒丸落在了一个中班教室的窗台上,老师也没有发现,等下午上课时有一个男生就看到了,并把它当糖吃了。吃了以后小孩肚子很难受,但又不敢跟老师说,就这样硬撑了半个小时,结果出现呕吐、头晕症状,老师发现后以为是感冒发烧受寒引起的,就通知家长提前来接小孩回家。但家长接回去就送往医院治疗,孩子在医生和父母面前说了真话。小孩住院三天后出院,花费几千元。家长认为幼儿园老师不负责,要求承担全部责任。

## 分 析

《侵权责任法》第 38 条规定:无民事行为能力人在幼儿园、学校或者其他教育机构学习、生活期间受到人身损害的,幼儿园、学校或者其他教育机构应当承担责任,但能够证明尽到教育、管理职责的,不承担责任。

第 34 条:用人单位的工作人员因执行工作任务造成他人损害的,由用人单位承担侵权责任。

劳务派遣期间,被派遣的工作人员因执行工作任务造成他人损害的,由接受劳务派遣的用工单位承担侵权责任;劳务派遣单位有过错的,承担相应的补充责任。

《未成年人保护法》第 22 条:学校、幼儿园、托儿所应当建立安全制度,加强对未成年人的安全教育,采取措施保障未成年人的人身安全。学校、幼儿园、托儿所不得在危及未成年人人身安全、健康的校舍和其他设施场所中进行教育教学活动。学校、幼儿园安排未成年人参加集会、文化娱乐、社会实践等集体活动,应当有利于未成年人的健康成长,防止发生人身安全事故。

本案中,幼儿园保洁员疏忽大意而落下了消毒丸,这明显是工作中的失误,幼儿是无民事行为能力人,无能力辨别消毒丸是否可以食用。结合前述的相关条款,幼儿园应负全部责任。园方担责后可根据情况,按一定比例向保洁员追偿。

## 建 议

(1) 在关键而又重要的工作上,园方在聘用人时应该慎重,并对已聘用的工作人员包括教师进行专门的安全知识培训和工作指导。

(2) 老师在教学和游戏过程中,也应该多向幼儿进行安全教育,比如,捡到的东西不能吃,插座不能碰,同学玩耍不能打闹等等。

## 48. 意外漏接酿大祸

### 案 情

贵溪市某幼儿园,在一天早上,接送车和老师按往常一样开始接小朋友上学,待到九点时全部接送完,这时每个大中小班的老师都会在九点清点那些需要接送的学生名单,结果一个大班的老师跟接送小孩的老师说,她班上的小丁没有来。负责接送小孩的老师突然想起来忘了去他家小区门口接,于是赶忙赶回去接。可到那里没有人,于是打电话给小丁家长,家长说早让她在小区门口等了。结果这名小孩无故失踪了,且后来怎么也找不到,报警了也没任何线索。最后家长认为学校没有按时接送,导致孩子失踪,学校应承担全部责任。幼儿园认为,已经做了查漏补缺等全面工作,并及时返回,没有过错,是家长不应该放手让孩子一个人等。一切责任,尽在家长。双方争执不下,最后家长起诉幼儿园,要求幼儿园承担责任。

## 分 析

这样的事故发生确实令人伤心,但责任到底在谁呢?我们还是根据《侵权责任法》第 38 条,再根据《中华人民共和国民法通则》第 18 条 监护人应当履行监护职责,保护被监护人的人身、财产及其他合法权益。

监护人不履行监护职责或者侵害被监护人的合法权益的,应当承担责任;给被监护人造成财产损失的,应当赔偿损失。人民法院可以根据有关人员或者有关单位的申请,撤销监护人的资格。

家长对孩子负有法定的监护责任,接送可以视为小孩在幼儿园学习、生活的自然延伸,既然园方有接送义务,那么就有相应的管理责任。本案中,家长让小孩一个人单独等候校车,存在着监护上的缺失;幼儿园校车没有到规定的接送点接小孩,也是一个管理上的过错。可以认定双方都有过错,各处承担相关的责任。

## 建 议

(1) 此事件中,幼儿园的漏接可能是因为平时接送程序和路线是凌乱的,所以接送时应该按照统一路线和学生名单依次接送,这样才能避免此类事件发生。

(2) 家长送小孩子上校车,不能让小孩子一个人等候,必须陪伴到老师来接,以防儿童被拐卖。

## 49. 幼儿午休不慎从上铺摔下遭破相

### 案 情

余干县某幼儿园,在午休时,中班一个很调皮的小孩在上铺动来动去,故意把脚抬高又放低,一不小心,把床给弄翻了,自己也从上铺摔下来了,额头碰到了另外一张床的床角,结果头破血流,缝了 6 针。伤好后留下一道疤痕。家长要求幼儿园承担全部责任,赔偿全部费用。另外要求幼儿园另付 10 万元作为破相的补偿。幼儿园不同意,认为是他的小孩自己调皮摔下,老师在值班,没有过错,属于意外事件。同时对破相的补偿金也不同意,双方争执不下,家长只得将幼儿园告上法庭。

## 分析

这是一起关于幼儿园内的设施设备引起的幼儿人身损害赔偿纠纷。

根据《侵权责任法》第38条规定："无民事行为能力人在幼儿园、学校或者其他教育机构学习、生活期间受到人身损害的,幼儿园、学校或者其他教育机构应当承担责任,但能够证明尽到教育、管理职责的,不承担责任。"

幼儿园应定期检查教育活动场所、安全设施,提供安全卫生的学习环境。对于只有几岁的小孩来说,天性活泼好动,尤其很多小孩不喜欢午休,出现午休时辗转反侧、踢床板、脚抬高又放低等行为也属正常,如果床板因为这个就发生塌翻,是否存在床板安装不严实或是过于陈旧老化存在安全隐患的原因? 老师发现该中班孩子有该动作也没有及时阻止,未尽法律意义上的谨慎注意义务,导致最后床板塌翻,幼儿园应该承担赔偿责任,是否承担全部责任不作定论,因为赔偿责任的大小跟教学设施设备是否存在安全隐患有关,如果各执一词,这可能还会要求对午休设施的安全性能申请第三方单位进行检测,包括对床板的高度、厚度、承重能力等进行检测,以检测是否符合国家该类设施的安全标准。

根据《侵权责任法》第16条的规定,侵害他人造成人身损害的,应当赔偿医疗费、护理费、交通费等为治疗和康复支出的合理费用,以及因误工减少的收入。造成残疾的,还应当赔偿残疾生活辅助具费和残疾赔偿金。

结合本案,幼儿园应该承担赔偿责任,幼儿园应承担的赔偿费用主要包括该小孩的医疗费、护理费(如没有住院则没有护理费)、因治疗小孩产生的交通费、康复器具费用、父母因照顾小孩产生的误工收入等。如造成残疾的(进行伤残等级鉴定),还应当赔偿残疾生活辅助具费和残疾赔偿金(根据最后确定的伤残等级来确定)。

## 建议

(1) 园方在幼儿园活动场所设备,教学场所设备以及寝室设备等方面应该按国家标准来建和配。并及时检查这些设备的使用情况,坚决预防因设施设备不达标或损坏而导致的安全问题。

(2) 老师平常应该多注意活泼好动的小孩,针对他们的不当行为应及时进行教育。

## 30. 幼儿午餐时打闹受伤,责任谁担?

### 案情

江西省万年县某幼儿园的一个中班幼儿,他们围在桌子边吃午饭,面对面有两名幼儿闹矛盾了,老师没注意到这边,其中一个幼儿拿着勺子就直接往对面那孩子的脸部直插过去,不小心直接插到了眼睛,鲜血直流。后经治疗,医疗费花去5万多元,且小孩视力终身受影响。为此事,家长和幼儿园对责任各执一词,最后双方见诸法院。

## 分 析

这是一起发生在幼儿园内幼儿之间的人身损害赔偿纠纷。与前面的铅笔伤人案类似,但情况更严重。

根据《民法通则》第16条第一款规定:"未成年人的父母是未成年人的监护人。"和《侵权责任法》第32条规定:"无民事行为能力人、限制民事行为能力人造成他人损害的,由监护人承担侵权责任。"

本案中,两位小孩都是未满10周岁,是无民事行为能力人,依我国法律法规的规定,小孩造成他人受伤的,由小孩的监护人即父母承担民事责任。

根据《最高人民法院关于贯彻执行〈中华人民共和国民法通则〉若干问题的意见(试行)》第160规定:"在幼儿园、学校生活、学习的无民事行为能力的人或者在精神病院治疗的精神病人,受到伤害或者给他人造成损害,单位有过错的,可以责令这些单位适当给予赔偿。"根据《侵权责任法》第40条的规定:"无民事行为能力人或者限制民事行为能力人在幼儿园、学校或者其他教育机构学习、生活期间,受到幼儿园、学校或者其他教育机构以外的人员人身损害的,由侵权人承担侵权责任;幼儿园、学校或者其他教育机构未尽到管理职责的,承担相应的补充责任。"

本案中,实施侵权的一方小孩父母应对受伤小孩承担主要的民事赔偿责任,幼儿园未尽管理职责的,应承担过错责任和补充责任。虽然父母是小孩的监护人,但是父母把小孩送到幼儿园后,父母就把小孩离开父母后的无法行使的部分管理责任委托给了幼儿园,这是一种管理责任的转移。在幼儿园期间,无论是上课就读、课间休息,还是吃饭、午睡,应由幼儿园承担管理、教育和保护责任。幼儿园完全有义务对孩子们的各个具体行为予以看护和照顾,其涵盖面是全方位的。本案中,幼儿园中班幼儿都围着桌子吃午饭,面对面有两小孩闹矛盾,但老师却没有注意到这个情况,是老师未尽注意义务、疏于照顾的表现,导致未及时制止孩子之间的打闹行为,造成小孩受伤,幼儿园是存在过错的,应和侵权人的父母共同承担赔偿责任。

## 建 议

(1) 幼儿教师不管是在教学过程中还是在午休等过程中,都应该密切关注学生的打闹行为,一旦发现,及时制止。

(2) 幼儿教师在平常的教学活动中应该多向自己的学生灌输安全防范知识。

## 51. 幼儿园滑梯年久失修出意外

### 案 情

杭州某幼儿园,下午放学时,家长来接小孩,接完后并没有立即回家,而是在幼儿园的操场上与其他没有回家的小朋友一起玩耍,当他在滑梯架上奔跑和躲藏的时候,不小心从滑梯过道上的侧面摔了下来。原本过道上是有栏杆的,但中间断了一根,而这位小孩就是从那里摔下来的,结果头部摔破了一道口子,到医院缝了 4 针,还有轻微脑震荡,共花费 8 000 元。家长认为是幼儿园的设备损坏导致他儿子摔伤的,故找到幼儿园,要求赔偿所有医药费。而幼儿园认为,是放学后发生的事,与幼儿园无关,是家长自己监护不周,应该自己承担责任。

## 分 析

本案发生的时间是放学后,幼儿园已把小孩交还给了小孩的父母。所以正常情况下幼儿园是没有责任的,所有责任都应该由家长负责。可本案又有一个问题,小孩摔伤的地点仍然是幼儿园内活动玩耍的场所,且小孩摔伤的原因又恰好是因为滑梯年久破损欠修导致的,根据《未成年人保护法》第 22 条:学校、幼儿园、托儿所应当建立安全制度,加强对未成年人的安全教育,采取措施保障未成年人的人身安全。

《民法通则》第 18 条:监护人应当履行监护职责,保护被监护人的人身、财产及其他合法权益……监护人依法履行监护的权利,受法律保护。监护人不履行监护职责或者侵害被监护人的合法权益的,应当承担责任。家长作为小孩的法定监护人,没有尽到监护之职,故承担主要责任,幼儿园本无责任可言,但幼儿园明知这是小孩常玩的地方,明知这滑梯存在安全隐患,却不去维修或者告知家长注意,故应该承担一定的补充责任。

## 建 议

(1) 幼儿家人接到幼儿后,逗留在幼儿园玩耍,是常见的现象,幼儿园应对此作出相关规定,或提醒家长注意某些事项。

(2) 家人陪同幼儿在幼儿园玩耍时,应该事先观察活动场所和周边环境有没有危险,如果存在安全隐患,应提醒小孩注意安全或者离开该活动场所;同时教师要教育幼儿遵守游戏规则,注意安全。

## 52. 都是窗户惹的祸

### 案 情

2015 年 5 月,苏州某幼儿园,读大班的蔡文在教室里玩耍,用手使劲地推铝合金窗户,结果用力过猛,一块铝合金窗户中的玻璃掉下来了,砸到另一个小朋友的头,玻璃碎了,头也破了。送往医院治疗花费 5 000 元。家长要求幼儿园全部赔偿,幼儿园答应赔偿,但是幼儿园认为事情是由蔡文的调皮捣蛋引起的,故蔡文的家长应承担一半的费用。而蔡文的家长认为是老师监管不力,与蔡文毫无关系。所以坚决不出一分钱,最后三方请求仲裁机关仲裁。

## 分 析

本案又是一起幼儿园幼儿伤害案,是一名幼儿间接伤害了另一名幼儿。

根据《最高人民法院关于贯彻执行〈中华人民共和国民法通则〉若干问题的意见(试行)》第160规定:"在幼儿园、学校生活、学习的无民事行为能力的人或者在精神病院治疗的精神病人,受到伤害或者给他人造成损害,单位有过错的,可以责令这些单位适当给予赔偿。"根据《侵权责任法》第40条的规定:"无民事行为能力人或者限制民事行为能力人在幼儿园、学校或者其他教育机构学习、生活期间,受到幼儿园、学校或者其他教育机构以外的人员人身损害的,由侵权人承担侵权责任;幼儿园、学校或者其他教育机构未尽到管理职责的,承担相应的补充责任。"

这件事情中,蔡文用手推铝合金窗户时,老师应该及时发现并及时制止,但老师没有注意到,从而导致事故发生,所以幼儿园在教学过程中存在过错,故应当承担主要责任。

小朋友蔡文不听教师的指令,违反课堂的纪律,去推铝合金窗户,导致另一幼儿的受伤,应当负相应的责任。蔡文的赔偿由其父母承担。

## 建 议

(1) 老师在上课时应该"眼观六路,耳听八方"。及时制止幼儿的危险行为。

(2) 园方应该经常检查教学和活动场所中的设施设备,对存在安全隐患的应及时维修整改。尤其是门窗、玻璃以及水电。

## 53. 户外活动出事故

### 案 情

江西省婺源县一幼儿园的大班学生,下午吃过点心后,邱老师便带领全班孩子在户外活动——玩滑滑梯(滑梯完好无损)。孩子们玩得很开心,有个小男孩很调皮,站在滑梯半中间显威风,谁知突然有个小朋友从滑梯高处猛冲下来,顿时把那个男孩撞出去了,从滑滑梯半高处摔下来,大哭不止!邱老师赶紧叫配班老师去向黄园长汇报。黄园长赶到现场,看了看男孩,发现没有任何红肿或出血,以为没有什么伤害,于是叫老师带孩子回教室休息安抚就好了。可孩子回到教室后,一直在哭泣,老师怎么哄也没用!直至家长来接孩子时,老师向家长说明孩子情况后,家长赶紧带孩子去医院。拍了X片才知道孩子右手骨裂!这时家长很气愤,气冲冲返回幼儿园找到园长理论,要求幼儿园承担全部费用,并动手打了园长……此事应如何划分责任?

### 分 析

这是一起发生在幼儿园的幼儿意外事故纠纷事件。根据《民法通则》第12条:不满10周岁的未成年人是无民事行为能力人,由他的法定代理人代理民事活动。

很明显,幼儿园的小朋友属于无民事行为能力人。按照《侵权责任法》第38条规定:无民事行为能力人在幼儿园、学校或者其他教育机构学习、生活期间受到人身损害的,幼儿园、学校或者其他教育机构应当承担责任,但能够证明尽到教育、管理职责的,不承担责任。

男孩从滑梯半高处摔下,虽然与幼儿园设施存在安全隐患无关,但老师应该预见很多小朋友同时滑滑梯是有危险的,所以应该守护在滑梯旁边认真组织安排,并随时保小朋友安全;此外,事故发生后园方重视程度也不够,导致男孩未及时得到治疗。综上,园方应承担全部赔偿责任。但家长应通过合法途径维权,动手打人要承担相应法律后果,如构成伤害需赔偿,构成犯罪还要承担刑事责任。

## 建 议

(1) 幼儿园老师对待突发事件应该有应急处理能力,在突发事件后应该与园长、老师商量对策,并及时通知家长,这样才能最大程度的减少危险和损失。

(2) 园长在处理与家长矛盾的事情中,应该放下身段,心平气和地向家长解释,用最大诚意和努力帮忙解决问题,以消家长之怒气。

## 54. 老师体罚幼儿酿成祸

### 案 情

2014年12月,南昌某幼儿园,一个托班的小孩小万,在王老师上课的时候调皮捣蛋,还不听老师喝止,王老师一气之下,打了小万,挨打之后,小万不但没静下来,反而哭闹起来,老师没办法,就把他关到卫生间,准备等他静下来就放出来,但后面却忘了这事,大约一小时后才想起来。等老师把他放出来后,发现小万撒尿把裤子弄湿了,而且精神状态比较差,老师怕家长知道,就隐而不言。可是小万回家后感冒发烧了,他平常就身体虚弱,而且今天小万上学时就有点微烧。这次在卫生间撒尿撒湿了裤子,卫生间又没有空调,所以冻到了,引发重感冒,并转为较严重的肺炎。打了三天吊针都没退烧,后来到医院接受住院治疗,一星期后方才痊愈出院。家长后来知道是老师打了小孩,关了卫生间引起的发烧。所以找到王老师要求赔偿。王老师说小孩发烧在先,是家长自己疏忽导致的,虽然自己也有错,但不全错。只愿意承担医疗费的一半。可家长不同意,坚决要求老师承担一切费用,并赔礼道歉。双方争执不下,那么这件事到底应该谁承担责任呢?

### 分 析

这是一起由于体罚引起的幼儿人身损害赔偿纠纷。

体罚是指教师的行为造成学生人体损害的一种行为。广义的体罚还包括变相体罚,如罚学生下蹲起立,罚学生吃喝有害身体健康的东西,还有罚站、罚跪、罚冻等形式。父母把小孩送到幼儿园后,父母就把小孩离开父母后的无法行使的部分管理责任委托给了幼儿园。在幼儿园期间,无论是上课就读、课

间休息,还是吃饭、午睡,应由幼儿园承担管理、教育和保护责任。幼儿园有义务对孩子们的各个具体行为予以看护和悉心照顾。本案中,因为小孩调皮捣蛋,教师不是用耐心和教学方法说服引导小孩,而是明知小孩发烧在先的情况下还利用体罚的方法打小孩,并长时间把他关在卫生间受冻。从而导致感冒加重并引发了较严重的肺炎,幼儿园应该承担全部赔偿责任。

体罚会损害小孩的自尊心,给小孩留下心理阴影,《未成年人保护法》明确规定:"学校、幼儿园、托儿所的教职员对未成年学生和儿童实施体罚或者变相体罚,情节严重的,由其所在单位或者上级行政机关给予行政处分。"《义务教育法实施细则》第42条进一步指出:"对体罚学生情节严重,违反《治安管理处罚条例》的,由公安机关给予行政处罚,构成犯罪的,依法追究刑事责任。"幼儿园体罚幼儿引起人身损害的,不但要承担民事赔偿责任,情节严重的,公安机关会予以行政处罚,构成犯罪的,还会被追究刑事责任。根据《侵权责任法》第15条的规定,承担侵权责任的方式包括赔礼道歉,所以本案,家长除了要求幼儿园承担民事赔偿责任外,是可以要求幼儿园赔礼道歉的。

## 建 议

(1) 教师是祖国花朵的园丁,应不断提高自身的科学文化素质和思想道德素质,严格遵守国家法律法规,爱岗敬业,真正做到德高为师,身正为范。

(2) 幼儿园在选拔老师上岗时应该全面考察,录用后应进行岗位培训,以提高老师职业素质。

# 55. 未成年人侵权,监护人担责

## 案 情

某幼儿园大班,甜甜老师正带领小朋友在室外上活动课,圆圆老师协助组织。宝宝和贝贝小朋友在嬉笑打闹,宝宝趁贝贝不注意猛地推了贝贝一下,贝贝摔倒在地,左小臂骨折。贝贝住院治疗20多天,花去2万多元,经鉴定构成九级伤残。双方家长就赔偿事宜无法达成一致,贝贝父母就将幼儿园、宝宝父母诉至法院,要求赔偿各项费用9万元。最后法院判决要求幼儿园承担30%的责任,宝宝父母承担70%的责任。幼儿园接到判决后,在全国教职工大会上对甜甜和圆圆老师提出批评,要求二人写书面检查,并承担幼儿园应赔偿的全部费用,由幼儿园从两人工资中逐月扣除。

## 分 析

法院的这份判决是合理、合法的。

《最高人民法院关于审理人身损害赔偿纠纷案件适用法律若干问题的解释》第7条规定:对未成年人依法负有教育、管理、保护义务的学校、幼儿园或者其他教育机构,未尽职责范围内的相关义务致使未成年人遭受人身损害,或者未成年人致他人人身损害的,应当承担与其过错相应的赔偿责任。第三人侵权致未成年人遭受人身损害的,应当承担赔偿责任。学校、幼儿园等教育机构有过错的,应当承担相应的补充赔偿责任。

《侵权责任法》第 32 条规定：无民事行为能力人、限制民事行为能力人造成他人损害的，由监护人承担侵权责任。监护人尽到监护责任的，可以减轻其侵权责任。

《侵权责任法》第 34 条规定：用人单位的工作人员因执行工作任务造成他人损害的，由用人单位承担侵权责任。

《侵权责任法》第 40 条规定：无民事行为能力人或者限制民事行为能力人在幼儿园、学校或者其他教育机构学习、生活期间，受到幼儿园、学校或者其他教育机构以外的人员人身损害的，由侵权人承担侵权责任；幼儿园、学校或者其他教育机构未尽到管理职责的，承担相应的补充责任。

本案中，宝宝的法定监护人是其父母，不因其在幼儿园接受教育而改变。宝宝因侵权造成贝贝伤害，责任依法应由其父母承担。甜甜、圆圆老师在组织幼儿开展活动课期间，未尽到合理的注意义务，导致幼儿伤害事件的发生，具有一定的过错，依法也应承担一定的过错责任。但甜甜、圆圆老师是执行工作任务造成的损害，应由用人单位该幼儿园承担相应的侵权责任。

幼儿园在全园教职工大会上对甜甜和圆圆老师提出批评，要求二人写书面检查的做法，无可厚非。但是幼儿园要求二位老师承担幼儿园应赔偿的全部费用，并从两人工资中逐月扣除的做法是错误的，依法应予纠正。幼儿园应先行承担赔偿责任，然后在查清二位老师对伤害事故的发生存在故意或重大过失的情况下，才可以向二位老师追偿。

## 建 议

（1）幼儿教师组织幼儿开展教育、教学活动，事先要做好教学设计，事中要严密组织，避免意外的发生。

（2）幼儿园要加强管理，安全工作常抓不懈，不断提高教职工的安全责任意识，降低意外事故发生率。

（3）幼儿园发生意外伤害，第一位的是将受伤者及时送医救治，然后查清事实，形成书面材料，正确划分责任。

# 56. 违法办学，责任自担

## 案 情

靳某某租用某破旧的厂房，经过改造后用于开办幼儿园，在没有取得办学许可证和消防合格证的情况下就擅自开始对外招生。结果因线路老化引发火灾，致使两名小朋友当场死亡。

## 分 析

靳某某的行为属于违法办学。其租用破旧的厂房用于办学，既没有取得办学许可证，也没有取得消防合格证，才酿成了事故的发生，致使两名小朋友当场死亡，其将被以教育设施重大安全事故罪追究刑

事责任,并且还应承担相应的民事赔偿责任。

教育设施重大安全事故罪,是指明知校舍或者其他教育设施有危险,而不采取措施或者不及时报告,致发生重大伤亡安全事故的行为。

《刑法》第138条规定:明知校舍或者教育教学设施有危险,而不采取措施或者不及时报告,致使发生重大伤亡事故的,对直接责任人员,处三年以下有期徒刑或者拘役;后果特别严重的,处三年以上七年以下有期徒刑。

最高人民检察院、公安部关于公安机关管辖的刑事案件立案追诉标准的规定(一)第十四条规定:"明知校舍或者教育教学设施有危险,而不采取措施或者不及时报告,涉嫌下列情形之一的,应予立案追诉:(一)造成死亡一人以上、重伤三人以上或者轻伤十人以上的;(二)其他致使发生重大伤亡事故的情形。"

《最高人民法院关于刑事附带民事诉讼范围问题的规定》第1条:因人身权利受到犯罪侵犯而遭受物质损失或者财物被犯罪分子毁坏而遭受物质损失的,可以提起附带民事诉讼。根据该条规定,靳某某还应向受害人承担相应的民事赔偿责任。

## 建 议

（1）办学者要依法办学、规范办学,切莫心存侥幸。

（2）教育是公益事业,安全是第一生命线,切莫唯利是图,不计后果。

## 57. 校车安全大于天

### 案 情

贾某某购买一辆即将报废的面包车,经过喷涂装饰后开始作为幼儿园的校车接送小朋友上下学,由其亲自驾驶,核载十座的面包车他塞进去了二十八个孩子。某日下雨路滑,面包车因刹车失灵与一辆小货车相撞,致使车上多名小朋友受伤,一名小朋友送医院不治身亡,贾某某被认定承担该起事故主要责任。

### 分 析

校车安全事故最近几年在全国各地频繁发生,一起起事故的背后,是许多家庭的血和泪。为从根本上解决这一问题,国务院于2012年4月5日颁布《校车安全管理条例》,从制度上、经费上对校车安全加以保障。

贾某某属于胆大妄为的一类人,为了经济利益视孩子的生命安全为儿戏,使用即将报废的面包车接送孩子上下学,并严重超载,终于酿成事故。

《刑法》第133条规定:违反交通运输管理法规,因而发生重大事故,致人重伤、死亡或者使公私财产遭受重大损失的,处三年以下有期徒刑或者拘役。

《最高人民法院关于审理交通肇事刑事案件具体应用法律若干问题的解释》第2条第一款规定："交通肇事具有下列情形之一的,处3年以下有期徒刑或者拘役:(1)死亡1人或者重伤3人以上,负事故全部或者主要责任的。"第2条第二款规定："交通肇事致1人以上重伤,负事故全部或者主要责任,并具有下列情形之一的,以交通肇事罪定罪处罚:(3)明知是安全装置不全或者安全机件失灵的机动车辆而驾驶的;(4)明知是无牌证或者已报废的机动车辆而驾驶的;(5)严重超载驾驶的。"

贾某某的行为已经触犯《刑法》,应当按交通肇事罪追究刑事责任。除此之外,其还应向受害人承担相应的民事赔偿责任。

正所谓:弄巧成拙,得不偿失,搬起石头砸自己的脚。

## 建 议

(1)办学者应严格按照《校车安全管理条例》的规定购买、使用、管理校车,确保学生路途安全。

(2)办学者应对校车驾乘人员进行安全教育培训,安全问题常抓不懈,不断提高驾乘人员的安全防范意识。

(3)安全无小事,不要贪小便宜吃大亏。

# 58. 不要从孩子的牙缝里掏钱

## 案 情

某公立幼儿园厨师柴某某为谋取不正当利益,和主管后勤的副园长李某某长期勾结,故意采购质次价高的食材,从中捞取回扣。某日,柴某某因采购过期变质食材做饭,造成小朋友食用后发生集体食物中毒。其中,10名小朋友因伤情严重住院二十余天才出院,花费近10万元。

## 分 析

食品安全问题也是幼儿园工作的重中之重,此案反映了该幼儿园管理的混乱和不到位,也显示了厨师柴某某和李某某的贪婪和不计后果。这样的状况,出现食品安全问题毫不奇怪。

《刑法》第143条规定:生产、销售不符合食品安全标准的食品,足以造成严重食物中毒事故或者其他严重食源性疾病的,处三年以下有期徒刑或者拘役,并处罚金;对人体健康造成严重危害或者有其他严重情节的,处三年以上七年以下有期徒刑,并处罚金;后果特别严重的,处七年以上有期徒刑或者无期徒刑,并处罚金或者没收财产。

最高人民检察院、公安部关于公安机关管辖的刑事案件立案追诉标准的规定(一)第19条:"生产、销售不符合卫生标准的食品,涉嫌下列情形之一的,应予立案追诉:(一)含有可能导致严重食物中毒事故或者其他严重食源性疾患的超标准的有害细菌;(二)含有可能导致严重食物中毒事故或者其他严重食源性疾患的超标准的其他污染物。本条规定的不符合卫生标准的食品,由省级以上卫生行政部门确定的机构进行鉴定。"

柴某某、李某某的行为属于故意,并且已经造成了严重后果,对其应按生产、销售不符合安全标准的食品罪追究刑事责任。幼儿园负有管理过错,对柴某某、李某某的职务行为应承担相应的民事赔偿责任。

## 建 议

(1) 幼儿园要高度重视食品安全,严把食品准入关,切莫让劣质食品上餐桌。

(2) 幼儿园要加强制度建设,用制度管人,不给不法分子以可乘之机。

(3) 当地食品卫生监督管理部门要加大监督、检查力度,发现一起,查处一起,决不让问题食品进校园。

## 59. 教育者需要良心

### 案 情

西安市某幼儿园园长陆某等人为提高小朋友的出勤率,增加收入,在明知自己没有取得法定资格的情况下,以"吃药预防幼儿生病"为由,擅自购买处方药盐酸吗啉胍片(别名"病毒灵"),不定期安排工作人员给园内幼儿服用。结果服用后,不少孩子被发现存在头晕、腿疼、肚子疼等相同症状,引发众多家长的强烈不满。愤怒的家长将幼儿园围了个水泄不通,强烈要求追究园长陆某等人的法律责任。

### 分 析

教育是善的事业,教育者需要良心。陆某为了利益,已经到了丧心病狂的地步,这样的人怎么可能搞好教育。

事件发生后,经媒体报道,全国舆论一片哗然。当地政府迅速采取相关措施,当地卫生局先后两次组织市属相关医院药剂、感染、呼吸、儿内等方面的专家对"病毒灵"的适应症、禁忌症、疗效、毒副作用等方面进行医学评估。

专家给出的意见综合为:一、涉事幼儿园使用的"病毒灵"为国药准字号药物,药品在有效期内,有儿童服用剂量说明(10 mg/kg),为处方用药;二、"病毒灵"在我国已使用50多年,用于流感病毒及疱疹病毒感染的治疗,在体内通过肝脏代谢,24小时随尿排出体外。经专家讨论及查阅相关文献,该药预防性效果不明显;三、"病毒灵"的不良反应可引起出汗、食欲不振及低血糖等反应,查阅此药的相关文献及资料,未见其他不良反应。如出现不适症状,建议医学观察。

根据家长意愿,当地卫生局从12日开始,分批组织服用药品的幼儿在西安市儿童医院免费体检,并组织专业医生对检查结果进行分析研究。卫生部门将组织省、市级专家,对检查结果认真分析评估,然后对每个孩子的检查结果,进行个性化、有针对性的跟踪指导,保证孩子今后健康方面不出问题。

最高人民检察院、公安部关于公安机关管辖的刑事案件立案追诉标准的规定(一)第57条:未取得医生执业资格的人非法行医,涉嫌下列情形之一的,应予立案追诉:(一)造成就诊人轻度残疾、器官组织损伤导致一般功能障碍,或者中度以上残疾、器官组织损伤导致严重功能障碍,或者死亡的;(五)其他情节严重的情形。

陆某等人属于未取得医师资格从事医疗活动,已构成非法行医罪。陆某等人被公安部门以涉嫌非法行医罪刑事拘留,等待他的将是法律的制裁。当地教育、卫生部门由于疏于监管,相关责任人也将承担相应的行政责任,严重失职者将被追究渎职的刑事责任。

### 建　议

为避免类似事件的发生,幼儿园应设立家长委员会,家长轮流参与到幼儿园的教育管理活动当中去,实行家长和学校共建。

## 60. 巧立名目乱收费,该罚!

### 案　情

某幼儿园在物价部门核定的收费项目、标准化外,经常巧立名目向家长收取其他费用,引起家长不满。家长向物价局投诉,幼儿园遭到物价局查处和处罚。

### 分　析

幼儿园作为公益性服务办学单位,应严格按照当地物价部门指定的收费标准收取费用。违规乱收费,将会受到一定的处罚。

《物价法》第12条规定:经营者进行价格活动,应当遵守法律、法规,执行依法制定的政府指导价、政府定价和法定的价格干预措施、紧急措施。

第13规定:经营者销售、收购商品和提供服务,应当按照政府价格主管部门的规定明码标价,注明商品的品名、产地、规格、等级、计价单位、价格或者服务的项目、收费标准等有关情况。经营者不得在标价之外加价出售商品,不得收取任何未予标明的费用。

第38条规定:政府价格主管部门应当建立对价格违法行为的举报制度。任何单位和个人均有权对价格违法行为进行举报。政府价格主管部门应当对举报者给予鼓励,并负责为举报者保密。

### 建　议

(1)幼儿园应在办学质量上下功夫,学生多了,何须乱收费?
(2)针对幼儿园的乱收费行为,家长可以及时进行投诉。

# 61. 幼儿园"奇招"对付调皮孩子

## 案 情

据《生活日报》2000年5月22日报道,郑州市凤凰台村小神童幼儿园想出了一个"奇招"对付顽童——用针扎。孩子哭闹顽皮,老师就拿出一支注射器,吸上水后作注射状吓唬小孩。对一些在排练演出节目时动作总也做不好的孩子,"执法严明"的老师便在孩子的手背上扎了针,有的孩子还挨了两针。后来,孩子们每天都十分恐惧来幼儿园。家长发现后,将幼儿园告上法庭。

## 分 析

在本案中,幼儿园和相关教师都应该承担相应的责任。

首先,《教育法》第29条:"教师应当尊重学生的人格,不得歧视学生,不得对学生实施体罚、变相体罚或者其他侮辱人格尊严的行为,不得侵犯学生合法权益。"《幼儿园工作规程》第35条:"幼儿园工作人员应当热爱幼儿教育事业,爱护幼儿,努力学习专业知识和技能,提高文化和专业水平,品德良好、为人师表。"《教师法》第8条第四款规定:"关心、爱护全体学生,尊重学生人格,促进学生在品德、智力、体质等方面全面发展。"《未成年人保护法》第18条规定:"学校应当尊重未成年学生受教育的权利,关心、爱护学生,对品行有缺点、学习有困难的学生,应当耐心教育、帮助,不得歧视,不得违反法律和国家规定开除未成年学生。"该幼儿园教师没有遵守上述法律法规的要求,损害幼儿的生理和心理健康,违反职业道德,虽然没有酿成严重后果,不需承担刑事责任,但是,应当承担相应的民事责任。

其次,根据《未成年人保护法》第十八条的规定和《幼儿园工作规程》的要求,幼儿园作为法律责任主体,未能及时发现、制止、纠正相关教师的不当违法行为,存在渎职行为,应当承担一定的责任。

## 建 议

(1) 幼儿园管理者需要加强对员工的职业道德教育,经常性地开展关爱幼儿的培训,并认真监督员工对各项法律法规及本园规定的遵守情况,及时发现不良情况,早发现早纠正。

(2) 作为幼儿园教师,应该加强自我职后教育,主动提高自身的专业素养,领悟各项法规要求。

## 62. 网友微博晒孩子引来人贩，陌生男打印照片幼儿险些被冒领

### 案 情

2013年4月4日，广州白云区某中心幼儿园门口，一名男子自称是孩子的舅舅，欲将小孩领走，幸好小孩说不认识男子，老师拒绝放人，不然孩子的家长可担心坏了。

该中心幼儿园于每天下午4时10分准时放学。按照惯例，小朋友们都是在老师的带领下，等待父母来将他们接回家。张小姐的女儿小丽今年4岁，在中心幼儿园上小班。张小姐说，她每天亲自接送女儿，下午4时30分左右，就会到幼儿园接女儿回家。

4日下午，一名陌生男子出现在幼儿园门口，自称是小丽的舅舅，打算将小丽接走。张小姐说，老师告诉她，当时小丽不愿意跟他走，说不认识男子。老师也从来没见过该男子，就没让他接走孩子。男子刚离开2分钟，张小姐就到了。张小姐说，小丽的舅舅在深圳生活，也没来广州看外甥女，不可能出现在幼儿园接小丽。她估计是微博惹的祸，上面发了孩子的照片，被人掌握了相关信息，并将照片打印了出来。"我常把自己的行程、所在的地点等发到微博上，还有自己的工作单位、职务，联系起来差不多能汇总出一份家庭履历。"

### 分 析

本案中，幼儿园方面认真履行的法律法规的要求，避免了事故的发生。根据《未成年人保护法》第22条规定："学校、幼儿园、托儿所应当建立安全制度，加强对未成年人的安全教育，采取措施保障未成年人的人身安全。"幼儿园管理者和教师能够根据相关法规的要求，保证儿童的人身安全，值得肯定。

### 建 议

（1）家长需要在平时教会儿童有一定的防范意识，教孩子不要跟陌生人说话，不要跟陌生人走，防止意外发生。

（2）幼儿园方面，在幼儿来园或离园接送时间内，门卫必须在园门口值勤。对有疑点的对象及时向园领导报告；有事要求离园的幼儿，由门卫问清情况，家长方可入园接孩子，并登记。

## 63. 教师微信晒幼儿照片，家长险些受骗

### 案 情

　　小王老师是今年刚走上幼儿园岗位的新教师,她活泼好动,勤奋努力,非常喜欢小孩,幼儿教师这个岗位是她梦寐以求的职业。教学活动中,她发现小女孩晶晶漂亮又可爱,她非常喜欢晶晶。在一次游戏活动中,王老师用手机对准晶晶拍了十多张照片。回家后,王老师选了三张认为较满意的照片,在微信朋友圈发了出去,还标上了小孩子的班级、姓名和家长的姓名。好多朋友看了照片都纷纷点赞,评论说,小姑娘好漂亮、好可爱,下次要来幼儿园看一看。这些话让王老师得意了好一阵子。

　　一天,晶晶的父亲接到一个电话,说你女儿叫晶晶,在某幼儿园某班级,现在受了重伤,正在第一人民医院急救,马上缴5 000元人民币到指定的一个银行卡号上,否则医院不给救治。还发了一张最初由王老师拍摄的晶晶的照片。

　　晶晶爸爸接了电话,吓得浑身发抖。由于去医院的路较远,他赶紧去附近的银行转账。银行工作人员一看晶晶父亲神色惊慌的样子,就上前询问。得知情况后,就马上阻止他划钱。让他先与幼儿园老师联系一下。结果老师说,晶晶好好的,正在教室里玩游戏呢。大家虚惊一场,还得感谢银行工作人员的认真负责,否则,5 000元钱就没影了。

　　晶晶家长认为这起事件是由于小王老师未经家长同意在朋友圈晒孩子照片引发的,向园长投诉小王老师。

### 分 析

　　这是一起转发微信照片而引发的一个诈骗案,尽管诈骗手段非常低级,但危害性是很大的。

　　随着现代科技的进步,微信已经走进了寻常百姓家,给大家带来了许多方便。但是,也有不少不法分子,利用这个现代技术进行诈骗、绑架等活动,给社会带来了不安。

　　本案中,王老师未经小孩家长同意,也不是为了园方留下活动记录,而是为了自己晒微信中的照片,就给晶晶拍摄了不少个人的照片,本身就是一种不当的行为。更成问题的是,她竟然把三张照片发到了朋友的微信圈中,并附上了幼儿园的班级、姓名及家长的姓名,无意间就泄露了孩子及整个家庭的信息,这些信息任何公民都是不愿公开的,可以作为隐私。幼儿同样具有隐私权,我国《未成年人保护法》第30条明确规定:任何组织和个人不得披露未成年人的个人隐私。王老师的做法明显侵犯了幼儿的隐私权。幸好本案最终没有酿成恶果,否则,王老师就要承担相应的法律责任。但是这个教训还是值得记住的。

### 建 议

　　(1) 作为教师,应尊重幼儿的各种权益,包括肖像权、隐私权,不能随意对幼儿进行拍照,更不能将

照片放到网上传播。

（2）朋友的微信圈，虽然相对隐秘，范围不是非常大，但存在风险，教师要有这个风险意识。

## 64. 3 岁男孩溺亡在厕所的水桶里

### 案 情

2011 年 5 月 28 日下午 6 点多，网友带宝宝去玉溪市儿童医院输液，刚好目睹了幼儿园男孩从抢救到宣布死亡的全过程。"一开始送孩子来的是幼儿园老师，抱着湿淋淋的一个孩子冲进医生办公室叫医生救命。来到抢救室，能用上的抢救措施都用上了。后来，孩子的爸爸妈妈赶到了、阿姨姐姐赶到了、外公外婆赶到了。当医生宣布孩子死亡后，满屋都是凄厉的哭声：'你醒醒啊，醒过来看看妈妈！'""人淡如菊"在帖中称："经打听，事件缘由如下：红塔区小白鸽艺术幼儿园在赶着排练六一儿童节节目，周末小朋友都没有休息，不知道哪个老师在卫生间用一个很大的桶接了一桶水。这个三岁半的小朋友是在玩水的过程中不慎滑倒，头朝下跌进桶里面。最可恨的是小朋友在水中泡了 10 多分钟以后老师才发现。"

后来警方透露：幼儿园内有一个男女小朋友共用的厕所，小便池内的水龙头下面摆着一只蓝色的塑料桶，直径 60 厘米左右（平常装涂料的桶），里面放着一个小塑料盆。小朋友上完厕所后，自己用小塑料盆舀水冲一下。被淹死的男孩，就是在一个人上厕所的时候发生了悲剧，等到发现时，小男孩倒栽葱的姿势在塑料桶内。经警察勘查现场后初步判断，可能是当时桶内水不满，小男孩用塑料盆弯腰低头舀水时，身子进入桶内过多，跌入桶中，以致窒息而死。

### 分 析

本案是典型的幼儿园和教师失职酿成的事故。

（1）幼儿园方面，根据 2002 年 9 月 1 日起正式施行的《学生伤害事故处理办法》第 38 条规定："幼儿园发生的幼儿伤害事故，应当根据幼儿为完全无行为能力人的特点，参照本办法处理。"本案中，幼儿园方面虽然不是幼儿的监护人，但是，由于幼儿属于完全无行为能力的个体，故在本案中，幼儿园依然要承担管理混乱，存在安全隐患的失职责任，幼儿园作为教育的机构，在本案中应该承担全部责任。

（2）教师方面，该教师不知道对自己工作范围内的情况事先不知情，"不知道哪个老师在卫生间用一个很大的桶接了一桶水"，事后不知情，"这个三岁半的小朋友是在玩水的过程中不慎滑到，头朝下跌进桶里面。最可恨的是小朋友在水中泡了 10 多分钟以后老师才发现。"没有能够及时发现、清除安全隐患，事发后没有及时发现、救治，不能认真履行工作职责，造成严重后果，故应承担事故的主要责任。

### 建 议

（1）幼儿园教师应严格遵守教育的规章、制度，不得任意离开教室，避免事故的发生，并及时检查环境中存在的安全隐患。

（2）幼儿园园长应增强法制意识，认识到让教师离开教室而又没有安排其他教师，使幼儿脱离教师的照管是一种违法行为，并加强员工的事故防范意识。

## 65. 春游包车翻入溪中，19名落水者幸运脱险

### 案情

2015年4月12日下午，一辆载有19人的中巴车由平阳县昆阳镇流水白农耕园往龙港镇行驶时，因驾驶员黄某操作不当，车子冲破路边栏杆后翻入溪中。据平阳警方发布的消息，该中巴车乘客为龙港镇盼盼幼儿园学生家长的亲子游包车，其中儿童5人。经当地群众合力救援，19名落水乘客幸运脱险。

事故目击者徐女士说，12日下午事发时，她正在自家食品店门口聊天，看到十几人登上了一辆中巴车。随后，车子缓慢地向后滑动，撞倒晾晒衣服的竿子后撞破溪边护栏，径直滑入与岸边落差达3米的溪中。所幸溪水只有七八十厘米深，中巴车落水后侧翻，溪水很快顺着车窗玻璃流入车中，车内的乘客打开另一侧车窗玻璃，先后将两三名孩子递出车来。这些孩子看上去五六岁，已经被吓哭。有人喊"救命"，附近群众急忙赶到现场施救。金先生说，他站在中巴车后轮位置，依次将车顶上的小孩子递给岸上的救援人员。那几名小伙子则钻入车中，和家长、老师、司机等人合力将多名孩子抱出车外。随后，老师和家长才爬到车外。

据平阳交警大队经办民警介绍，该中巴车上有19人，除司机黄某外，共有18名乘客，均为龙港盼盼幼儿园的师生和家长，当天前往昆阳镇水亭社区流水白农耕园游玩。游玩结束返程时，由于司机操作不当，导致发生中巴车落水事故。

龙港镇盼盼幼儿园有关负责人称，此次游玩是学生家长自行组织的，并不是班级里所有的学生都参加，幼儿园之前并不了解情况，但个别老师参与了活动。今后他们一定会加强相关活动的管理。

县教育局安全科科长金李胜说，涉事幼儿园事发后没有第一时间向该局汇报，而是龙港学区工作人员得知情况后汇报的。对于学生郊游等集体外出活动，该局有严格的规章制度。按照规定，幼儿园和中小学组织学生外出活动，必须向该局报批备案。原则上，幼儿园不出镇，中小学不出县。对于学生家长组织的集体外出活动，学校老师不得参与，否则发生意外，老师要承担相应的责任。金李胜说，对于此次中巴车落水事故，他们会展开深入调查，如果发现其中存在违规行为，一定会进行相应的处理。

### 分析

本案是幼儿园校车事故的典型案例。近年来，幼儿园校车事故多次见诸媒体，根据国务院在2012年颁布实施了《校车安全管理条例》，该条例第55条至59条规定了发生校车安全事故，幼儿园、政府相关部门等应当承担的责任，但是，本案的情况略有不同，可做另案处理。

（1）《校车安全管理条例》第58条规定："违反本条例的规定，构成违反治安管理行为的，由公安机关依法给予治安管理处罚；构成犯罪的，依法追究刑事责任。"本案中校车驾驶人违规操作、客观上属于

不服管理、违反规章制度的情形,由公安机关立案侦查并无不当,应该追究一定的刑事责任。

(2) 根据《校车安全管理条例》第 59 条规定:"发生校车安全事故,造成人身伤亡或者财产损失的,依法承担赔偿责任。"《侵权责任法》第 38 条规定:"无民事行为能力人在幼儿园、学校或者其他教育机构学习、生活期间受到人身损害的,幼儿园、学校或者其他教育机构应当承担责任,但能够证明尽到教育、管理职责的,不承担责任。"第 16 条规定:"侵害他人造成人身损害的,应当赔偿医疗费、护理费、交通费等为治疗和康复支出的合理费用,以及因误工减少的收入。造成残疾的,还应当赔偿残疾生活辅助具费和残疾赔偿金。造成死亡的,还应当赔偿丧葬费和死亡赔偿金。"如造成他人严重精神损害的,还可以按照《侵权责任法》第 22 条的规定,承担精神损害赔偿责任。一般来说,幼儿园和司机都应当承担一定的民事责任。

但是,本案中,如果确实是家长自行组织的旅游活动,幼儿园之前并不了解情况,仅仅个别老师参与了活动,可以看作是教师个人的活动,与幼儿园无关,那么,幼儿园方面可以不承担责任。但是,事故发生后如果存在瞒报情况,教育主管部门可以根据相关规定对其进行行政处罚。

## 建 议

(1) 在许多校车事故的案例中,司机的违规操作是一个重要原因,因此,幼儿园方面要加强对校车司机的上岗培训。

(2) 幼儿园要加强对教师个人行为的约束,明确利害关系。

## 66. 3 岁女童被遗忘车内 9 小时死亡

### 案 情

山东省沂水县一名3岁女童上学途中,被遗忘在车内9个小时,发现时已经死亡。

沂水某社区幼儿园的刘园长用自己的私家车,将年仅3岁半的小诺从家接走上学。到幼儿园后,园长将孩子遗忘在停在幼儿园门口的车中。直到当日下午5时才被发现,发现时孩子已经死亡。"车内温度有七八十度,发现时孩子的尸体有臭味,身体像被蒸熟了一样。"

幼儿园距孩子家有10公里路,没有校车接送。双方约定,每天上午7点半,园长到小区接小诺和另一个孩子,下午5点半,园长把两个孩子送回小区,家长下楼来接,家长每月给园长交300元交通费,由刘园长驾私家车接送。

事发当日上午,小诺被刘园长从家门口接走,到达幼儿园后,坐在后排九岁的男孩自己开门下了车,小诺则被忘在车中。幼儿园对面小区的监控视频显示,前日上午8时至17时许,停放在幼儿园门口的红色本田车无人接近查看,车内情况无法看清。17时许,幼儿园老师及园长从园内跑出,打开车门,立即将孩子送往医院。下午6时,家长接到另一名幼儿家长的电话,才知道自己的孩子"出了事"。

## 分 析

本案是典型的幼儿园失职酿成事故及校车安全的案件,园长除涉嫌过失致人死亡罪外,还应承担民事赔偿责任。

(1)《学生伤害事故处理办法》第7条规定:"未成年学生的父母或者其他监护人应当依法履行监护的职责,配合学校对学生进行安全教育、管理和保护工作。学校对未成年学生不承担监护职责。但法律有规定的或者学校依法接受委托承担相应监护职责的情形除外。"《侵权责任法》第6条规定:"行为人因过错侵害他人民事权益,应当承担侵权责任。根据法律规定推定行为人有过错,行为人不能证明自己没有过错的,应当承担侵权责任。"第16条规定:"侵害他人造成人身损害的,应当赔偿医疗费、护理费、交通费等为治疗和康复支出的合理费用,以及因误工减少的收入。造成残疾的,还应当赔偿残疾生活辅助具费和残疾赔偿金。造成死亡的,还应当赔偿丧葬费和死亡赔偿金。"本案中,幼儿园方面虽然不是幼儿的监护人,但是,由于幼儿家长每月付给刘园长300元接送费,已经形成了法定的接送委托关系,从合同角度讲,园长向家长收取费用,用自己的车接送孩子,实际上双方形成了承运合同关系,有义务保证孩子乘车过程中的安全。而幼儿园园长把幼儿遗忘在车内造成重大后果,属于严重的工作失职,不能认真履行工作职责,事后没有及时通知家长,在该案中肯定应该承担全部责任,因此,本案涉事园长已被刑事拘留;而该班级带班班主任没有遵守幼儿入园登记制度,不能及时发现并通知家长缺勤幼儿,对事故发生具有一定的责任,故被取保候审。

(2)本案中还有一点值得分析的,就是校车问题。

首先,关于校车资格的认定。《校车安全管理条例》第14条规定:"取得校车使用许可应当符合下列条件:车辆符合校车安全国家标准,取得机动车检验合格证明,并已经在公安机关交通管理部门办理注册登记。"第18条规定:"禁止使用未取得校车标牌的车辆提供校车服务。"第10条规定:"配备校车的学校和校车服务提供者应当建立健全校车安全管理制度,配备安全管理人员,加强校车的安全维护,定期对校车驾驶人进行安全教育,组织校车驾驶人学习道路交通安全法律法规以及安全防范、应急处置和应急救援知识,保障学生乘坐校车安全。"本案中,幼儿园方面在不具备提供校车资质服务的情况下,私自用自家的私家车作为幼儿园校车,为幼儿提供有偿校车服务,存在严重的违法违规行为。

其次,关于校车驾驶人和校车管理的规定。《校车安全管理条例》第25条规定"机动车驾驶人未取得校车驾驶资格,不得驾驶校车。禁止聘用未取得校车驾驶资格的机动车驾驶人驾驶校车。"幼儿园园长在没有取得校车驾驶人资格的情况,以普通驾驶证替代校车驾驶证,违法违规驾驶私家车作为校车,提供校车服务,应当承担责任。

第三,关于校车行车管理的问题。《校车安全管理条例》第39条第五款规定:"核实学生下车人数,确认乘车学生已经全部离车后本人方可离车。"本案中,幼儿园方面不能遵守法律规定,认真核查学生人数,没有确认学生全部离开就离车,虽然是违法校车,但是,责任依然需要承担。

第四,《校车安全管理条例》第12条规定:"学生的监护人应当拒绝使用不符合安全要求的车辆接送学生上下学。"家长作为幼儿的监护人,明知幼儿园方面提供的车辆是违法违规校车,依然和幼儿园达成校车服务的事实协议,没有拒绝其服务或者反映到相关部门,需要承担一定的责任。

第五,关于主管部门的监督责任问题。《校车安全管理条例》第5条:"县级以上地方人民政府对本行政区域的校车安全管理工作负总责,组织有关部门制定并实施与当地经济发展水平和校车服务需求相适应的校车服务方案,统一领导、组织、协调有关部门履行校车安全管理职责。""县级以上地方人民政府教育、公安、交通运输、安全生产监督管理等有关部门依照本条例以及本级人民政府的规定,履行校车安全管理的相关职责。有关部门应当建立健全校车安全管理信息共享机制。"本案中,相关部门没有能够及时尽到监管责任,及时发现校车安全的违法违规行为,对事故的发生应当承担一定的责任。

**建 议**

（1）幼儿园方面，如果有必要配备校车，必须依法到有关部门申请校车资质，遵守法律规定，主动进行校车运行管理，建立安全管理机制，防止意外事件发生。

（2）家长方面，如果孩子需要坐校车，必须要关注幼儿园提供的校车资质，如果发现违法违规行为，能够及时举报到相关部门，帮助监督管理。

（3）幼儿园方面需要严格执行入园、离园登记制度，发现缺勤情况，及时汇报幼儿园或者联系家长，可以有效杜绝意外事件的发生。

## 67. 与女教师谈恋爱被甩心生恶念，歹徒持刀闯入幼儿园乱砍

**案 情**

2003 年 3 月 7 日下午，一歹徒持刀冲进广西北海市某区机关幼儿园行凶，幼儿园女园长和数名女幼儿教师为保护孩子挺身而出，勇斗持刀歹徒，在一位见义勇为的男性家长的帮助下，将持刀歹徒打晕在地捆绑起来。有 4 名女老师和 4 名幼儿被歹徒砍伤。一名孩子有可能伤及肺部外，伤势最重的是幼儿园的园长陈某，她头部被砍了两刀，左肩被砍了一刀，右手虎口的肌腱被刀刃割断，被送进医院后昏迷不醒。

据悉，歹徒与幼儿园女教师恋爱不成双方产生了矛盾，女方叫人将他打了一顿，他一怒之下失去了理智，怀揣尖刀冲进幼儿园报复女老师时杀红了眼，伤及无辜的孩子和其他女教师。

**分 析**

根据《最高人民法院关于贯彻执行〈中华人民共和国民法通则〉若干问题的意见（试行）》（以下简称《民通意见》）第 160 条的规定，在幼儿园、学校生活、学习的无民事行为能力人或者在精神病院治疗的精神病人，受到伤害或者给他人造成损害，单位有过错的，可以责令这些单位适当给予赔偿。并且，根据《最高人民法院关于审理人身损害赔偿案件适用法律若干问题的解释》（以下简称《人身伤害赔偿解释》）第 7 条的规定，对未成年人依法负有教育、管理、保护义务的学校、幼儿园或者其他教育机构，未尽职责范围内的相关义务致使未成年人遭受人身损害，或者未成年人致他人人身损害的，应当承担与其过错相适应的赔偿责任。

本案要根据具体情况来分析，如果是由于幼儿园管理不善，门卫、老师没有尽到注意义务，使得陌生男子轻松闯入，那么由于幼儿园具有重大过错，应该承担民事责任。但是，如果幼儿园按照有关规定，做好了安全防范措施，犯罪嫌疑人的闯入是门卫和老师不能避免的，在这种情况下，幼儿园是没有过错的，就可以免除赔偿责任。在这种情况下，幼儿的家长应当向肇事者的监护人主张赔偿责任。

本案中，幼儿园教职工在事件发生时，能够及时做出正确的反映，勇斗歹徒，不怕牺牲，积极保护幼儿生命安全，不存在过错。根据《侵权责任法》第 29 条规定："因不可抗力造成他人损害的，不承担责

任。"第38条规定:"无民事行为能力人在幼儿园、学校或者其他教育机构学习、生活期间受到人身损害的,幼儿园、学校或者其他教育机构应当承担责任,但能够证明尽到教育、管理职责的,不承担责任。"幼儿园方面可以不承担由歹徒造成的对幼儿的伤害责任,家长可以依法向歹徒追究刑事责任和民事责任。但是,《侵权责任法》第34条规定:"用人单位的工作人员因执行工作任务造成他人损害的,由用人单位承担侵权责任。"幼儿园应当对员工的伤害情况进行医疗补偿、误工补偿、奖励性补偿或者精神奖补偿,并鼓励见义勇为的行为。

本案中,歹徒的女友(幼儿园女教师)不应当承担刑事责任和民事责任。

## 建 议

(1) 幼儿园严格落实门禁制度、值班巡查制度、人员车辆进出登记制度、视频监控值班制度等。严格来校、来访人员身份核查,来访人员在得到学校接访人同意后,做好详细登记,原则上在门卫室接待,因需要确需进入校园的,必须经学校值班校级领导同意并由教职工等陪同后方可进入校园。未经核查和许可,严禁非学校人员进入校园。

(2) 有针对性地加强对全体学生的安全教育,提高其安全防范意识和自我保护能力。加强对学校安保人员和全体教职工的安全培训,切实提高其处置突发事件和保护学生的能力。幼儿园要针对此类事件制定详细的应急预案,明确职责和分工,并加强应急演练,积极做好此类事件的预防和应对工作。

(3) 加强上学放学时段校门口的秩序管理,引导、协助家长做好幼儿到校、离校时的疏导、交接、护送工作,坚决避免幼儿长时间在校门口逗留,形成聚集。要积极协调综治成员单位,做好校园及周边治安环境综合治理,严防校外人员进入校园或在校园周边滋事,要切实预防人身伤害事故、治安案件、交通事故的发生,切实维护师生生命安全。

## 68. 5岁幼女被陌生人冒领遭猥亵

### 案 情

2014年12月3日下午,丽丽的母亲像往常一样,在6时左右到广州某幼儿园接女儿,一问却被告知丽丽已被领走,心急如焚的母亲刘某立即打电话报警。原来,5岁女孩丽丽在幼儿园放学期间被陌生人冒领,遭受摧残后被抛弃在马路边。身心受重创的丽丽长期处在惊恐之中,经常在梦中尖叫。丽丽的父母以幼儿园管理疏忽为由提起诉讼。

### 分 析

《未成年人保护法》第22条规定:"学校、幼儿园、托儿所应当建立安全制度,加强对未成年人的安全教育,采取措施保障未成年人的人身安全。"根据《侵权责任法》第40条规定:"无民事行为能力人或者限制民事行为能力人在幼儿园、学校或者其他教育机构学习、生活期间,受到幼儿园、学校或者其他教育机构以外的人员人身损害的,由侵权人承担侵权责任;幼儿园、学校或者其他教育机构未尽到管理职责的,承担相应的补充责任。"本案中,幼儿园方面不能认真履行的法律法规的要求,根据相关法规的要求,保证儿童的人身安全,导致事件的发生,故应当承担相应的民事责任。

## 建　议

(1) 幼儿园要积极预防冒领事件的发生,做好门卫人员岗位培训和教育工作;加强对门卫安全工作制度执行情况的监控与反馈。

(2) 幼儿园应当建立防止冒领的预案,建立领导小组,负责指挥、落实本园预防工作。

## 69. 孩子离园回家路上打闹,眼睛被戳成重伤

### 案　情

某农村幼儿园,考虑到农村家长整日在地里忙活,没有接送孩子的习惯,孩子入园,离园的路上不安全,便实行了教师代为接送孩子的制度。有一位吴姓家长认为幼儿园想以此收取费用,而且自家离幼儿园很近,只隔一条小路,不会有什么危险,让孩子自己回家就行了。幼儿园教师警示家长,孩子年龄小,不知道什么是危险,万一在路上出了事,事就大了。吴某对幼儿园教师的话不以为然,未加理会。

一天吴某的孩子在离园回家的路上,因和另一幼儿打闹,眼睛被戳成重伤。于是吴某把幼儿园告上了法庭。在法庭上,吴某指责幼儿园没有履行接送孩子的约定,并否认幼儿园曾对他有所警示,幼儿园虽据理力争,但因为拿不出证据,最终败诉,不得不承担孩子的医疗费用。

### 分　析

根据《幼儿园工作规程》第 16 条:"幼儿园应当建立房屋、设备、消防、交通等安全防护和检查制度,建立食品、药物等管理制度和幼儿接送制度,防止发生意外事故。"根据《未成年人保护法》第 22 条规定:"学校、幼儿园、托儿所应当建立安全制度,加强对未成年人的安全教育,采取措施保障未成年人的人身安全。"本案中,幼儿园方面幼儿园作为教育的机构,无法举证接送委托关系不成立的证据,也就是说,不能履行幼儿安全离园的职责,在该案中肯定应该承担全部民事责任。

### 建　议

(1) 家长如果不能确保幼儿的路程安全问题,应当安排好接送人员,防止意外事故发生。

(2) 幼儿园方面严格执行入园、离园接送制度,如果家长由于种种原因不能或者不愿加入幼儿园的接送制度,需要签订书面的免接送协议,作为事故发生的免责证据。

# 70. 家长隐瞒孩子先天性心脏病，孩子午休中死亡

## 案情

某幼儿园幼儿，患有先天性心脏病，但该幼儿入托时，家长并没有把这一情况告诉幼儿园。一天早上其母将孩子送入幼儿园内，告诉老师孩子昨晚发烧。老师劝其带孩子看病，但其母说孩子烧已退。午饭后，午睡时间里，孩子们像往常一样午休，忽然老师发现这名孩子不正常，老师及时按其人中，并将其送往医院，并电话告知幼儿母亲。

孩子送医院后，不治身亡。事后，幼儿家长要幼儿园承担全部责任。

## 分析

本案是一个典型的因幼儿自身原因导致突发性的伤害事故。幼儿自身原因导致发生突发性的伤害事故主要包括：幼儿的先天性疾病，如癫痫、先天性易碎性骨折、先天性无排汗功能等；幼儿的某些器官发生病变，家长教师在不知情的情形下发生的事故；家长为孩子购买了有安全隐患的衣物或学习用品等。本案的原因主要是由于先天性心脏病而引发的伤害事故，要根据过错责任原则进行责任认定。根据我国《民法通则》的规定，判定民事法律责任应遵循三种原则，即过错责任原则、过错推定责任、无过错责任等。

最高人民法院《关于贯彻执行〈中华人民共和国民法通则〉若干问题的意见（试行）》第160条作了明确具体的司法解释："在幼儿园、学校生活、学习的无民事行为能力人或者在精神病院治疗的精神病人，受到伤害或者给他人造成损害，单位有过错的，可以责成这些单位适当给予赔偿。"即幼儿园在赔偿问题上实行的是"过错原则"，有过错应当适当赔偿，没有过错就不予赔偿。"有无过错"是确定幼儿园承担民事责任的前提条件。幼儿人身伤害事故主要是由于行为人因故意或过失而导致他人权利受到侵害的行为造成的，处理时应主要遵循过错责任原则，而兼顾其他原则。

根据《学生伤害事故处理办法》进行处理。该办法第12条规定："因下列情形之一造成的学生伤害事故，学校已履行了相应职责，行为并无不当的，无法律责任"，其中第三款规定："学生有特异体质、特定疾病或者异常心理状态，学校不知道或者难于知道的。""学生或者监护人知道学生有特异体质，或者患有特定疾病，但未告知学校的"；"学生或者未成年学生监护人有其他过错的，未成年人的监护人应依法承担相应的责任。"

本案中，幼儿家长如果确实存在隐瞒危险病情的情况，幼儿园方面确实具有有力的证据举证此种情况，则可以不承担民事责任。

## 建议

（1）落实入园体检登记制度，详细记录幼儿的身体健康情况，并做好家长工作，及时了解登记幼儿的异质体质及特殊防护要求。

（2）健全各项规章制度，幼儿健康检查制度内容应包括入园和在园期间幼儿健康状况，幼儿如果有特殊体质，监护人应及时与园方联系、说明。

## 71. 民办幼儿园房屋倒塌 2 死 28 伤

### 案情

2004 年 8 月 11 日，河南济源市一村办幼儿班发生房屋坍塌事故，39 名儿童被埋，2 名死亡，28 人受伤。初步查明跟危房有关。

早在 2002 年，该幼儿园场所所使用的民房设施已经被鉴定为危房，但是，由于资金有限，幼儿园一直没有找到合适的场所搬迁，最终酿成惨剧。

### 分析

本案是关于校舍安全隐患引起的意外伤害事故。

（1）幼儿园方面主要违反《教育法》等多部法律法规。《中华人民共和国教育法》第 26 条第三款规定："设立学校及其他教育机构，必须具备符合规定标准的教学场所及设施、设备等；"第 73 条规定："明知校舍或者教育教学设施有危险，而不采取措施，造成人员伤亡或者重大财产损失的，对直接负责的主管人员和其他直接责任人员，依法追究刑事责任。"《未成年人保护法》第 22 条规定："学校、幼儿园、托儿所不得在危及未成年人人身安全、健康的校舍和其他设施、场所中进行教育教学活动。"学校建筑物和其他设施要符合标准，保证幼儿在校内的人身安全。如果明知校舍或其他设施有危险而不采取措施，造成人员重大伤亡的，将依法追究直接责任人的刑事责任。《幼儿园工作规程》第 16 条："幼儿园应当建立房屋、设备、消防、交通等安全防护和检查制度，建立食品、药物等管理制度和幼儿接送制度，防止发生意外事故。"本案中，园长明知道幼儿园的房子是危房，但是迟迟不采取措施修缮加固搬迁，或者反映到相关部门处理，所以，应当依法追究刑事责任和民事赔偿责任。

（2）《教育法》第 64 条规定："地方各级人民政府及其有关行政部门必须把学校的基本建设纳入城乡建设规划，统筹安排学校的基本建设用地及所需物资，按照国家有关规定实行优先、优惠政策。"《未成年人保护法》第 25 条规定："依法设置专门学校的地方人民政府应当保障专门学校的办学条件，教育行政部门应当加强对专门学校的管理和指导，有关部门应当给予协助和配合。"本案中，作为本应担当监督部门的相关职权部门，没有能够起到监督辖区内幼儿园的房屋安全隐患，排除隐患，改善办学条件或者督促幼儿园改正，导致事故发生，应承担渎职责任。

### 建议

（1）幼儿园方面需要定期检查房屋等办学硬件的达标情况，及时发现隐患，防患于未然。

（2）相关职能部门要尽责监督，行使法律规定的权利，承担法律规定的义务，做好监督工作。

# 72. 替游乐场做宣传，男孩骨折

## 案 情

　　某市一娱乐公司与市体育场的后勤服务公司联合，利用体育场的大门口空地设置大型充气玩具，开展经营性的娱乐活动。为吸引游客，请电视台为他们做宣传广告。因为拍摄中需要一些幼儿配合，娱乐公司老板与体育场后勤服务公司的人员就一同来到某幼儿园，请该园承担此项任务，并支付给幼儿园一定的报酬。园长明确提出，必须在保证幼儿安全的情况下才可帮忙，对方承诺安全由他们负责。

　　到了游乐场，每件大型玩具由一位工作人员维护安全。园长仔细看过后，提出有几件玩具只有一人看护是不够的，但娱乐公司的老板说没有问题。园长只得让随同前来的几位老师也参加孩子的保护工作。在拍摄从高处的充气房间跳向下面的一匹充气马时，一位女孩跳到马背上弹了下来，砸在周围一名男孩身上。男孩的胳膊疼得抬不起来。诊断结果是，男孩骨折。游乐场承担了医药费和车费。后来，当家长提出承担后遗症的责任时，游乐场要求幼儿园也承担一定的费用，幼儿园拒绝了。

## 分 析

　　本案是一个幼儿园违规利用幼儿参加商业活动的案件。

　　我国民法通则规定，未满10周岁的未成年人是无民事行为能力人，其民事活动、行为后果由法定监护人或委托监护人承担责任。《侵权责任法》第6条规定："行为人因过错侵害他人民事权益，应当承担侵权责任。"最高人民法院《关于贯彻执行〈民法通则〉若干问题的意见（试行）》第160条还规定："在幼儿园、学校生活、学习的无民事行为能力人，受到伤害或者给他人造成损害，单位有过错的，可以责令这些单位适当给予赔偿。"

　　本案中，虽然活动之前，"园长明确提出，必须在保证幼儿安全的情况下才可帮忙，对方承诺安全由他们负责"，但是，事实上还是出了伤害事故。另外，幼儿园事前没有与家长（监护人）联系，也是有过错的。所以，家长有权主张幼儿园全部承担民事赔偿责任。

## 建 议

　　（1）幼儿园不应利用幼儿进行营利性表演活动，这种活动不利于幼儿的健康成长。

　　（2）开展各种活动，幼儿园应把幼儿的安全放在第一位。

## 73. 幼儿园张贴体检结果，侵犯未成年人隐私权吗？

### 案 情

浙江金华兰溪市区某幼儿园，把班里每个孩子的体检结果公布在教室门口，上面除了身高、体重等项目外，还包括鸡胸、包茎等内容。幼儿园张贴体检结果，侵犯未成年人隐私权吗？

### 分 析

公民的某些疾病不愿公开，可以作为隐私。未成年人同样具有隐私权，我国《未成年人保护法》第30条明确规定：任何组织和个人不得披露未成年人的个人隐私。同时规定：学校、幼儿园的教职员工应当尊重未成年人的人格尊严，不得对未成年学生和儿童实施体罚、变相体罚或者其他侮辱人格尊严的行为。不管是大人还是小孩，隐私权都应得到尊重和保护。

因此，幼儿园应当为侵犯部分幼儿隐私的行为承担法律责任。

### 建 议

（1）幼儿园工作人员要学会保护幼儿的隐私。

（2）在平时的生活中，家长要教育孩子学会保护别人的隐私。

## 74. 幼儿园购买园服事件是乱收费吗？

### 案 情

2011年9月，广州市某公办幼儿园在开学当天即发给家长一份收费通知：孩子入园前需一次性购买28套园服，费用总计为1 069元。且该园在《新生园服明细和操作提示》中明确要求家长"于家长会当天在班主任处领取园服订购回条，并于新生家长会后交回"。

部分家长认为幼儿园卖园服是乱收费，是幼儿园众多的"创收"手段之一。幼儿园解释说购买园服只是建议，家长可自愿购买，幼儿园并没有通过园服"创收"。

### 分 析

幼儿园变相强收园服费应属违规收费。一般来说，幼儿园收费项目大致有两种：应收费和代收费。

保教费、寄宿费、伙食费等为应收费,这类收费应经主管机关批准或备案。本案中该园为公办幼儿园,任何收费均应获得收费许可证。根据此规定,在公办幼儿园核准的收费项目里,园服费并不在此列,它应该是代收费。

代收费是幼儿园代为收取的与幼儿学习生活有关的费用,如各类书本费、保险费等。对代收费,幼儿园要坚持"幼儿(及其监护人)自愿、据实收取、及时结算、定期公布"的原则,但是从《新生园服明细和操作提示》与"收费通知"的字里行间看不出任何可自愿选择的意思,实际上该幼儿园是利用优势地位而实施的一种变相强制收费行为。

如该园通过定校服吃回扣或与相关企业有其他的利益关联,那么该园以及相关涉事人则可能受到行政处罚,甚至是刑事处罚。行政处罚轻者警告、罚款等,重者吊销教师资格、停止办园等。刑罚则涉及"受贿罪"和"非国家工作人员受贿罪"两种罪名。

最高人民法院、最高人民检察院《关于办理商业贿赂刑事案件适用法律若干问题的意见》第5条规定:"学校及其他教育机构中的国家工作人员,在教材、教具、校服或者其他物品的采购等活动中,利用职务上的便利,索取销售方财物,或者非法收受销售方财物,为销售方谋取利益,构成犯罪的,以受贿罪定罪处罚。学校及其他教育机构中的非国家工作人员,有前述行为,数额较大的,以非国家工作人员受贿罪定罪处罚。学校及其他教育机构中的教师,利用教学活动的职务便利,以各种名义非法收受教材、教具、校服或者其他物品销售方财物,为教材、教具、校服或者其他物品销售方谋取利益,数额较大的,以非国家工作人员受贿罪定罪处罚。受贿财物,既包括金钱和实物,也包括可以用金钱计算数额的财产性利益,如提供房屋装修、含有金额的会员卡、代币卡(券)、旅游费用等。"

## 建 议

(1) 园服的购买,应该坚持"幼儿(及其监护人)自愿、据实收取、及时结算、定期公布"的代收费的管理原则,不能强制家长购买。

(2) 公办园的任何一项收费,都必须按相关规定操作。

# 75. 幼儿园食品安全事故

## 案 情

2010年5月12日上午,江苏徐州某幼儿园在晨检时发现部分幼儿同时出现腹泻、发烧。徐州市迅速启动公共卫生处置预案,第一时间将腹泻、发烧幼儿送往医院诊治,并成立专门工作组排查原因。截至5月12日22:40,徐州当地各大医院陆续接诊了来自该幼儿园的109名腹泻、发烧幼儿,幼儿体征平稳,没有生命危险。

据幼儿园有关负责人介绍,5月12日上午8:30,该幼儿园在晨检时发现,有部分幼儿因腹泻、发烧未能到园,立即向上级汇报。徐州市委、市政府高度重视,迅速安排腹泻、发烧幼儿到全市医疗条件最好的医院观察治疗,并组织力量对幼儿腹泻前饮用食品进行控制并检测。

据收治医院医生介绍,腹泻幼儿基本症状为腹泻并伴有低烧,其余体征正常,所有幼儿没有生命危险。值班护士告诉记者,夜里接诊的 40 多名孩子都是按照急性肠胃炎先行治疗。

随后,该幼儿园食堂被封闭,徐州市疾控中心已经对当天食物进行采样调查,当地警方也介入调查。

13 号下午,徐州市市委宣传部给记者发来了书面的调查结果——徐州市疾控中心实验室经流行病学调查,判定引起这起幼儿腹泻事件的原因是细菌性食物中毒,中毒食品为油焖大虾,中毒病因是副溶血弧菌、沙门氏菌,为夏季食物中毒常见的细菌种类。

那么,幼儿园该对此次事故负责吗?

## 分析

食品安全影响了幼儿的身体健康甚至生命安全,这类事件也是幼儿园承担侵权责任的常见案例,因此,幼儿园和家庭对此类事件都特别重视。

根据《侵权责任法》的相关规定:"儿童在幼儿园学习、生活期间受到人身损害,幼儿园应当承担责任,但能够证明尽到教育、管理职责的,不承担责任。"由此可见,儿童在幼儿园发生的人身损害,不管造成人身损害的原因是食品中毒还是其他原因,除幼儿园能够证明尽到教育与管理职责外,幼儿园都需要承担责任。上述案例中如幼儿园食品问题是幼儿园内部原因引起的,造成了儿童的人身损害,则幼儿园应承担侵权责任,但是幼儿园的食品安全若是因幼儿园以外的人员造成的,如幼儿园以外人员投毒等,对因此造成的儿童人身损害,由侵权人承担侵权责任和刑事责任,幼儿园未尽到管理职责的,幼儿园承担相应的补充责任。

本案中食品中毒的细菌,是常见的细菌种类,原因在于幼儿园工作人员的疏忽,也可以说是由幼儿园的原因引起的,并非有人投毒所致,而且事实上造成了儿童的人身损害,幼儿园应承担侵权责任。

幼儿园作为取得"食品生产许可证""餐饮服务许可证"的主体,如幼儿园食堂生产不符合食品安全标准的食品,在生产的食品中掺入有毒、有害的非食品原料,或者销售明知掺有有毒、有害的非食品原料的食品,达到《刑法》第 143 条、144 条规定的条件,则幼儿园还需要承担刑事责任。

## 建议

(1) 幼儿园应建立健全食品安全管理保障体系。
(2) 相关行政部门要不定期对幼儿园食物进行检查。

## 76. 幼儿园性侵案

### 案情

2015 年 7 月,安徽长丰县的王女士向辖区警方报警称,她年仅 7 岁的女儿小玉(化名)遭到幼儿园一工作人员性侵,小玉称幼儿园一职工常把她带到墙角骚扰;辽宁辽阳4岁半的朵朵在幼儿园读中班,园长丈夫两次对其进行性侵,20多天后才被朵朵的奶奶发现。法院以犯强奸罪,判处其有期徒刑5年。那么,幼儿园在本案中应承担责任吗?

## 分 析

《刑法》第237条规定了猥亵罪的相关处罚——猥亵妇女罪和猥亵儿童罪:以暴力、胁迫或者其他方法强制或者侮辱妇女的,处五年以下有期徒刑或者拘役。聚众或者在公共场所当众犯前款罪的,处五年以上有期徒刑。猥亵儿童的,依照前两款的规定从重处罚。

2007年6月1日实施的新《未成年人保护法》首次明确提到了禁止对未成年人实施性侵害。该法第41条规定:"禁止拐卖、绑架、虐待未成年人,禁止对未成年人实施性侵害。禁止胁迫、诱骗、利用未成年人乞讨或者组织未成年人进行有害其身心健康的表演等活动。"

《刑法》第236条:以暴力、胁迫或者其他手段强奸妇女的,处三年以上十年以下有期徒刑。奸淫不满十四周岁的幼女的,以强奸论,从重处罚。

强奸妇女、奸淫幼女,有下列情形之一的,处十年以上有期徒刑、无期徒刑或者死刑:

(1) 强奸妇女、奸淫幼女情节恶劣的;

(2) 强奸妇女、奸淫幼女多人的;

(3) 在公共场所当众强奸妇女的;

(4) 二人以上轮奸的;

(5) 致使被害人重伤、死亡或者造成其他严重后果的。

根据以上法律的规定,两个案子的犯罪人都应该受到法律的严惩。同时,以上两个案子都发生在幼儿园,与幼儿园疏于管理直接相关,幼儿园对幼儿未尽到保护义务,因此也应承担相应责任。

## 建 议

(1) 告诉孩子什么样的行为是性骚扰,要采取什么方式躲避,加强孩子的自我保护意识。

(2) 家长须留意潜在危险,引导孩子有秘密要跟父母分享,父母也要做到为孩子保密,一旦孩子遭遇侵犯,他才能及时告诉自己最亲密的人。

# 77. 幼儿园名誉权不可侵犯

## 案 情

强强是某幼儿园中一班的小朋友,2008年5月14日午睡时,强强忽然抽搐、呕吐,值班教师及时采取了救助措施,并将他送医治疗,但在途中强强不幸死亡。经诊断,强强是旧病复发而猝死。

强强父母认为强强之死是幼儿园所致,多次上门找幼儿园的麻烦,在幼儿园墙上及周边建筑上到处张贴诬蔑幼儿园的大字报,严重影响了幼儿园的名誉。幼儿园如何应对?

## 分 析

问题一:如果某幼儿园想对此向法院起诉,它起诉时需符合哪些条件?

由于该幼儿园是与本案有直接利害关系的法人,所以它可以作为原告提起诉讼。该幼儿园在起诉时应有明确的被告(强强父母);有具体的诉讼请求和事实理由(因强强父母张贴诬蔑性的大字报损害了幼儿园的声誉,故请求强强父母停止侵犯名誉权、赔礼道歉、赔偿损失等);应属于人民法院受理民事诉讼的范围和受诉人民法院管辖。

问题二:诉讼中强强父母指控该幼儿园是致强强死亡的凶手,该幼儿园应如何举证和取证来反驳强强父母的指控?

该幼儿园应举出下列证据:

(1)事故发生的时间、地点、致害人或物和受害人;

(2)事故发生的全部经过;

(3)幼儿园日常安全教育情况;

(4)幼儿园教师当时的行为;

(5)事故发生后的处理情况。

因此,幼儿园在幼儿伤害等事故发生时要注意妥善保存这些证据。

在取证时有一些证据幼儿园可能无法取得,如属于有关部门保存的档案材料、必要的证人不予配合等情况,对此幼儿园可以向法院提出申请,要求法院调查收集上述证据。还有一些事实幼儿园没有能力自己予以认定,如伤亡形成原因、某些器材是否存在安全隐患,对此幼儿园可以申请法院委托有关部门进行鉴定。

问题三:法院审理后判决强强父母停止侵犯幼儿园名誉权、消除影响等,若判决幼儿园对强强的死亡承担一定的赔偿责任,该幼儿园不服该判决。该如何应对?

该幼儿园可以在15日内向上一级人民法院提起上诉,上一级人民法院经过审查,如果发现确实存在程序违法、事实不清、适用法律有误或错判、误判,可以直接改判或者发回原审法院重审。

问题四:强强父母不仅不履行法院要求其给某幼儿园恢复名誉、消除影响等判决,反而变本加厉地侵害某幼儿园的名誉权。对此,某幼儿园应如何处理?

名誉权是指公民和法人对其应有的社会评价所享有的不受他人侵害的权利。《民法通则》第101条规定:"公民、法人享有名誉权,公民的人格尊严受法律保护,禁止用侮辱、诽谤等方式损害公民、法人的名誉。"幼儿园作为独立的法人,也享有名誉权,侵犯幼儿园的名誉权,应承担相应的法律责任。

侵权人拒不执行生效判决,不为对方恢复名誉、消除影响的,人民法院可以采取公告、登报等方式,将判决的主要内容和有关情况公布于众,费用由被执行人负担;经济赔偿部分则可通过强制执行的方式予以执行。并可依法对强强父母采取其他强制措施,如罚款、拘留,甚至追究刑事责任。

## 建 议

(1)幼儿的监护人在幼儿发生事故的时候要采取法律手段去解决问题,不能以违法的手段去解决问题。

(2)家长在幼儿入园的时候要将小孩的过往病历告诉幼儿园。

## 78. 陌生人闯入幼儿园，幼儿惨死谁负责？

### 案情

1999年1月7日上午9时许，汕头市某幼儿园的孩子们正在园内活动，一名30来岁的陌生男子突然闯入，二话不说，便挥拳向园内员工打去，大人们还没明白怎么回事，男子又抓起一名幼儿，举过头顶朝地面摔去……可怜的3岁幼儿李某被拦腰举起，头朝下重重摔到水磨石地面上。约10分钟后，她被送到医院抢救，当时后脑颅凹入、破碎，生命垂危。惨剧发生在短短10分钟之内。李某的父母哀痛不已，他们怎么也没想到，早上出门时还闹着吃豆的小女儿，转眼间竟遭此横祸。肇事者后经医院诊断证实陌生男子患有双向性情感精神障碍。惨剧发生后，社会上反响很大，幼儿家长则要求追究幼儿园责任。

### 分析

根据《最高人民法院关于贯彻执行〈中华人民共和国民法通则〉若干问题的意见（试行）》（以下简称《民通意见》）第160条的规定，在幼儿园、学校生活、学习的无民事行为能力人或者在精神病院治疗的精神病人，受到伤害或者给他人造成损害，单位有过错的，可以责令这些单位适当给予赔偿。并且，根据《最高人民法院关于审理人身损害赔偿案件适用法律若干问题的解释》（以下简称《人身伤害赔偿解释》）第7条的规定，对未成年人依法负有教育、管理、保护义务的学校、幼儿园或者其他教育机构，未尽职责范围内的相关义务致使未成年人遭受人身损害，或者未成年人致他人人身损害的，应当承担与其过错相适应的赔偿责任。

本案要根据具体情况来分析，如果是由于幼儿园管理不善，门卫、老师没有尽到注意义务，使得陌生男子轻松闯入，那么由于幼儿园具有重大过错，应该承担民事责任。但是，如果幼儿园按照有关规定，做好了安全防范措施，犯罪嫌疑人的闯入是门卫和老师不能避免的，在这种情况下，幼儿园是没有过错的，就可以免除赔偿责任。在这种情况下，幼儿的家长应当向肇事者的监护人主张赔偿责任。

### 建议

(1) 幼儿园要加强管理，特别是门岗的管理，防止陌生人、犯罪分子的闯入。

(2) 幼儿园要经常对幼儿进行安全教育，学会如何在危急情况下保护自己。

## 79. 女幼教猥亵女童受刑罚

### 案情

　　2012 年 12 月 28 日晚，4 岁女儿李某某回家后"不停上厕所"，举止反常。家长查看之后，发现女儿下体有擦伤。"经过询问，女儿说幼儿园陈老师有抠摸下体。"当晚，李先生和妻子将女儿送往医院，医生建议报警。凌晨，家长即向派出所报警称，其女儿昨天下午在昆山市某幼儿园内被老师陈某某(女，28 岁)猥亵。接报后，昆山市公安局立即抽调专门警力开展调查，并于 12 月 30 日立案侦查，当日对陈某某进行刑事拘留。2013 年 2 月 8 日，昆山市人民检察院以涉嫌猥亵儿童罪对陈某某批准逮捕。

　　据了解，该幼儿园是一所民办幼儿园。于 2005 年 8 月成立，现有持证教师 42 名、保育员 21 名，在园幼儿约 630 名。在昆山市，属于一所条件较好、收费较高的幼儿园。

　　涉事陈老师是一名持证的女教师。家长反映，陈老师留给家长的印象挺好。陈老师带该园某小班，约有 19 个孩子。案件发生后，部分孩子已转学，或休学在家。多位家长说，自家孩子已出现抗拒心理，一提幼儿园就反感。

### 分析

　　这是一起刑事案件，发生在持证女幼儿教师身上，让人感到很意外。她将受到刑律的处罚，并遗憾终身。

　　幼儿园教师的基本职责就是教育、保护、照顾幼儿，本案中陈教师的行为显然是对幼儿的伤害。我国《教师法》第 8 条第四款规定教师应当"关心、爱护全体学生，尊重学生人格，促进学生在品德、智力、体质等方面全面发展"。第 37 条规定教师"品行不良、侮辱学生，影响恶劣，情节严重，构成犯罪的，依法追究刑事责任"。

　　陈某的行为涉嫌猥亵儿童罪。我国《刑法》第 237 条规定："以暴力、胁迫或者其他方法强制猥亵妇女或者侮辱妇女的，处五年以下有期徒刑或者拘役。聚众或者在公共场所当众犯前款罪的，处五年以上有期徒刑。猥亵儿童的，依照前两款的规定从重处罚。"

　　昆山市人民法院根据事实和法律，判处陈某有期徒刑两年。陈某得到了应有的惩罚，但是这个事件留给我们的教训，却是非常深刻的。

　　由于孩子家长没有提出民事赔偿，法院没有对民事部分作出判决。从理论上分析，陈某的行为是发生在工作期间，与园方监管缺失有关系，所以园方也是有责任的，只是在本案中家长没有予以追究而已。

### 建议

　　(1) 对于猥亵儿童，家长对女教师通常是放心的，其实不然。部分恋童癖者，可能从事的就是幼儿教育工作，家长要加强与孩子的交流，了解幼儿园的各种情况。

（2）幼儿园要把好教师入口关，有可能的话可以进行一些心理项目的测试，把心理有疾病而且会伤害孩子的人群排除在教师队伍之外。

（3）幼儿园工作中要加强监管，发现苗头性的问题，就要及时采取措施，避免孩子受到实质性的伤害。

# 80. 强奸幼女学生罪该枪毙

## 案 情

甘肃省武山县某村小学不仅有小学生，也有学前班的幼儿，李某是这个学校的教师，既教小学生，又带幼儿。2011年上半年至2012年6月4日，李某利用在校学生年幼无知、胆小害羞的弱点，先后将学生王某、潘某等26人，骗至宿舍、教室、村外树林等处奸淫、猥亵，还多次对同一名被害人或同时对多名被害人实施了奸淫、猥亵。被害人均系4至11周岁的幼女，其中多名为农村留守儿童。

## 分 析

这是一起真实的刑事案，来源于最高人民法院网站（2015年5月28日）。李某的禽兽行为，激起了全国人民的愤怒，不杀难以平民情。

甘肃省天水市人民检察院以被告人李某犯强奸罪、猥亵儿童罪提起公诉。天水市中级人民法院经审理认为，李某利用教师身份，在教室及其宿舍等处长期对20余名未满14周岁的幼女多次实施奸淫、猥亵，其行为已构成强奸罪、猥亵儿童罪，应依法予以并罚。李某犯罪情节极其恶劣，社会危害极大，应予严惩。依照《中华人民共和国刑法》第236条，第237条第一款、第三款，第57条第一款，第69条的规定，对李某以强奸罪判处死刑，剥夺政治权利终身；以猥亵儿童罪判处有期徒刑五年，决定执行死刑，剥夺政治权利终身。

宣判后，被告人李某提出上诉。甘肃省高级人民法院经依法开庭审理，裁定驳回上诉，维持原判，并依法报请最高人民法院核准。最高人民法院经复核认为，李某利用教师特殊身份，对20余名不满12周岁的幼女多次实施奸淫、猥亵，犯罪性质和情节极其恶劣，社会危害极大，罪行极其严重，依法核准李某死刑。

本案被告人身为人民教师，对案件中的被害人负有教育、保护的特殊职责，但其却利用教师身份，多次强奸、猥亵多名幼女，其犯罪更为隐蔽，被害人更加难以抗拒和揭露其犯罪；本案被害人年龄介于4至11周岁之间，均为就读于小学或学前班的学生，李某利用被害人年幼、无知、胆小的弱点，采取哄骗的手段在校园内外实施犯罪，严重摧残幼女的身心健康，社会影响极为恶劣；在被侵害的幼女中，有多名农村留守儿童，作为弱势人群，更易受犯罪侵害，对她们实施犯罪，后果更加严重；李某在一年多时间内，多次强奸、猥亵幼女，人数多达26名，犯罪情节特别恶劣。《关于依法惩治性侵害未成年人犯罪的意见》第25条规定："针对未成年人实施强奸、猥亵犯罪的，应当从重处罚，具有下列情形之一的，更要依法从严惩处：（1）对未成年人负有特殊职责的人员……实施强奸、猥亵犯罪的；（4）对不满12周岁的儿童、农村留守儿童、严重残疾或者精神智力发育迟滞的未成年人,实施强奸、猥亵犯罪的;(5)猥亵多名未成年人,或者多次实施强奸、猥亵犯罪的;"李某作为对未成年人负有特殊职责的人员,针对多名不满12周岁的儿童、农村留守儿童多次实施强奸、猥亵犯罪,符合《关于依法惩治性侵害未成年人犯罪的意见》第25条中第(1)、(4)、(5)项的情形,应依法从重处罚。人民法院对李某依法判处死刑,是适当的。

## 建 议

(1) 国务院办公厅《乡村教师支持计划》近日出台,是对乡村教育的极大支持。但对教师的入口关还是要严格把关,特别是道德素养,应一票否决,决不能让道德败坏者乘机混入乡村教师的队伍中。

(2) 乡村教师,由于学校的教师较少,远离中心学校,往往缺失监管。以此案鉴,要加强监管,坚决不能让此类事件再发生。

# 81. 教师针刺学生被曝光

## 案 情

云南建水县某幼儿园老师孙某某对幼儿有一套"独特"却残忍的管教方法——只要孩子不听话,她采取的不是细心教导,而是用注射器针头扎! 她手上带着的37名三四岁的幼儿,有20人遭遇过其毒手。2009年10月24日,沉浸在恐慌与悲痛中的20多名幼儿家长来到陈官派出所报案。

据建水警方透露,孙某某昨天已被刑拘。20名孩子24日在建水陈官卫生院抽血化验,主要检测指标为HIV(艾滋病)病毒。目前,建水县教育局已就此事展开调查。而孙某某所在的幼儿园属私立幼儿园,无任何办学资格,她本人也无教师资格证。

## 分 析

这也是一起在报纸杂志上曝光的老师伤害幼童事件,在这件事件中,幼儿园和老师的行为都是违法的。

首先,该幼儿园是一所新的民办幼儿园,相关手续还在申报中,也就是说,手续还不齐全,故暂不能招生开学,而幼儿园却仍然收费开学,这属不合法幼儿园。孙某某没有取得教师资格证,幼儿园聘请这种老师也属不合法行为。而孙某某的行为不仅违反了教师职业道德,而且违反了相关法律。

《未成年人保护法》第15条:"学校、幼儿园的教职员应当尊重未成年人的人格尊严,不得对未成年学生和儿童实施体罚、变相体罚或者其他侮辱人格尊严的行为。"第46条:"未成年人的合法权益受到侵害的,被侵害人或者其监护人有权要求有关主管部门处理,或者依法向人民法院提起诉讼。"第48条:"学校、幼儿园、托儿所的教职员对未成年学生和儿童实施体罚或者变相体罚,情节严重的,由其所在单位或上级机关给予行政处分。"

《刑法》第234条:"故意伤害他人身体的,处三年以下有期徒刑、拘役或者管制。犯前款罪,致人重伤的,处三年以上十年以下有期徒刑;致人死亡或者以特别残忍手段致人重伤造成严重残疾的,处十年

以上有期徒刑、无期徒刑或者死刑。本法另有规定的,依照规定。"

《中华人民共和国刑法》第235条:"过失伤害他人致人重伤的,处三年以下有期徒刑或者拘役,本法另有规定的,依照规定。"

一、体罚学生侵犯了学生的健康权身体权。健康权是指自然人依法享有的以保持其身体机能安全为内容的权利。健康包括肉体组织和生理及心理机能三方面,无论对哪一方面的侵害都构成对自然人健康的侵害。所谓身体权,是指以自然人保持其身体组织器官的完整性为内容的权利。健康权和身体权是每一个人都拥有的基本权利。我国《民法通则》第98条明确规定,公民享有生命健康权。我国不少法律都规定,教师应当关心、爱护学生。如《教师法》规定教师的义务包括"关心、爱护全体学生,尊重学生人格,促进学生在品德、智力、体质等方面全面发展"。对于不听话,学习不上进的,教师应当耐心教育、帮助,而绝不能粗暴的采用打骂的办法。《未成年人保护法》规定,学校应当关心、爱护学生;对品行有缺点、学习有困难的学生,应当耐心教育、帮助,不得歧视。健康权、身体权属于公民基本权利之一,我国法律规定,对侵犯健康权的,应当承担损害赔偿责任或者其他民事责任。

二、体罚学生侵犯了学生的人格尊严。人格尊严受我国宪法的保护,《宪法》第38条:"中华人民共和国的人格尊严不受侵犯。禁止用任何方式对公民进行侮辱、诽谤和诬告陷害"。同时,我国《民法通则》也规定,公民的人格尊严受法律保护,禁止用侮辱、诽谤等方式损害公民的名誉。我国有关教育法规和未成年人保护法都有专门规定禁止体罚学生的具体条款。在本案中,孙琪琪的行为严重侵犯了学生的人格尊严,违反了法律的规定,应当承担相应的责任。

三、学校应当承担一定的民事责任。"有损害就有赔偿"。我国《民法通则》规定,公民、法人侵犯他人人身、财产权利,具有过错的,应当承担民事责任。《未成年人保护法》规定,侵害未成年人合法权益,对其造成财产损失或者其他损害、损失的,应当承担赔偿责任或者其他民事责任。在本案中,孙琪琪针刺学生的行为,属职务行为,所以应由学校直接承担赔偿责任和其他民事责任,在学校赔偿后,可以向孙琪琪追偿,因为孙琪琪的行为是存在过错的。

## 建议

(1)教师是人类灵魂的工程师,是学生成长的引路人,是人类文化、科学知识的传播者。可谓岗位特殊,责任重大。故不符合国家教师资格的人请不要从事教师这个岗位,如果你热爱这个岗位,请通过自己的努力学习,按照国家相应规定进行上岗考核。

(2)幼儿园,一方面,不可抱侥幸心理,在办园手续还没齐全时,不能开学。另一方面,在聘用教师时,一定要严格遵守国家相关法律法规,不聘用不符合教师资格的人当老师。

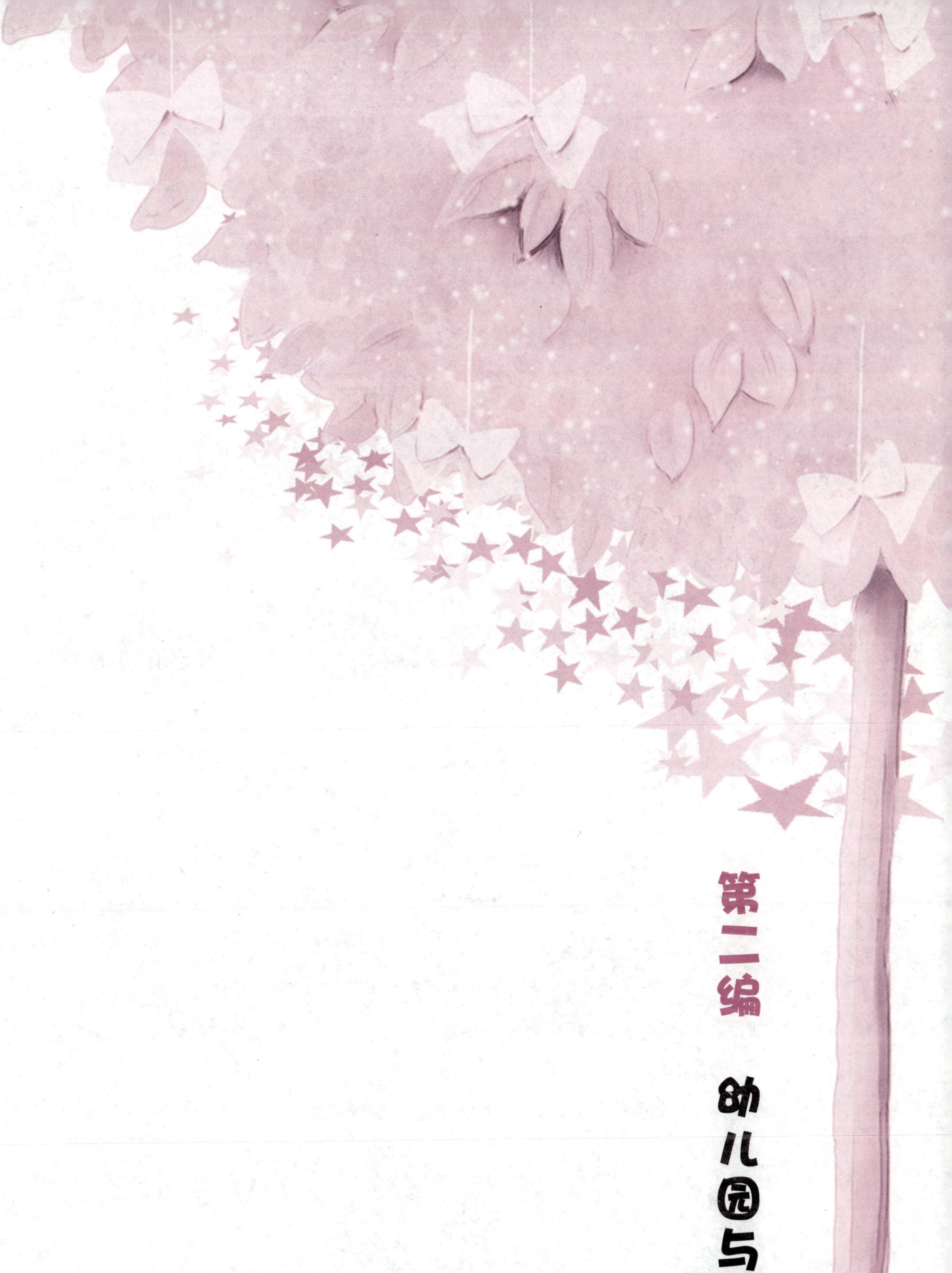

# 第二编 幼儿园与教师

## 82. 教师被判缓刑，可否申请结婚？

### 案 情

幼儿教师王一，五年前从幼儿师范学校毕业，到幼儿园工作。今年25周岁，由于她工作很努力，深受园长的好评。前年，她父母给她买了一辆小车，王老师就驾了小车上下班。去年的一天早上，小王起床比平时稍稍晚了一些，恰巧又是下雨天，路面很滑。她平时上班从没有迟到的纪录，所以一路上车速比较快，结果在一个四岔路口转弯时撞上了一位骑自行车的老人。老人倒地后，小王迅速停车并报110，在众人的帮助下送往医院，三天后老人离开人世。事后在赔偿问题上双方达不成协议，老人的家人起诉到法院，要求追求小王的刑事责任并作经济赔偿。经审理，法院判处小王有期徒刑三年缓刑三年，并作一定的经济赔偿。小王的男朋友已经与她恋爱了三年，并不因此而与小王断绝关系，反而提出登记结婚的要求。为此，小王就向单位领导要求出具结婚登记介绍信，园长认为小王还在缓刑期间，不能结婚登记，故而拒绝了小王的要求。园长的做法是否具有法律依据呢？

### 分 析

园长的做法是毫无法律根据的。

《中华人民共和国婚姻法》第2条规定："实行婚姻自由、一夫一妻、男女平等的婚姻制度。"第5条规定："结婚必须男女双方完全自愿，不许任何一方对他方加以强迫或任何第三者加以干涉。"第6条规定："结婚年龄，男不得早于二十二周岁，女不得早于二十周岁。晚婚晚育应予鼓励。"第七条规定："有下列情形之一的，禁止结婚：（一）直系血亲和三代以内的旁系血亲；（二）患有医学上认为不应当结婚的疾病。"第八条规定："要求结婚的男女双方必须亲自到婚姻登记机关进行结婚登记。"

缓刑制度是我国刑法上的重要制度，是针对罪行较轻、有悔改表现、社会危害性不大的犯罪分子，对其暂不予关押的法律规定。小王老师虽被判刑，但缓刑期间其他权利并未被剥夺，她可以正常上下班、正常的生活和学习，法律也没有缓刑期禁止结婚的规定。根据小王的实际情况，她和男友的感情基础很好，男友对她的感情也是十分真诚的，出于双方感情而提出登记结婚，完全是自愿的，没有任何外界的力量干涉。对照上述的有关婚姻法的条例，不在禁止结婚的范围内，符合《中华人民共和国婚姻法》的规定条件，是可以结婚的。

小王在遭到园长的拒绝后十分苦恼，一连几天闷闷不乐，又不好与男友直说。她母亲了解这一情况后，背着女孩找了一位律师进行了咨询，律师作了认真的回答。律师说，根据1994的《婚姻登记条例》，小王登记结婚必须出示单位的介绍信，即使在缓刑期间，单位也不应拒绝，肯定园长的做法是错误的；但是，新的《婚姻登记条例》从2003年10月1日起已经实施，结婚登记不再需要单位的介绍信，内地居民只要出具户口簿、身份证、本人无配偶、与对方没有三代以内的血亲关系的签字声明，小王便可以登记结婚。并提供了有关法律法规资料的复印件。回到家中，小王看到这些材料后，非常高兴，第二天就准备好了相关材料，一周后他们完成了结婚登记，成了合法的夫妻。

## 建 议

（1）在依法治国的当今时代，作为幼儿园的领导，应该学习有关教育的法律、法规，但是与教师生活密切相关的法律、法规也应该了解。在不知道的情况下，可以先作一些咨询再做决定。

（2）幼儿园教师除了业务知识外，还需要学习一定的与自身相关的法律，用法律来维护自身的合法权利。

## 83. 教师教案，应归个人还是单位？

### 案 情

陈某是一名青年教师，从事幼儿教育 10 多年。幼儿园根据教学安排，要求老师每学期均要对自己所教授课程编写教案，以保证教学质量。每学期期末，应幼儿园要求，老师将所写的教案连同备课计划等上交，以便幼儿园检查和考核教师教学质量及教学成绩。从 1998 年至 2010 年初，陈某共交给幼儿园教案 50 本，但幼儿园未如数归还。年初，陈某因写论文需要，并且希望对自己的教学工作做些回顾和总结，多次要求幼儿园将她所写的教案退还，幼儿园退还了 5 本，其余 45 本教案以"已处理了"为由，不予退还。

陈某认为，幼儿园的行为是对其智力成果和创造性劳动的不尊重，也侵犯了她的合法权益。她根据《民法通则》《教师法》《民事诉讼法》的有关规定，向法院起诉，要求幼儿园返还教案 45 本，并赔偿损失 8 800 元。

某区人民法院开庭审理了此案。法庭上，原告认为，教案是个人智力和创造性劳动的结果，幼儿园检查之后应该退还给本人。幼儿园应对教案的遗失负责并做出相应赔偿。

而被告方称，自己仅收过陈某 5 本教案，且已归还。被告认为，编写教案是老师的工作，幼儿园拥有教案的所有权和处理权。幼儿园检查完教案后，可以不退还给教师。

区人民法院作出裁定：驳回陈某的起诉。

## 分 析

这是一起教案所有权的民事纠纷案，曾引起社会的广泛关注。

区法院认为，我国民法调整的是平等主体之间的财产关系和人身关系，不是产生在平等主体之间的财产关系纷争和人身关系，不属于民法调整范围，法院不予受理。本案原告是被告的教职工，被告是原告的管理者和领导者。原告撰写教案等教学工作须接受被告的安排、管理和领导。故原、被告之间具有隶属关系，处于不同等的法律地位。原告编写教案是接受被告管理而从事的职务行为，原告不具有拒绝从事职务行为的权利。原告和被告并非平等的主体，他们之间从事职务活动过程中产生的纷争，不属于法院受理范围，原告依此向法院起诉，不符合法律规定，不予支持。据此，依照《中华人民共和国民事诉讼法》第 108 条相关规定，驳回陈某的起诉。

对区法院的判决,很多法律界人士表示不满,认为法院混淆了行政管理关系和民事法律关系,对此笔者不想多作评价。我们撇开具体的对象,从法律的角度分析教案的归属,无论对于幼儿园园长还是普通教师,都是有现实意义的。

这里首先要澄清两个不同的概念,教案本与教案。教案本是学校发给教师专门用于备课、书写教案的本子,对教案本的争议是物权的争议;教案是教师根据教学大纲、教学目标制订的每一节课的教学内容、方法、手段等内容,它是著作权而非物权。教案是以教案本为载体的,两者有联系,但属性完全不同。

对教案的所有权的归属,教育行政主管部门从未有过明确的规定,从国家教育部到地方教育局不可能为此作出专门的文件。在实践中,学校(幼儿园)一般都不会因教案的归属而订立合同或条款,所以一旦出现纠纷,就难以找到直接解决问题的依据。

根据教案的特点,结合我国《著作权法》的相关条款,笔者认为教案是一种职务作品。《著作权法》第16条规定:"公民为完成法人或者其他组织工作任务所创作的作品是职务作品,除本条第二款的规定以外,著作权由作者享有,但法人或者其他组织有权在其业务范围内优先使用。作品完成两年内,未经单位同意,作者不得许可第三人以与单位使用的相同方式使用该作品。

有下列情形之一的职务作品,作者享有署名权,著作权的其他权利由法人或者其他组织享有,法人或者其他组织可以给予作者奖励:

(一)主要是利用法人或者其他组织的物质技术条件创作,并由法人或者其他组织承担责任的工程设计图、产品设计图、地图、计算机软件等职务作品;

(二)法律、行政法规规定或者合同约定著作权由法人或者其他组织享有的职务作品。"

教师编写教案是应学校(幼儿园)的要求而进行的,是一种职务行为。依据上述法律条款,教案著作权由教师享有,但在使用上受到一定的限制,学校(幼儿园)有优先使用的权利。而且完成教案的两年内,未经所在学校(幼儿园)同意,不得许可第三人以相同的方式使用。

## 建　议

(1) 检查教师的教案,是学校(幼儿园)的常规管理制度,检查完毕作好记录即应及时归还教师,这样无论对单位的管理,还是对教师个人资料的积累都是十分有利的。

(2) 教师和单位领导,均应依法办事,多为对方着想,可以避免很多纠纷,节省不必要浪费的精力。

(3) 随着法制建设的不断完善,法律意识不断增强,教师和单位可以就教案的归属做出约定,避免日后的纠纷。

## 84. 教师再婚,有无婚假?

### 案　情

中年女教师王某,在幼儿园任教已有十个年头了。六年前老公因车祸而亡,留下一个4岁的独生子,两人依为命。王老师工作认真踏实,为人厚道,深受家长的好评,颇受孩子们的喜欢。王老师除了工作就是儿子,一切围绕着儿子转,把儿子培养成人是她最大的心愿。随着小孩的长大,王老师逐渐发现缺少父亲的家庭,不利于儿子的健康成长,于是打消了原先独身的想法,准备重新组成家庭。经人介绍,王老师选择了丧偶的小吴,经一年多时间的交往,两人产生了深厚的感情基础,已经领取结婚证书,并准备于下月举行结婚仪式。为了布置一下新房,安排一个简单的婚礼,王老师向幼儿园提出休婚假,但园长答复说:你与小吴均休过婚假,现在是再婚,就不能再享受婚假。如要请假,则要以事假扣相应的工资待遇。那么,园长的答复是否正确,再婚能否享受婚假待遇?

### 分　析

这是一个再婚者可否享受婚假的争议案。

园长的答复违反了法律法规的相关规定,是错误的。再婚的男女与初婚者一样,在取得结婚证后,夫妻关系即成立,享有法律赋予初婚夫妻同样的权利和承担同样的义务。根据《中共中央、国务院关于职工休假问题的通知》规定,职工享受婚假三天。劳动和社会保障部办公厅《关于对再婚职工婚假问题的复函》有这样的答复:"根据《中华人民共和国婚姻法》和国家有关职工婚丧假的规定精神,再婚者与初婚者的法律地位相同,用人单位对再婚职工应当参照国家有关规定,给予同初婚职工一样的婚假待遇。"因此,王老师与小吴虽是再婚,仍应享受婚假待遇。

据上述的相关规定,再婚与初婚一样享受婚假,所以园长答复中关于再婚请婚假按事假扣发相应的待遇的说法也是违反规定的。劳动部《关于工资支付暂行规定》第11条规定:"劳动者依法享受年休假、探亲假、婚假、丧假期间,用人单位应按劳动合同规定的标准支付劳动者工资。"因此,王老师可以享受三天假期,而不会扣除相应的待遇。

### 建　议

(1) 作为幼儿园园长,除了要学习教育法规等与业务紧密相关的法律法规外,与教师日常生活相关的常用法律知识也应该有所了解,避免作出与法律法规不符的决定,有损园长的形象。

(2) 有条件的幼儿园,可以聘请律师作法律顾问,为幼儿园的各种活动提供法律服务,为教职工进行普法教育,增强法律意识,提高法律水平。

## 85. 批评报道失实,教师要求道歉

### 案　情

朱老师是幼儿园中〈1〉班的班主任,工作认真负责,对待班里的孩子像对待自己的小孩一样,深受家长的欢迎,也颇受园领导的青睐,连年被评为先进工作者。元旦之前,有一位家长单位里每位职工发了二本挂历,就把一本挂历送给了朱老师,朱老师推托不了,就收了下来。因为送挂历

时,还有几位家长在场,他们感到朱老师对孩子很好,送本挂历表示一下自己的心意也比较合适。于是纷纷效仿,有十位家长送来了挂历。朱老师难以拒绝,收下后又纷纷给了其他的教职工,自己留了一本挂在办公室的墙上。这件事让一位业余撰稿人王某听说了,未经调查与核实,就写了一篇批评性报道,题目为"教师索要挂历,有损教师形象"。文中说教师朱某向班里每位幼儿索取挂历,哪个幼儿不奉献挂历,就得不到小红花,结果每个幼儿的家长都送来了挂历。文章在当地的日报上发表,引起了市民强烈的反响。朱老师看到这篇严重失实的报道后,十分愤怒,当即向园长说明了情况,澄清了事实,并请了律师走上了法庭,要求作者和报社消除影响,赔礼道歉,赔偿精神损失。

## 分　析

这是一件名誉权纠纷案。新闻报道严重失实,损害了他人的名誉权,应承担民事责任。

真实是新闻的生命。实行新闻自由,尤其是新闻批评自由,就是对被批评者的指责。如果这种指责超越了适当的范围,造成了被批评者人格的损害,就侵害了被批评者的人格权,要负法律责任。故批评者应当实事求是,恰如其分,不捏造事实,不道听途说,不主观臆断,不歪曲真相,更不能进行人格的侮辱。

我国《民法通则》第101条已明确规定:"公民、法人享有名誉权,公民的人格尊严受法律保护,禁止用侮辱、诽谤等方式损害公民、法人的名誉。"第120条还规定:"公民的姓名权、肖像权、名誉权、荣誉权受到侵害的,有权要求停止侵害,恢复名誉,消除影响,赔礼道歉,并可以要求赔偿损失。"这里的赔偿损失,不仅包括物质上,也包含了精神赔偿。最高人民法院《关于审理名誉权案若干问题的解答》第7条第4款规定:"因新闻报道严重失实,致他人名誉受到损害的,应按损害他人名誉案处理。"

新闻侵权的判定标准有四个:

第一,利用新闻报道的方式,故意写作、编辑、发表、出版侵权新闻;第二,作者或者编辑选材、写作、审查核实不严,造成新闻失实;第三,擅自公布、揭露他人隐私;第四,写作、编辑、发表新闻事实基本真实,但文中有侮辱、诽谤人格的言辞,足以造成人格损害的。

新闻侵权的义务主体包括新闻单位和作者,他们往往是共同侵权人,负有连带赔偿责任。最高人民法院《关于审理名誉权案件若干问题的解答》第6条规定:"因新闻报道或其他作品发生的名誉权纠纷,应根据原告的起诉确定被告。只诉作者的,列作者为被告;只诉新闻出版单位的,列新闻出版单位为被告;对作者和新闻出版单位都提起诉讼的,将作者和新闻出版单位均列为被告。但作者与新闻出版单位为隶属关系,作品系作者履行职务所形成的,只列单位为被告。"

本案中,作者王某根本没有实地调查,仅凭道听途说,草率行文,内容严重失实,而报社编辑未经核实就予以发表,共同侵犯了朱老师的名誉权。根据上述法律条款,朱老师以王某和报社为被告,提出前述诉讼请求,得到了法庭的支持,判决两被告于一月内在该报纸上刊登道歉声明,并赔偿精神抚慰金若干。

## 建　议

(1) 教师要以法维护自己的合法权益,用法律手段来战胜侵权行为。

(2) 作者撰写新闻报道要尊重事实和法律。

(3) 报社编辑应严格把关,详细核实报道中的人和事,批评报道更应如此。

## 86. 用假文凭应聘，园方可否解聘？

### 案情

南方某市一家幼儿园，因教学规模的扩展，需要招聘10名优秀的幼儿教师，其条件为学前教育专业大专以上学历，拥有3年以上实际幼教工作实践。由于该幼儿园地处沿海发达地区，办学规格高，收费昂贵，教师收入较丰，很有发展前景。故而招聘广告一经刊出，来自全国各地的应聘材料络绎不绝，至截止期，共收到一百多份。经过书面材料的对比筛选，再经过面试，最后确定了10名幸运者。新聘教师上岗后的四个月，幼儿园收到了一份匿名信。信中诉说，新聘教师中的方某，其大专学历是假的，大专毕业证书系伪造的假文凭，其真正的学历为中专。为此幼儿园专程派人进行了调查，结果表明方某在原工作单位成绩不错，业务能力颇佳，但未经大专阶段的学习，学历证书确实是假的。园长为此找到了方某，方某承认自己伪造学历的错误，但双方已签定了劳动合同，况且自己的业务能力完全可以胜任这里的工作，希望能继续工作下去。否则园方要作出赔偿。幼儿园经研究还是解除了方某的合同，那么幼儿园是否要赔偿呢？

### 分析

这是一起劳动合同的纠纷案，用人单位是幼儿园，劳动者是教师，因一方使用假文凭而导致纠纷的产生。

教师应聘时，用伪造的假文凭，掩盖了其真实的学历，从而使其达到了应聘单位所要求的学历层次。从本质上讲，这种做法是一种欺诈行为。《劳动部关于〈中华人民共和国劳动法〉若干条文的说明》第18条，对劳动合同中的欺诈作出了如下定义："欺诈是指：一方当事人故意告知对方当事人虚假的情况，或者故意隐瞒真实的情况，诱使对方当事人作出错误的表示的行为。"本案中，幼儿园需要的是大专以上学历的幼儿教师，必须是真正接受经过大专层次的教育，而学历的证明材料就是毕业证书。方某为了达到应聘成功的目的向幼儿园提供了假证书及材料，用人单位认为方某确实是有大专学历的情况下，才聘用了方某，签定了劳动合同，这是违背幼儿园录用新教师的真实意愿的。

对于劳动合同中欺诈行为的处理方法，我国《劳动法》第18条规定："下列劳动合同无效：(一)违反法律、行政法规的劳动合同；(二)采取欺诈威胁等手段订立的劳动合同。无效的劳动合同，从订立的时候起，就没有法律约束力。"所以当幼儿园发现方某使用假文凭应聘后，可以以劳动合同自始无效为由，解除与方某的劳动关系，并不需要任何的赔偿。

本案中，如果方某不服幼儿园解除其合同，可以向劳动争议仲裁委员会申请仲裁，对于仲裁裁决不服的，可以向人民法院提起诉讼，待法院作出公正的裁决。

### 建议

(1) 每个公民都应以诚信为基本的做人准则，教师应为人师表，以假文凭来获取工作岗位是绝对不允许的。

（2）加强法制建设，提高公民的法律意识，充分认识到伪造文凭是一种违法行为。

（3）幼儿园在招聘教师时，应严格把关，认真验证，决不能让持假文凭的人蒙混过关，避免陷入被动的局面。

## 87. 幼儿园不应作虚假广告

### 案　情

有一幼儿园为了广揽幼儿生源，准备搞钢琴特色班。暑期中在该市的报纸、广播、电视台中作了大量的宣传，广告中称幼儿园将请某钢琴家亲自出马上课，每周给孩子亲自授课二小时，收费也非常昂贵，但报名者还是十分踊跃。实际教育中，该钢琴家仅在开班典礼上露了脸，之后，从未给幼儿上过一次课，都是他的弟子的弟子来上课的。不到一个学期，家长非常不满，意见很大，纷纷投诉到教育局。后经教育局出面调解，幼儿园退回了一部分钱款，并对该幼儿园作了通报批评。

### 分　析

随着教育事业的蓬勃发展，学前教育的发展也呈现前所未有的积极势态。各地新办幼儿园的数量在不断上升，有民办的、有公办的，而幼儿的生源总量却在减少，导致幼儿园之间的竞争愈加剧烈。为了争夺生源，使自己在竞争中处于有利地位，园长们绞尽脑汁，一方面加强内部管理，提高教学质量，搞特色课程；另一方面加大宣传力度，通过广播、电台、电视、报刊、散发招生广告等手段，提高知名度。

通过广告手段，实事求是地宣传自己，让家长了解幼儿园的基本情况和特色，这是合情合理合法的，无可厚非。然而也有一小部分幼儿园，法制观念淡漠，法律意识不强，急功近利，不是真实的宣传自己，而是夸大其词或无中生有，做虚假的招生广告，造成很坏的社会影响，也损害了幼儿教师的形象。

幼儿园虚假招生广告，应负怎样的法律责任？笔者在此从法律的角度，依据现行的相关法律法规，作一较为全面的分析。

（1）行政责任

工商行政管理机关对于发布虚假广告的广告，可进行如下处罚：

① 责令幼儿园停止发布该广告，即广告监督机关责令广告主停止继续发布有虚假内容的广告之处罚，属于行为罚的范畴。

② 责令幼儿园用等额的广告费用，在相应的范围内公开更正，消除影响。

广告费用一般是指广告活动中所用的总费用。一般包括为直接进行广告活动而付出的费用及广告从业人员的工资、办公费、管理费等。

③ 对幼儿园处以广告费用一倍以上五倍以下的罚款。罚款数额程序应依法进行，所罚款项应如实上交财政。

（2）民事责任

招生广告是一种有责任的介绍和宣传，幼儿园对其在广告中宣称的教学内容、形式、质量、价格等所

作出的表示,对于由此而前来报名的幼儿来说,属于一种明示担保。如果幼儿园违反广告法的规定,不论是自行还是委托他人设计、制作、发布的,只要发布了虚假广告,即构成违约,应承担民事违约责任。

根据《民事通则》的规定,发布虚假广告,要承担的民事责任方式有两种:

① 退还费用

根据《民法通则》第 111 条规定:"当事人一方不履行合同义务或者履行,合同义务不符合约定条件的,另一方有权要求履行或者采取补救措施,并有权要求赔偿。"幼儿园所提供的教学不符合广告中的约定,幼儿家长可以要求幼儿园按广告中所说明的去做,也可以要求退还相应的学杂费。

② 赔偿损失

根据《民法通则》第 112 条规定:当事人一方违反合同的赔偿责任应相当于另一方因此所受到的损失。赔偿损失是广告主承担违约责任的重要方式,幼儿因为园方虚假招生广告而前来报名入园,并造成一定的损失,可以要求幼儿园赔偿相应的损失。

(3) 刑事责任

利用招生广告进行虚假宣传,构成犯罪的,应依法追究刑事责任。构成犯罪,应当具备我国刑法规定的有关犯罪的构成要件。《中华人民共和国刑法》第 222 条规定:广告主、广告经营者、广告发布者违反国家规定,利用广告对商品或者服务作虚假宣传,情节严重的,处二年以下有期徒刑或者拘役,并处或者单处罚金。《最高人民检察院公安部关于经济犯罪案件追诉标准的规定》第 67 条:虚假广告案涉嫌下列情形之一的,应予追诉:

① 违法所得数额在十万元以上的;

② 给消费者造成的直接经济损失数额在五十万元以上的;

③ 虽未达到上述数额标准,但因利用广告作虚假宣传,受过行政处罚二次以上,又用广告作虚假宣传的;

④ 造成人身伤残或者其他严重后果的。

在实际生活中,通过虚假招生广告,诈骗家长钱财而触犯刑律的较为典型,最终逃不脱法律的制裁。本案中,由于涉及的数额较小,情节较轻,未达到刑法追诉的程度。造成的社会危害不大,给家长带来的损失较小,故没有要求幼儿园作出赔偿。加上幼儿园的认错态度十分积极,主管机构及时作出处理的决定,家长较为满意,本案解决方法是较为合适的。

## 建 议

(1) 幼儿园办学应本着实事求是的态度,依法进行,否则将受到法律的制裁。

(2) 家长应多作调查,搞清幼儿园的真实情况,不能一看广告就去报名,避免上当。

# 88. 幼儿园的财产可以抵押吗?

## 案 情

某幼儿园是江南一所规格较高、质量较好的幼儿园,与江南某公司一直保持着良好的协作关系,公司职员的小孩不管户口在哪里,全部入托该幼儿园,而公司每年赞助该幼儿园若干财物。近几年来,尽管公司的经营情况有所滑坡,但对幼儿园的支持没有一丝削减。去年,公司在一笔货物合同中,由于资金紧缺,对方要求提供担保。公司老总在万般无奈之下,向幼儿园提出了求助,园长看在两家多年协作的情分上,一口答应了公司的要求:以幼儿园30台电脑和一辆轿车为该合同作担保,订立了担保合同,担保方式为抵押,并办理了轿车的抵押登记。过后,由于公司未能到时付清货款,合同对方要求幼儿园承担担保责任。园长此时感到问题的严重性,咨询了法律界人士,提出了抗辩的理由——幼儿园为公益单位,依法不能对外提供担保,主张担保合同无效,拒绝承担担保责任。那么幼儿园是否要承担这个担保责任呢?

## 分 析

这是一起幼儿园财产为他人作抵押而引发的纠纷,类似情况在当今市场经济中,时有发生,常有耳闻。

我国《担保法》规定,担保的方式有保证、抵押、质押、留置和定金。担保活动应当遵循平等、自愿、公平、诚实信用的原则。本案涉及的担保方式是抵押。《担保法》第33条规定:"本法所称抵押,是指债务人或者第三人不转移对本法第34条所列财产的占有,将该财产作为债权的担保。债务人不履行债务时,债权人有权依照本法规定以该财产折价或者以拍卖、变卖该财产的价款优先受偿。"《担保法》第9条规定:"学校、幼儿园、医院等以公益为目的的事业单位、社会团体不得为保证人。"(注:只是不能以保证方式提供担保,并不是不能为担保人。)第37条规定:"下列财产不得抵押:……(三)学校、幼儿园、医院等以公益为目的的事业单位、社会团体的教育设施、医疗卫生设施和其他社会公益设施。"除此之外,《担保法》没有对公益单位对外提供担保的其他限制。

《最高人民法院关于适用〈中华人民共和国担保法〉若干问题的解释》第3条规定:"国家机关和以公益为目的的事业单位、社会团体违反法律规定提供担保的,担保合同无效。"第53条规定:"学校、幼儿园、医院等以公益为目的的事业单位、社会团体,以其教育设施、医疗卫生设施和其他社会公益设施以外的财产为自身债务设定抵押的,人民法院可以认定抵押有效。"这里强调为自身债务设定抵押不属于禁止性规定,也没有否定为他人债务设定抵押的合法性。因此学校以汽车对他人债务提供担保的,并不在禁止行列。

依据上述法律,本案的担保合同部分无效。电脑作为幼儿园的教学设施,是不得抵押的,因此该部分抵押无效。而轿车并非教学设施,不是公益财产,故幼儿园以轿车设定抵押来担保公司债务是合法有效的。所以,幼儿园抗辩理由部分会被法院采纳,但轿车将会被拍卖或变卖,以此承担担保责任。

## 建 议

(1) 以幼儿园的财产作抵押,对幼儿园来说应该是一件大事,园长应与其他负责人商量,慎重行事;可以先向律师或者法律顾问咨询,了解这一行为的法律后果。

(2) 园长作为一个单位的法人代表,应增强法律意识,增强法律知识的学习,正确对待情与法的关系。

# 89. 幼儿园合同中写有"工伤事故概不负责",是否合法?

## 案 情

某县民办幼儿园由于规模的扩大,需要招聘20位保育员。人员确定后,双方签订劳动合同。合同中有一条款为:"合同期间,发生工伤事故园方概不负责,全部由保育员个人负责。"当即就有人提出异议,但园方人员回答说:"想干就干,不想干就请回,要来的人多的是。"出于无奈,20位保育员只好在合同上签字。三个月后,一位保育员王某在工作中被热水烫伤,花去医疗费5 000多元。出院后,王某请园方支付医疗费,遭到拒绝。理由是合同中已写明工伤概不负责。幼儿园的做法是否符合法律规定呢?

## 分 析

这是一起劳动合同纠纷案,涉及劳动合同与国家法律中强制性规定相抵触,应如何处理的问题。

我国《劳动法》第18条规定:"下列劳动合同无效:(1)违反法律、行政法规的劳动合同;(2)采取欺诈、威胁等手段订立的劳动合同。无效的劳动合同,从订立的时候起,就没有法律约束力。"我国《合同法》第53条规定:"合同中的下列免责条款无效:(1)造成对方人身伤害的;(2)因故意或者重大过失造成对方财产损失的。"另外,我国《民法通则》都对保护公民的生命健康权作出了规定。

劳动合同作为合同的一种,应当遵循契约自由原则,因而合同的内容应当由合同双方当事人自由约定,而非由法律明文加以规定。即使在法律对某一种类的合同条款有明文规定的情况下,也不禁止双方当事人在法定条款之外,另行约定合同的其他事项作为合同的条款。另一方面,合同的内容虽然由合同双方当事人依其合意自由约定,但以不违反法律的强制性规定前提。如果当事人约定的内容同国家法律的禁止性规定相抵触,则约定的内容应当确认为无效。

本案中,签订合同时对保育员有一定的强制和威胁,并非完全自愿。其次,该免责条款与国家法律的禁止性规定相抵触,所以是无效的。

那么,劳动合同中写有"工伤事故概不负责"的条款无效,究竟是仅该免责条款无效,还是整个劳动合同无效呢?应当是仅该免责条款无效,而并非整个劳动合同无效,劳动合同的其他条款不违反法律规定的,其他条款仍然有效,其理由在于第一:我国《劳动法》第18条第二款明文规定:"无效的劳动合同,从订立的时候起就没有法律约束力。确认劳动合同部分无效的,如果不影响其余部分的效力,其余部分仍然有效。"由于劳动合同的免责条款,并非劳动合同的必备条款,也不是每一份劳动合同都必须具有免责条款。是否约定免责条款,完全取决于劳动合同当事人的意思。因此,免责条款无效的,对整个劳动合同的效力没有影响。第二,如果以免责条款无效为由,认定整个劳动合同无效,就会损害劳动者的合法权益。因为依照有效的劳动合同,劳动者可依法享有请求用人单位支付劳动报酬,提供劳动保险和医疗保险等一系列权利,若合同被认定为无效,上述权利将化为乌有,不利于处于弱势一方的劳动者利益的维护,且会给某些用人单位推卸合同责任提供可乘之机。因此,劳动合同中免责条款无效的,对整个劳动合同的效力没有影响。本案,最后由县劳动部门纠正了幼儿园的做法,责令园方支付王某全部医疗费、误工费、护理费和适当的生活补助费,并决定对园方处予一定数量的罚款。

## 建议

(1) 公民要加强法制教育和法律知识的学习,切实维护自身的合法权益。

(2) 幼儿园应依法办事,维护教师、保育员和其他职工的合法权利。

## 90. 作品被载网上,是否构成侵权?

### 案情

王老师自小就是一位文学爱好者,进入幼儿师范学校后,开始学习儿童文学的创作,尤其在童话的写作方面,小有成果,颇受同学的羡慕。走上幼儿教师岗位后,在工作之余,她笔耕不辍,不断探索,发表了不少童话作品,并有部分作品获奖,产生了一定的知名度。但最近有几位经常上网的老同学来电话告诉她,在网上看到了王老师的好多作品,老同学还有些疑问,问她怎么到网上去发表文章了呢? 王老师感到有些奇怪,因为她自己从未向任何网站送过文稿,莫非是其他作者同名同姓,或者被网站摘用? 但她没有接到过网站摘录她文章的通知,也没有征得同意,更没有得到报酬。于是,根据同学们说的网址,王老师上网开始查阅,结果发现,有二个网站刊载了她近十篇童话,这些作品都是近两年来,已发表在报刊上的童话。王老师感到十分气愤,想求得一个说法。那么这两个网站是否构成侵权,王老师如何来维护自己的合法权益呢?

### 分析

因特网的问世,是现代科技高度发展的结果,它给人们的工作、学习、生活带来了巨大的帮助,但是,也有不少问题随之而来。类似王老师这样的由网络引发的纠纷,就是一个新的问题,而且随着网络的飞速发展,此类问题越来越多。

我国《著作权法》是1991年6月1日起施行的,该法在修改前没有涉及计算机网络著作权纠纷的内容。随着计算机的普及、互联网的发展,开始出现网络著作权的纠纷。为此,最高人民法院审判委员会于2000年11月22日第1 144次会议通过了《关于审理涉及计算机网络著作权纠纷案件适用法律若干问题的解释》,提出了网络纠纷处理的法律依据。2001年10月27日第九届人大常委决定修改《著作权法》,增加了"信息网络传播权"等内容。

修改后的《著作权法》第10条规定:"著作权包括下列人身权和财产权。……〈十二〉信息网络传播权,即以有线或者无线方式向公众提供作品,使公众可以在其个人选定的时间和地点获得作品的权利。著作权人可以全部或者部分转让该项权利,并依约定或者本法有关规定获得报酬。"该法第47条规定:"有下列侵权行为的,应当根据情况,承担停止侵害、消除影响、赔礼道歉、赔偿损失等民事责任。〈一〉未经著作权人许可,发表其作品的。"

依据上述法律条款,二个网站均未经过王老师的同意,擅自在互联网上使用和传播其文学作品,且

不支付稿费,显然是侵犯了王教师的著作权——信息网络传播权。王老师可先与网站联系,提出自己的要求,通过协商达成统一的协议。如果协商不成,王老师可以依法起诉二网站,要求网站停止侵害、消除影响、赔礼道歉、赔偿损失。对于赔偿的具体数字,根据新《著作权法》第49条的规定:"侵犯著作权或者著作权有关的权利的,侵权人应当按照权利人的实际损失给予赔偿;实际损失难以计算的,可以按照侵权人的违法所得给予赔偿。赔偿数额还应包括权利人为制止侵权行为所支付的合理开支。权利人的实际损失或者侵权人的违法所得不能确定的,由人民法院根据侵权行为的情节,判决给予五十万元以下的赔偿。"

## 建 议

(1) 作为一位文学爱好者,在网络文化相当发达的今天,应当多留意网络上的有关作品。

(2) 作为一位业余作者,在做好本职工作,学习有关教育法律、法规的同时,也应学习著作权法及其相关规定,保护自己的合法权利。

## 91. 幼儿园琴声扰民,是否侵权?

### 案 情

某艺术幼儿园,以钢琴为特色,迎合了许多家长的需要。加上收费合理,教师负责,教学质量高,历年幼儿考级的通过率很高,在市里影响很大。因此,许多已走出了这个幼儿园的孩子还想继续在这里学琴,很多其他幼儿园出来的中小学生也慕名而来。为了满足这一市场的需要,幼儿园利用双休日,开设中小学生钢琴业余班。两年下来,成绩很好,业余班报名人数不断增加,幼儿园只得利用晚上的时间开班。由于幼儿园设在居民小区内,与部分居民的住房距离很近,晚间班级开得多,琴声较大,引起附近居民的强烈不满。居民多次要求幼儿园停止晚间的钢琴声,但幼儿园未能采取有效的措施,导致矛盾的扩大与激化,在居委会多次调解无果的情况下,12户居民将艺术幼儿园告上了法庭,要求停止钢琴声的干扰和侵害,并作赔礼道歉。

### 分 析

这是一起相邻权纠纷案。幼儿园的钢琴声干扰了相邻居民的正常生活,侵犯了居民的合法权益,居民有权拿起法律武器将幼儿园推上被告席。

相邻关系,是两个或两个以上相互毗邻的不动产的所有人或使用人,在行使不动产的所有权或使用权时,因相邻各方应当给予便利和接受限制而发生的权利义务关系。从权利的角度来讲,相邻关系又称为相邻权,它是调节在行使不动产所有权中的权益冲突而产生的一种权利。根据法律的规定,不动产所有人和使用人行使权利,应给予相邻的不动产所有人和使用人以行使权利的必要的便利。

相邻关系常常具有普遍性和复杂多样性,公民和法人在生产和生活中无不涉及这种关系。相邻关系处理得不好,容易引发纠纷,影响人们的生产和生活,甚至人会造成人身和财产的重大损害,影响社会秩序的稳定。

我国《民法通则》第83条规定："不动产的相邻各方,应当按照有利生产、方便生活、团结互助、公平合理的精神,正确处理截水、排水、通行、通风、采光等方面的相邻关系。"根据这一规定,司法实践中在处理相邻关系时,应遵循兼顾各方的利益,互谅互让、互助团结、有利生产、方便生活,公平合理地处理纠纷。

本案中,幼儿园传出的钢琴声,虽然达不到环境噪声的分贝标准,但是,在夜晚几架钢琴同时传出的琴声,确实影响了居民的休息,侵害了他们居住环境的安静权。法院经审理,先作调解,让幼儿园取消晚间的钢琴班,但幼儿园考虑到经济上的损失太大,调解不成。于是判决被告(幼儿园)须在教室内加装隔音设施,并达到法院认可的要求,消除对附近居民的影响,并向居民作出赔礼道歉。

## 建 议

（1）幼儿园应与周围的居民、单位搞好关系,和睦相处,为以后工作的开展提供方便,也有利于幼儿园自身良好形象的确立。

（2）幼儿园应依法办学、依法治教,不能只顾经济利益而损害他人的权益。

（3）一旦幼儿园与附近居民发生权益的冲突,尽可能通过协商、居委会调解来平息纠纷,避免矛盾的激化。

## 92. 兜售虚假教师证 卖家受罚理应当

### 案 情

去年年底,家住太仓的陈某与刘某商量开一家网店,提供一些成人自考辅导服务。但是筹资之后资金仍是不够,急于创业的两人竟动起了歪念头,打算做假资格证卖钱。于是,两人在网上开设网店名为"博尔教育",打着教育机构的名号,实则出售一些伪造的资格证。不久后,果然有客户找上门来。买家小张因工作需要,想办理一张《幼儿教师资格证书》,通过网店联系到了陈某、刘某,传递给他们相关信息。几天后,她果然收到了伪造的幼儿教师资格证书。然而,当小张某拿着这张资格证前去报名应聘时,却被工作人员一眼识破,随后报了警。小张受到了警察的批评,被告人陈某、刘某分别被判有期徒刑八个月、十个月。

### 分 析

教师职业作为一种教书育人的专业,愈来愈受到社会的重视。从2015年起,中小幼儿教师资格的取得,都必须通过国家统一的考试,无论是师范生还是非师范生,考试合格方能获得教师资格证书,否则就是无证的老师。

据查,小张是职校学前教育专业毕业,但没有幼儿教师资格证,参加社会报名的教师资格考试又没有通过,所以只能在私人的幼儿园当保育员,看到其他同学拿了资格证,纷纷进入了较好的幼儿园,心里很是不爽,于是动起了歪脑筋,想去买一张资格证先去应聘,以后有机会再考试,结果被当场识破,懊悔莫及。鉴于小张的认罪态度很好,没有造成不良后果,并配合警方主动交待,提供线索,故没有受到刑法的处理。

根据警方的调查,陈某和刘某自从预谋卖假证后,就在网上购买了空白教师资格证书、23个县区市教育局的钢印、彩色打印机等物。先后制作了县区市教育局的公章24枚及江苏省语言文字工作委员会办公室公章1枚,后通过网络、电话、QQ等方式联系客户制作假的教师资格证书,并出售。

在事实面前,陈某和刘某供认不讳,当即被批准逮捕。日前,太仓法院审理了该起案件,以伪造、买卖国家机关证件罪判处被告人陈某有期徒刑八个月、刘某有期徒刑十个月。

《刑法》第280条"伪造、变造、买卖或者盗窃、抢夺、毁灭国家机关的公文、证件、印章的,处三年以下有期徒刑、拘役、管制或者剥夺政治权利;情节严重的,处三年以上十年以下有期徒刑。"两被告人是完全行为能力人,有主观上的故意,并实施了具体的犯罪行为,造成了一定的社会负面影响,法院的判决是恰当的。

## 建 议

(1) 幼儿教师资格证是从事幼儿园教育的敲门砖,但是资格证的取得必须经过国家统一的考试,走歪门邪道是行不通的。本案中,受罚的是商家,但是对于想当幼儿园教师的人士也是一个警示。

(2) 各行各业都需要诚信,幼儿教师面对的是天真无邪的孩子,更不能缺乏诚信。

## 93. 教师收礼遭辞退

### 案 情

"学生家长送的,不要说我肤浅,我更喜欢人民币。"一位微博名叫@倩大爷是双鱼座的用户,发了一条微博。微博下还有一张配图,是一箱大闸蟹。定位显示,微博地址为扬州,职业疑似为教师。

次日,扬州市教育局官方微博"@扬州教育在线"回应称,"我们正在核实其真实身份。如其确为我市教师,将按照相关规定对其进行严肃惩处。"随后,扬州市教育局公布了扬州市教育局监察室举报电话,表态称,"坚决做到发现一例、查处一例、警示一片。欢迎及时举报教师违反师德规定的行为。"

三天后,"@扬州教育在线"就"炫节礼"事件连发数条微博作出说明:"炫节礼"微博涉及者今年9月刚被扬州某乡镇幼儿园试用,尚未正式聘用。9月4日傍晚,确有一学生家长到该教师家送了螃蟹,当时该教师不在家,其堂弟用平板电脑发了此博文。该教师回家发现后,当晚和父母把螃蟹退还给家长,并立即删除微博内容。

扬州市教育局根据情况对涉事教师、园长等相关人员作出了处理。涉事教师虽为刚上岗试用人员,本人未直接收受家长所送螃蟹,微博内容也非其本人所发,但家长送螃蟹的行为与其岗位工作有关,且微博内容造成了不良社会反响,故其所试教幼儿园对其给予不再试用并辞退的处理。另外,还对涉事幼儿园园长对员工教育管理不力,故给予该园园长行政警告处分。

## 分析

这是一起教师收受学生家长礼品的事件,又是发生在教师节前夕,并挂上了网络,大众的关注度极高,对教师形象的伤害非常大。

本案中,没有几方的赔偿纠纷,也没有诉至法院,但引起了社会广泛的关注度。事件中,年轻的教师并没有主动索取礼物的情景,是家长主动上门送礼,而且教师并不在家,是她的亲戚收下的。当她了解情况后,当晚即送还了礼品。可以说,这一事件中,这位教师的情节是十分轻微的,但还是受到的辞退的处理,同时园长也受到行政警告的处分,有些人看来,似乎有点冤。

教育部《严禁教师违规收受学生及家长礼品礼金等行为的规定》第1条规定:"严禁以任何方式索要或接受学生及家长赠送的礼品礼金、有价证券和支付凭证等财物。"还规定"对违规违纪的,发现一起、查处一起,对典型案件要点名道姓公开通报曝光。情节严重的,依法依规给予开除处分,并撤销其教师资格;涉嫌犯罪的,依法移送司法机关处理。"

对照政策,可以肯定地说,教育行政部门作出的处理是合理的。对不良的社会风气有一个震慑的作用,传递了社会正能量。有利于教师正面形象的树立。

## 建议

(1) 幼儿园要加强对新教师的师德修养教育,并组织学习相关的政策法规,让其知道这一行为可能会对自己及幼儿园带来的严重影响。

(2) 教师要提高自身的道德素养,家长要为教师营造一个尊师重教的氛围,多一点精神的支持。

# 94. 未签订劳动合同,幼儿园赔偿双倍工资

## 案情

小张于2014年7月大学毕业,2014年8月2日经过应聘进入本市一家民办幼儿园工作,工作后幼儿园园长王女士告知小张需要三个月的试用期,试用期满后再签订劳动合同。后三个月满后,园长王女士又告知小张,需要对小张的工作进行更多考察才能确定是否聘用,因此暂不能签订劳动合同,还需要增加三个月的试用期,小张考虑到就业压力大也就答应了幼儿园的要求。2015年2月,当小张再次向园方提出签订劳动合同时,园方却仍然以各种理由推诿。

本案中涉及哪些法律问题,小张可向幼儿园主张哪些权利呢?

## 分析

本案主要涉及两个劳动法律问题:(1)试用期如何约定的问题;(2)签订劳动合同问题。

本案中,幼儿园与小张约定了长达6个月的试用期是违反劳动合同法规定的。试用期的长短不能

由用人单位随意决定,关于试用期如何约定《劳动合同法》第十九条已经做了原则性的规定,试用期的长短是根据劳动合同期限的长短而定,如果是以完成一定工作任务的劳动合同是不能约定试用期的,对于有劳动合同期限的试用期约定应按照以下原则予以确定:劳动合同期限3个月以上不满3年的,试用期不得超过1个月;劳动合同期限1年以上不满3年的,试用期不得超过2个月;3年以上固定期限和无固定期限的劳动合同,试用期不得超过6个月。因此,小张和幼儿园在还未确定劳动合同期限的前提下,幼儿园随意确定试用期的长短是违反法律规定的,双方对于试用期的约定应属无效。

幼儿园不与小张签订劳动合同违反了《劳动合同法》的规定,应承担相应的法律责任。首先,用人单位与劳动者签订劳动合同是法定义务,并且必须在双方建立劳动关系后一个月之内签订。其次,如果超过一个月未签订劳动合同的,劳动者有权要求用人单位支付双倍工资,如果超过一年未签订劳动合同的可以视为双方已订立无固定期限劳动合同。需要注意的是,劳动关系不是从签订合同之日开始,而是从幼儿园实际用工之日起开始。本案中,幼儿园以还在试用期为由拒绝签订劳动合同是没有法律依据的,违反了用人单位的法定义务,小张可以向用人单位主张支付双倍工资,即从2014年8月2日起计算到2015年2月一共7个月,经查小张的工资为2 000元一月,幼儿园还应支付小张14 000元。

## 建 议

(1)幼儿园应自用工之日起一个月内与劳动者签订劳动合同。

(2)幼儿园不能随意约定试用期,应根据与劳动者订立的劳动合同期限按照《劳动合同法》第十九条规定原则约定试用期。

(3)幼儿园超过一个月未与劳动者签订劳动合同的,劳动者有权要求幼儿园承担双倍工资。

## 95. 教师体罚幼儿,幼儿园依法可以开除

### 案 情

某民办幼儿园与张某签订了三年的劳动合同,张某在幼儿园上班两年后,时常抱怨幼儿园待遇太低,工作越来越不认真。在一次上课过程中,张某因为一名幼儿聪聪动作不到位,就罚聪聪双手举课本不准放下,聪聪由于完不成王某的指令,又被王某用书本拍打头部、背部等多处地方,聪聪哭声太大才引起了其他老师赶来制止。事后,幼儿园以张某严重违反幼儿园工作制度为由对张某进行了开除处分,书面通知张某解除劳动合同,但张某认为与幼儿园的劳动合同期限未满,幼儿园不能解除劳动合同。本案中,幼儿园解除劳动合同的行为有效吗?

### 分 析

本案主要涉及幼儿园在劳动合同期内能否单方解除劳动合同的问题。

应该说《劳动合同法》对劳动者的权益进行了全方位的保护,为保证劳动关系的稳定,限制了用人单位对劳动合同的任意解除权,除非出现法定情形,否则用人单位不得单方行使解除劳动合同权。《劳动

合同法》第39条的规定,劳动者有下列情形之一的,用人单位可以解除劳动合同:(1)在试用期间被证明不符合录用条件的;(2)严重违反用人单位的规章制度的;(3)严重失职,营私舞弊,给用人单位造成重大损害的;(4)劳动者同时与其他用人单位建立劳动关系,对完成本单位的工作任务造成严重影响,或者经用人单位提出,拒不改正的;(5)以欺诈、胁迫的手段或者乘人之危,使用人单位在违背真实意思的情况下订立或者变更劳动合同致使劳动合同无效的;(6)被依法追究刑事责任的。本案中,张某违反教师职业道德对学生进行体罚,根据该幼儿园制定的管理制度中规定了教师必须遵守《幼儿园工作规程》,根据《规程》第6条:"尊重、爱护幼儿,严禁虐待、歧视、体罚和变相体罚、侮辱幼儿人格等损害幼儿身心健康的行为。"的规定,张某的行为属于严重违反用人单位的规章制度,符合劳动合同解除的条件,幼儿园对其进行开除的处分并解除劳动合同的行为合法有效。

需要补充说明的是,根据《劳动合同法》关于解除劳动合同给付经济补偿金的规定,幼儿园依据法定解除情形单方解除与张某劳动合同的行为,不需要给付张某经济补偿金。

### 建 议

(1) 幼儿园对于违反《劳动合同法》第39条规定的劳动者可以行使单方解除劳动合同权。

(2) 幼儿园应根据《幼儿园工作规程》等法律法规制定内部规章管理制度,教师应该自觉遵守。

## 96. 为救孩子受工伤,幼儿园未买社保该担责

### 案 情

李梅大学毕业后进入一家民办幼儿园工作,与幼儿园签订了两年的劳动合同。工作一段时间后,李梅催促园方为其购买相关的社会保险,但园长王女士却对李梅说:"你还年轻,购买社保都还用不着,不如我每个月多发给你200元的工资,就相当于给你缴社保了",李梅也觉得有道理,就答应了园长的建议。在一次幼儿园组织的文艺表演活动中,由于临时搭建的舞台塌陷,台上表演的小朋友们纷纷摔倒,李梅为救一个幼儿结果却被倒塌的舞台设施砸中了身体当场受伤。之后,李梅住院治疗花去医药费40 000多元,经鉴定为十级伤残。李梅为此要求园方赔偿相关损失,园方却以已经每月多给了200元工资作为社保费为由不愿承担赔偿责任。

本案中,对于李梅受伤的损失幼儿园该承担吗?

### 分 析

本案主要涉及的是幼儿园未为员工购买社保如何承担责任的问题。

幼儿园以已向李梅支付社保费为由免责的理由不能成立。根据《劳动合同法》和《社会保险法》的相关规定,用人单位为劳动者依法缴纳社保费是法定义务,法定义务是强制性规定,不能以与劳动者协商不买或向劳动者支付社保费为由规避其法定义务,违反法定义务的约定是无效的。社会保险包括基本养老保险、工伤保险、医疗保险、生育保险、失业保险,用人单位在与劳动者建立劳动关系后应依法为劳

动者缴纳相应的社会保险。

本案中主要涉及工伤保险问题。李梅在上班期间因为履行职务行为受伤,根据《工伤保险条例》第14条中关于在工作时间和工作场所内,因工作原因受到事故伤害的应认定为工伤的规定,李梅应属于工伤。幼儿园未依法为李梅缴纳工伤保险,根据《工伤保险条例》第62条"依照本条例规定应当参加工伤保险而未参加工伤保险的用人单位职工发生工伤的,由该用人单位按照本条例规定的工伤保险待遇项目和标准支付费用"的规定,在李梅发生工伤后,产生的相关损失应该由幼儿园支付,包括医疗费、停工留薪期间工资、伤残补助金等,李梅可要求幼儿园按照《工伤保险条例》规定的工伤保险待遇支付相关费用。

对于幼儿园未依法缴纳社保的问题,李梅除可向幼儿园主张赔偿工伤保险待遇外,还可以随时提出解除劳动合同。《劳动合同法》第38条规定了劳动者的单方解除劳动合同权,当遇用人单位有规定的违法情形时,劳动者就可以单方行使解除劳动合同的权利,其中对于用人单位未依法为劳动者缴纳社会保险费的就属于劳动者可以单方解除劳动合同的情形。值得注意的是,李梅除了可以要求解除劳动合同外,还可以依据《劳动合同法》第46条的规定要求幼儿园支付经济补偿金。

综上,幼儿园不履行法定义务为员工购买社保的违法成本是很高的,如员工发生工伤、医疗等情形需要自行承担员工的损失外,员工还可以随时要求解除劳动合同并要求幼儿园支付经济补偿。

## 建 议

(1) 幼儿园应履行法定义务,依法为幼儿园教师和员工缴纳社保。

(2) 幼儿教师应多了解与自身相关的法律知识,在应聘和工作中保护自我。

## 97. 竞业限制与违约金条款无效,李老师有权跳槽

### 案 情

李老师是贵阳市一家民办幼儿园老师,在工作一段时间后,由于对待遇和个人发展方面感到不是很满意,就想寻求新的发展机会。这时,本市另外一家新成立的幼儿园正在招聘,新幼儿园的工作环境和工资待遇都比李老师所在的幼儿园好,经过初步洽谈后,新幼儿园也对李老师有意向。但是李老师与所在幼儿园签订的劳动合同期限未到,且当初签订劳动合同时约定了离职后两年内不得到本市有竞争关系的幼儿园工作,否则承担2万元违约金。

本案中,李老师有权提前辞职吗,辞职后到本市的新幼儿园工作是否需要支付原所在幼儿园违约金?

### 分 析

本案主要涉及的法律问题:(1)劳动合同提前解除;(2)竞业限制和违约金条款效力。

劳动合同的解除分为协商解除、法定解除和约定解除三种,根据《劳动合同法》的规定,劳动合同既

可以由单方依法解除,也可以双方协商解除,法定解除是指出现国家法律、法规或合同规定的可以解除劳动合同的情况时,不需双方当事人一致同意,合同效力可以自然或单方提前终止,约定解除是指合同双方当事人因某种原因,在完全自愿的情况下,互相协商,在彼此达成一致的基础上提前终止劳动合同的效力。国家保护公民的劳动权,劳动者有自主择业的权利。对于签订固定期限劳动合同,劳动合同期限未满的情形,《劳动合同法》第37条规定了劳动者的提前解除权,即履行提前三十日以书面形式通知用人单位的即可提前解除合同。因此李老师在劳动合同期限未满前提出辞职是其法定权利,不需要幼儿园"同意"或"批准",履行书面通知程序三十日后劳动合同即可以解除。

对于幼儿园与李老师签订的劳动合同约定竞业限制和违约金的条款应属无效。原幼儿园为防止李老师辞职后到有竞争关系的幼儿园工作而约定的竞业限制条款,客观是维护幼儿园自身的商业利益,但是却侵害到了李老师的自主择业权和劳动权。基于劳动者与用人单位地位关系的不平等,《劳动合同法》第22条、第23条从保护劳动者权益角度限制了用人单位约定违约金的情形,即只有劳动者违反服务期规定、保密义务、竞业限制才能约定违约金,《劳动合同法》第24条进一步规定竞业限制的人员仅限于用人单位的高级管理人员、高级技术人员和其他负有保密义务的人员。除开法定的违约金情形,用人单位不得任意约定违约金,本案中李老师不属于法律规定的竞业限制人员范围,也不是负有保密义务的人员,幼儿园不得约定竞业限制和违约金。

因此,李老师有权在劳动合同期未满前提出辞职,幼儿园与李老师所签劳动合同中的竞业限制和违约金条款无效,李老师解除劳动合同后不用支付幼儿园违约金。

## 建 议

（1）幼儿园应尊重和保护员工的自主择业权,不得违法设置条件阻碍员工正常辞职。

（2）幼儿园不得违法与员工约定竞业限制和违约金条款。

## 98. 教师合同缓签出意外

## 案 情

　　余干县某幼儿园,有两位老师在新学期开学后的一个星期(即2014年9月8日)辞职,幼儿园要求这两位老师按合同提前一个月提出申请才能离职。幼儿园与老师签的用工合同是到2013年9月1日至2014年8月31日,因为忙开学,一般合同都是9月中旬签订。

## 分 析

《劳动合同法》第37条:劳动者提前三十日以书面形式通知用人单位,可以解除劳动合同。劳动者在试用期内提前三日通知用人单位,可以解除劳动合同。第44条规定:劳动合同期满的,劳动合同终止。

这是一个劳动者解除劳动合同的案例。如前一合同没有约定自动续签,幼儿园与两老师签订的劳动合同已到期,双方劳动合同终止,两老师可以离职;如前一合同约定自动续签,则按惯例应为 9 月 1 日签订,双方劳动合同关系仍然存在,两老师应提前 1 个月提交辞呈,抑或说 1 月后方可离职。

## 建 议

(1) 这样的事其实很多幼儿园都会碰到,因为这些年轻的幼儿教师有很多不确定的因素,比如跳槽、恋爱、考上国编等,都会导致她们解除合同。所以对于园方来说,这无疑是一次教训,就是再忙,也应及时与老师签订好合同,以防意外事件发生。

(2) 同样,对于幼儿教师来说,这也不可疏忽。你不在开学前跟幼儿园确定劳动合同关系,就随时会因为某种原因被园方辞退。所以,不管怎样,幼儿园和教师都应该在开学前确定劳动合同关系。

## 99. 幼儿教师与幼儿园的合同纠纷

### 案 情

南京市某幼儿园大班老师林某,因为工作态度不认真,对孩子也缺乏爱心和耐心,多次被家长投诉。鉴于这些情况,董事长与园长商议辞退这位老师,委托园长找林老师谈话告知这一情况。园长找林老师谈话,并把董事长的决定告诉了她,请她工作到合同期满(即 5 月底)就离职,不再续签合同。但林老师不同意走,并说:“园长说的话不算数,我要找董事长谈,我不会走的。”后林老师找了董事长,答应做完这个学期(即 6 月下旬)再走,最后一个月就不用签合同了,她自己会主动走。但到了 6 月底林老师不想走了,并说要去告幼儿园无合同用工。

### 分 析

《劳动合同法》第 10 条:建立劳动关系,应当订立书面劳动合同。已建立劳动关系,未同时订立书面劳动合同的,应当自用工之日起一个月内订立书面劳动合同。用人单位与劳动者在用工前订立劳动合同的,劳动关系自用工之日起建立。

第 40 条:劳动者不能胜任工作,经过培训或者调整工作岗位,仍不能胜任工作的,用人单位提前三十日以书面形式通知劳动者本人或者额外支付劳动者一个月工资后,可以解除劳动合同:

第 46 条:用人单位依照本法第 40 条规定解除劳动合同的,用人单位应当向劳动者支付经济补偿。

第 47 条:经济补偿按劳动者在本单位工作的年限,每满一年支付一个月工资的标准向劳动者支付。六个月以上不满一年的,按一年计算;不满六个月的,向劳动者支付半个月工资的经济补偿。

劳动者月工资高于用人单位所在直辖市、设区的市级人民政府公布的本地区上年度职工月平均工资三倍的,向其支付经济补偿的标准按职工月平均工资三倍的数额支付,向其支付经济补偿的年限最高不超过十二年。本条所称月工资是指劳动者在劳动合同解除或者终止前十二个月的平均工资。

这是一个用人单位解除劳动合同的案例。双方劳动合同于 5 月底到期终止,双方显然不再按原合同条款续订合同。双方虽口头订立一合同但仅不到 1 个月的期限,是为带班至学期结束。因此园方行为没有违反劳动合同法相关规定,应予以支持。

如林老师在幼儿园工作一年以上,曾多次与园方订立劳动合同,本案有可能涉及用人单位解除劳动合同产生的经济补偿。

## 建 议

(1) 人在职场,难免碰到各种各样的问题,都要依法行事。

(2) 幼儿园和教师,甚至包括后勤人员都应该签订劳动合同,并严格按照合同约定行事。

# 100. 实习生实习中受伤,是否构成工伤? 如何赔偿?

## 案 情

苏某某,女,17 岁,某中专学校二年级学生。2014 年春节过后(二年级下学期),苏某某和同学一道被派往北京某幼儿园顶岗实习。2014 年 3 月下旬的一天,苏某某从厨房往教室给小朋友提饭时,饭桶一侧的提钩突然脱钩,热饭撒到了苏某某的脚上,将苏某某烫伤。经鉴定,苏某某构成十级伤残。

## 分 析

这是一起在校生实习当中发生的人身意外伤害案件。在校生在实习单位实习过程中发生人身伤害是否构成工伤? 应当如何赔偿? 赔偿的主体是谁? 应该承担什么样的责任?

要解决这些问题,我们需要弄清苏某某与北京某幼儿园之间是否建立劳动关系? 是否适用劳动法与劳动合同法?

首先,由于苏某某是某中专学校二年级学生,尚未毕业,其被派往北京某幼儿园工作属于在校生顶岗实习,这种实习的目的是为了让在校生应用和检验已经学习、掌握的某些专业知识和技能。通过实习,让学生熟悉未来的工作环境、工作性质和特点,发现自身存在的不足,为以后进一步的学习找准方向。该活动由苏某某所在学校与实习单位建立,而不由苏某某和实习单位直接建立。

苏某某虽身处实习单位,但其身份仍是学生,仍隶属于学校管理,实习本身就是在执行学校的教学安排。实习期间仍以学习为主,不以就业为主。经过短暂实习后,苏某某仍需返校继续学习。因此,苏某某与实习单位不构成劳动关系,不适用劳动法、劳动合同法的调整,其在实习期间发生伤亡事故,不属于工伤。

其次,苏某某所受伤害,是实习过程中由于饭桶提钩脱钩造成的,北京某幼儿园的应用设备存在瑕疵,幼儿园负有管理过错责任。幼儿园的管理过错与苏某某所受伤害之间存在因果关系,符合一般人身侵权损害行为的构成要件,因此,苏某某虽无法适用工伤赔偿的法律规定,但可以按照一般人身侵权损害赔偿处理。

苏某某可以根据《民法通则》《侵权责任法》《最高人民法院关于审理人身损害赔偿案件适用法律若

干问题的解释》等相关规定,向法院提起民事侵权之诉。

按照法律规定,实习单位应当赔偿苏某某医疗费、护理费、营养费、住院伙食补助费、交通费、伤残赔偿金、等相关费用。苏某某实习时年满 17 周岁,已经具备一定的认知能力,其在工作过程中应负有一定的注意义务而没有注意,对伤害的发生负有一定的过错,依法也应承担一定的责任。

## 建 议

（1）为使实习生实习期间遭受意外伤害事故能够获得赔偿,根据 2009 年教育部《关于在中等职业学校推行学生实习责任保险的通知》（教职成【2009】13 号）之规定,苏某某所在学校在安排学生实习前,可以为实习生购买商业保险。

（2）学校在学生实习前应加强对学生的安全教育。

（3）实习单位应定期检查幼儿园内的各项设施,排查安全隐患,减低事故发生率。

## 101. 用人单位和劳动者签订劳动合同时能否向劳动者收取押金或扣押资质证书?

### 案 情

某幼儿园在和幼师毕业生仝某某签订完聘用合同后,为保证合同履行,要求仝某某交纳押金 3 000 元或将毕业证、教师资格证、普通话等级证原件交某幼儿园保管。

### 分 析

某幼儿园的做法违反法律规定,且在现实中经常出现。根据《劳动合同法》第 9 条"用人单位招用劳动者,不得扣押劳动者的居民身份证和其他证件,不得要求劳动者提供担保或者以其他名义向劳动者收取财物",某幼儿园要求仝某某交纳押金或将仝某某的毕业证书、教师资格证、普通话等级证等原件交幼儿园保管的做法严重违法,依法应予纠正。

按照法律规定,劳动合同的内容必须符合法律的规定,违法的约定自始无效。

《劳动合同法》第 84 条规定:用人单位违反本法规定,扣押劳动者居民身份证等证件的,由劳动行政部门责令限期退还劳动者本人,并依照有关法律规定给予处罚。

用人单位违反本法规定,以担保或者其他名义向劳动者收取财物的,由劳动行政部门责令限期退还劳动者本人,并以每人五百元以上二千元以下的标准处以罚款;给劳动者造成损害的,应当承担赔偿责任。

劳动者依法解除或者终止劳动合同,用人单位扣押劳动者档案或者其他物品的,依照前款规定处罚。

根据该条规定,如果该幼儿园拒不纠正自己的错误行为,仝某某可以向当地劳动行政部门投诉并主张赔偿。

**建 议**

(1) 幼儿园要依法治园,不能以扣押教师的证件来约束教师。

(2) 教师自身要加强法律知识的学习,维护自身的权益。

## 102. 劳动合同中试用期及试用期工资应如何约定?

**案 情**

某幼儿园在和幼师毕业生臧某某签订劳动合同时,约定合同期限三年,试用期一年,试用期期间月工资1 000元(低于当地最低工资标准),前六个月每个月扣除300元作为履约保证金和工装费。如臧某某干完三年,扣除工装费后,履约保证金全部退还,如臧某某自动辞职或被辞退,则履约保证金不予退还。

**分 析**

这份劳动合同存在诸多违法之处。

第一,试用期约定违法。《劳动合同法》第19条规定:劳动合同期限三个月以上不满一年的,试用期不得超过一个月;劳动合同期限一年以上不满三年的,试用期不得超过二个月;三年以上固定期限和无固定期限的劳动合同,试用期不得超过六个月。同一用人单位与同一劳动者只能约定一次试用期。以完成一定工作任务为期限的劳动合同或者劳动合同期限不满三个月的,不得约定试用期。试用期包含在劳动合同期限内。劳动合同仅约定试用期的,试用期不成立,该期限为劳动合同期限。根据该条规定,这份劳动合同约定一年的试用期不合法,应约定最长不超过六个月的试用期。

第二,试用期工资约定违法。《劳动合同法》第20条规定:劳动者在试用期的工资不得低于本单位相同岗位最低档工资或者劳动合同约定工资的百分之八十,并不得低于用人单位所在地的最低工资标准。根据该条规定,试用期期间,该幼儿园给予臧某某的工资待遇:(1)不得低于当地最低工资标准,最低工资标准以当地政府部门当年统计公布为准;(2)不得低于本单位相同岗位最低档工资或者劳动合同约定工资的百分之八十。

第三,扣除履约保证金与工装费的做法违法。《劳动合同法》第9条"用人单位招用劳动者,不得扣押劳动者的居民身份证和其他证件,不得要求劳动者提供担保或者以其他名义向劳动者收取财物",根据该规定,某幼儿园扣除臧某某部分工资作为履约保证金和工装费的做法违法。

**建 议**

(1) 用人单位和劳动者签订劳动合同,应当确保劳动合同内容符合法律规定,以免因违法而产生对自己不利的后果。

(2) 对用人单位不合理的规定,劳动者可以拒绝或投诉。

## 103. 违反服务期约定，应承担违约责任

### 案 情

陈某某幼师毕业后到某蒙氏幼儿园工作，因表现突出，被该幼儿园确定为骨干教师。幼儿园送陈某某外出接受培训，培训费高达3万元。培训前，幼儿园和陈某某签订培训协议，约定：陈某某接受培训后，在幼儿园的服务期限不得少于5年，否则应按比例退还培训费。陈某某接受完培训，在该幼儿园服务至第三年，就决定离职去另外一家幼儿园。幼儿园劝说未果，要求陈某某退还培训费18 000元，双方产生争执。

### 分 析

这是一起劳动者因违反服务期约定而产生的劳动争议纠纷，幼儿园的要求既符合合同约定，也符合法律规定，陈某某依法应退还培训费18 000元。

《劳动合同法》第22条规定：用人单位为劳动者提供专项培训费用，对其进行专业技术培训的，可以与该劳动者订立协议，约定服务期。劳动者违反服务期约定的，应当按照约定向用人单位支付违约金。违约金的数额不得超过用人单位提供的培训费用。用人单位要求劳动者支付的违约金不得超过服务期尚未履行部分所应分摊的培训费用。用人单位与劳动者约定服务期的，不影响按照正常的工资调整机制提高劳动者在服务期内的劳动报酬。

### 建 议

（1）用人单位对劳动者进行专项培训并支付相应费用的，应当与劳动者签订书面培训协议，约定违约责任，以便于维护自身利益。

（2）用人单位应做到制度留人、待遇留人，吸纳优秀员工，避免跳槽现象频繁发生。

## 104. 为劳动者购买社会保险是用人单位的强制性义务

### 案 情

某幼儿园准备为教职员工购买社会保险，教师谭某某听说后找到园长，说她不想购买，希望幼儿园把社会保险费以工资的形式发给她，由她决定交纳与否，以后发生工伤事故由谭某某自己承担，与幼儿园无关，谭某某给幼儿园写出书面承诺，园长同意。

某日上班途中,谭某某因交通事故不幸身亡,肇事司机因违章闯红灯被认定承担全部责任,谭某某不负事故责任。谭某某家属要求幼儿园为谭某某认定工伤,并赔偿工亡赔偿金等各项费用近60万元。谭某某家属的要求能否得到支持?怎样索赔?

## 分析

这是一起用人单位因没有给职工购买社会保险而引起的工伤赔偿案件。

本案当中,虽然谭某某与幼儿园事先约定了社会保险费以工资形式发放给其本人,发生工伤事故由谭某某自己承担,与幼儿园无关。但由于该约定违反法律的强制规定,属于无效约定,不能据此确定双方的权利和义务。

《劳动法》第72条规定:用人单位和劳动者必须依法参加社会保险,缴纳社会保险费。社会保险包括基本养老保险、基本医疗保险、工伤保险、失业保险、生育保险等内容。其中,基本养老保险费、基本医疗保险费、失业保险费由用人单位和职工共同缴纳。工伤保险费、生育保险费由用人单位单独缴纳。

《保险法》第33条规定:职工应当参加工伤保险,由用人单位缴纳工伤保险费,职工不缴纳工伤保险费。第41条规定:职工所在用人单位未依法缴纳工伤保险费,发生工伤事故的,由用人单位支付工伤保险待遇。

由于谭某某是在上班途中发生交通事故而不幸身亡,而且不负该起事故责任。根据《工伤保险条例》第14条"职工有下列情形之一的,应当认定为工伤:(六)在上下班途中,受到非本人主要责任的交通事故或者城市轨道交通、客运轮渡、火车事故伤害的"之规定,谭某某应当被认定为工伤。由于幼儿园没有为谭某某购买工伤保险,谭某某的工伤保险待遇依法应由该幼儿园支付。

社会保险属于国家强制性保险,用人单位必须为劳动者依法办理。违反法律的强制性规定,用人单位将承担由此带来的不利后果。如果幼儿园按时给谭某某购买了社会保险,那么谭某某意外身亡所产生的赔偿义务将由社会保险经办机构承担,各项赔偿费用从工伤保险基金里支出。

谭某某家属的要求能得到支持。其家属应先向劳动行政部门申请认定工伤(工亡),然后按照工伤认定结论,依据相关标准向该幼儿园主张赔偿。

## 建议

用人单位应严格按照相关法律规定,及时、足额为劳动者缴纳社会保险,切莫心存侥幸,规避法律,给自己带来不利后果。

# 105. 自杀导致的死亡不得被认定为工伤

## 案情

党某某,女23岁,某幼儿园教师。因和男友产生感情纠葛,一时想不开,于某日夜里在幼儿园

职工宿舍上吊自杀。死前留有遗书,党某某的家人找到园长,要求幼儿园对党某某按工亡对待,并进行赔偿,否则就把灵堂设到幼儿园里。

党某某家人的要求是否合理,应否得到支持,为什么?幼儿园该怎么做才合适?

## 分 析

《工伤保险条例》第16条规定:职工符合本条例第14条、第15条的规定,但是有下列情形之一的,不得认定为工伤或者视同工伤:(一)故意犯罪的;(二)醉酒或者吸毒的;(三)自残或者自杀的。

党某某的死亡是由于个人感情纠葛自杀造成的,不符合认定工伤的条件。党某某的家人要求幼儿园对党某某按工亡对待,并进行赔偿属于无理诉求,依法不应支持。

幼儿园可以从人道主义的角度出发,对党某某的家人适当的补偿。如果党某某的家人坚持把灵堂设在幼儿园,幼儿园可以选择报警,由公安部门协调处理。如果党某某的家人不听劝阻,情节恶劣、严重的,有可能受到刑事制裁。

## 建 议

用人单位在对职工进行日常管理的同时,一定要关注职工心理健康,及时发现问题,伸以援手,避免悲剧的发生。

## 106. 劳动合同内容不得限制劳动者人身性权利

### 案 情

某幼儿园在和新老师签订《劳动合同》时,明确约定:教职工23岁以前不得恋爱,28岁以前不得生小孩,否则幼儿园拒绝录用。工作中如有发现,幼儿园有权随时辞退教职工。

如此条款合法吗?教师应如何应对?

## 分 析

该规定不仅不合理,并且属于就业限制条款,限制了劳动者的人身性权利。是违法的,也是无效的。

《劳动法》第13条规定:妇女享有与男子平等的就业权利。在录用职工时,除国家规定的不适合妇女的工种或岗位外,不得以性别为由拒绝录用妇女或者提高对妇女的录用标准。

《就业促进法》第27条规定:国家保障妇女享有与男子平等的劳动权利。用人单位招用人员,除国家规定的不适合妇女的工种或者岗位外,不得以性别为由拒绝录用妇女或者提高对妇女的录用标准。用人单位录用女职工,不得在劳动合同中规定限制女职工结婚、生育的内容。

对幼儿园这一不合理、不合法的规定,职工可以和用人单位进行沟通、协商,拒绝接受。如果因此被拒绝录用,可以向劳动行政部门投诉。工作过程中如果因此被辞退,幼儿园属于违法解除劳动合同,职工可以向幼儿园主张双倍赔偿。

《劳动合同法》第 48 条规定:用人单位违反本法规定解除或者终止劳动合同,劳动者要求继续履行劳动合同的,用人单位应当继续履行;劳动者不要求继续履行劳动合同或者劳动合同已经不能继续履行的,用人单位应当依照本法第 87 条规定支付赔偿金。

第 87 条规定:用人单位违反本法规定解除或者终止劳动合同的,应当依照本法第 47 条规定的经济补偿标准的二倍向劳动者支付赔偿金。

## 建 议

(1) 幼儿园在与教师签订劳动合同时,应避免此类明显违法的条款。

(2) 幼儿园如要对教师队伍进专业高效的管理,可以采取岗位优胜劣汰制或末位淘汰制,激发教师岗位竞争意识与忧患意识,增强教师争优观念,提高教师管理水平。

# 107. 在校生勤工俭学是否构成劳动关系?

## 案 情

黄某某、何某某均系某幼儿师范学校在校生,暑假期间,二人相约到某早教机构工作,日工资每人 50 元。暑假期满,黄某某、何某某要返校上课,要求发放暑假工资,某早教机构以擅离岗位为由拒不发放工资待遇。

## 分 析

在校生暑期打工,属于勤工俭学性质。根据劳动部关于印发《关于贯彻执行〈中华人民共和国劳动法〉若干问题的意见》的通知第 12 条"在校生利用业余时间勤工助学,不视为就业,未建立劳动关系,可以不签订劳动合同"之规定,黄某某、何某某暑假期间到某早教机构工作,属于临时雇佣性质,不受劳动法律法规的调整。

针对该早教机构拒发工资的行为,黄某某、何某某可以采取以下几种维权措施:(1)打 110 报警求助,请公安部门出面调解解决;(2)向该早教机构的管理部门进行反映,由管理部门勒令该早教机构支付;(3)以侵权为由,向人民法院提起民事诉讼。

## 建 议

(1) 在校生暑期打工,应和聘用单位签订临时聘用合同。

(2) 和聘用单位约定实行工资日付制或周付制,发现聘用单位不能及时支付工资待遇,及时离开。

## 108. 老师打架,情何以堪?

### 案 情

常某某,女,25岁,杨某某,女,30岁,二人均系某幼儿园老师。二人一直不和,某日因某事二人撕打在一起。常某某将杨某某后背和手臂抓伤,杨某某则将常某某面部严重抓伤。经鉴定:杨某某构成轻微伤,常某某则构成轻伤二级。

### 分 析

这是一起因打架引起的故意伤害案件,两位老师将会为自己的不理性行为付出代价。

就两位教师伤情鉴定结果而论,常某某构成轻伤二级,杨某某的故意伤害行为已触犯《刑法》第234条之规定,涉嫌构成故意伤害罪,将会依法被追究刑事责任。杨某某构成轻微伤,常某某的故意伤害行为已经触犯《治安管理处罚法》的相关规定,将会被处以15日以下的行政拘留或罚款。

就民事赔偿责任部分,应当按照双方的过错程度彼此承担对方治疗所产生的相关费用。

### 建 议

小不忍则乱大谋,打架是野蛮人干的事,作为教师你愿意成为一个野蛮人吗?

## 109. 园长,请善待你的老师

### 案 情

某幼儿园园长孔某经常以学习培训为名安排老师们加班,老师们每天都工作10小时以上,每周的工作时间都是6天,却从来没有发过加班费。不仅如此,40个人的班级却仅安排一个老师一个保育员,导致老师们工作强度很大。孔某和老师们签订了劳动合同,却不给老师们购买社会保险。孔某从来没有奖励老师们,有的只是责罚,老师们稍有不对就会被扣工资。孔某这样做违法吗?

### 分 析

作为幼儿园园长,孔某在诸多方面存在违法之处。

（1）老师们每天的工作时间超出法律规定,安排老师加班却不支付加班费。《劳动法》第36条规定:国家实行劳动者每日工作时间不超过八小时、平均每周工作时间不超过四十四小时的工时制度。第44条规定:有下列情形之一的,用人单位应当按照下列标准支付高于劳动者正常工作时间工资的工资报酬:(一)安排劳动者延长工作时间的,支付不低于工资的百分之一百五十的工资报酬;(二)休息日安排劳动者工作又不能安排补休的,支付不低于工资的百分之二百的工资报酬;(三)法定休假日安排劳动者工作的,支付不低于工资的百分之三百的工资报酬。

（2）班级老师配备标准违反规定。《国家教育委员会全日制、寄宿制幼儿园编制标准》第3条规定:"专职教师:全日制幼儿园和寄宿制幼儿园一律平均每班配2~2.5人。保育员:全日制幼儿园平均每班配0.8~1人;寄宿制幼儿园平均每班配2~2.2人。炊事员:每日三餐一点的幼儿园每40~45名幼儿配一人;少于三餐一点的幼儿园酌减。

（3）拒绝为老师们缴纳社会保险违反劳动法规定。《劳动法》第72条规定:用人单位和劳动者必须依法参加社会保险,缴纳社会保险费。

（4）奖惩制度不合理,只有惩罚没有奖励,而且随意扣工资。

## 建　议

（1）园长应依法办园,依法管理。

（2）教师可以依法维权,向当地劳动监察部门投诉。

# 110. 幼儿园欠薪违法,老师可随时解约

## 案　情

杨燕被聘在同一所幼儿园做老师,工资为每月800元,每月15日发上月工资。开始半年,情况良好,幼儿园基本上能按月发工资。从10月开始,幼儿园与对面新建的幼儿园之间的竞争十分激烈,生源有些流失,影响到了幼儿园的效益。到年底,已经连续几个月未发工资了,园长只是每月给每人150元零用。教职工们问起工资,园长的回答是很快就会发,但一直没下文。在久催未果的情况下,杨燕和同事们要求与幼儿园解除劳动关系,并要求幼儿园补发所有拖欠的工资。她们这样做合法吗?教师在什么情况下可与幼儿园解除劳动关系?

## 分　析

本案涉及因幼儿园无法履行劳动合同导致纠纷发生的问题。依据《劳动法》第三十二条规定:"有下列情形之一的,劳动者可以随时通知用人单位解除劳动合同:(一)在试用期内的;(二)用人单位以暴力、威胁或者非法限制人身自由的手段强迫劳动的;(三)用人单位未按照劳动合同约定支付劳动报酬或者提供劳动条件的",但是,《劳动法》第31条规定:"劳动者解除劳动合同,应当提前三十日以书面形式通知用人单位。"《违反和解除劳动合同的经济补偿办法》也规定,用人单位克扣或者无故拖欠劳动者工资

的,除在规定的时间内全额支付劳动者工资报酬外,还需加发相当于工资报酬25%的经济补偿金。

在本案中,幼儿园与其教职员已协议好每月15日发放工资,就应该按协议履行。就算遇到困难,也不允许拖欠教职员的工资。这种拖欠工资的情况,属于《劳动法》第32条第三款的情形,杨燕和她的同事可以与幼儿园协商解决。如果协商不成,可以通知幼儿园解除劳动合同,补还所有的拖欠工资,还可向幼儿园要求加发工资总额的25%的经济补偿金。

### 建 议

(1) 教职员作为劳动者在与用人单位解除劳动合同时,应当全面了解解除劳动合同的相关规定,依法慎重行事,妥善保障自己的权益。

(2) 一旦因解除劳动合同而引发纠纷,幼儿园与教职工双方应尽量协商解决。

## 111. 幼儿园规定员工在合同期间不准结婚,合法吗?

### 案 情

李某是某民办幼儿园的员工,与该幼儿园签订了为期2年的劳动合同,期限为2012年5月1日至2014年4月30日,月工资2600元。2012年10月5日,该幼儿园向李某出具了一份解除劳动关系通知书,内容是李某违反了该幼儿园《员工手册》中的"合同期内不准结婚"的规定,故决定与李某解除劳动关系。李某不服,向劳动争议仲裁委员会申诉。幼儿园解除与李某劳动合同的依据是否成立?为什么?

### 分 析

幼儿园解除与李某劳动合同的依据不成立,不符合《婚姻法》规定的公民依据法律程序结婚是《宪法》赋予的基本权利,按照下设法律不能违反上设法律基本框架的规定的原则看,幼儿园的合同规定及其做法没有法律依据,解除合同是违法的。且只是一个劳务合同,更不能够超越《宪法》的基本规定。就算李某当初在合同上签了字,依据《劳动法》第18条,"违反法律、行政法规的劳动合同"应属于违反了我国的根本法《宪法》的规定,属于无效合同。因此幼儿园解除与李某劳动合同的依据不成立。

### 建 议

(1) 幼儿园负责人要认真学习法律,依法办学。

(2) 每个人要知法、懂法、守法,学会用法律武器维护自己的正当权利。

第三编　家庭与社会

## 112. 超市非法搜身，赔偿精神损害

### 案情

　　星期天，王五带了外甥去超市购物。小外甥开开4岁，上幼儿园中班，活泼好动。在超市里，小孩子围着王五东跑西跳，乱拿货架上的东西，但绝大多数还是被王五放回了原处。结清货款后，两人正欲离开，超市的一位服务员拦住他们的去路，理由是小孩身上隐藏了超市里的货物，要求他们退还货物。王五感到小孩子一直和自己在一起取货，没有看到他隐藏东西，但为了证实自己的想法，王五还是很严肃地询问了小孩有没有在身上隐藏货物，小孩说没有。于是，王五很客气地对服务员说，小孩没有暗藏东西，请放他们离开。可是，服务员坚决不肯，并叫来了保安人员，一起把他俩推进了保安办公室。保安脱下了小孩的外衣，在身上上上下下搜了个遍，可未有任何发现。开开从来没有看到过这样的阵势，吓得尿了裤子。王五一再表示抗议，无奈对方人多势众。整个事件相持了约二个半小时。事后，开开的父母将超市推上了被告席，要求赔偿幼儿的精神损害和赔礼道歉。

### 分析

　　这是一起侵犯幼儿人格权的纠纷案。超市搜查孩子身体的行为肯定是违法的。根据有关法律的规定，搜查应由检察机关或者公安机关决定，由两名以上侦察员进行。搜查时应出示搜查证，紧急情况除外。超市保安非法搜查幼儿，侵犯了开开的人格尊严权。

　　人格权人人享有，不因年龄、性别等而区别有无。无民事行为能力的人不承担民事责任，但享有民事权利。无论婴儿、幼儿还是儿童，其人身权不容侵害。只有每个个体的人格尊严都得到尊重，整个社会才能进入真正的法制社会。

　　人格是公民作为人所必须具有的资格，是作为权利和义务主体的自主资格。人格权是民事主体所固有的、以人格利益为客体、平等地享有且为实现其独立人格所必须的权利。这种权利与主体之间具有不可分离的属性，民事主体依据出生的事实，即可取得人格权，权利的享有始于出生，终于死亡，为公民终身享有。

　　我国《宪法》第37条第三款规定："禁止非法拘禁和以其他方法非法剥夺或者限制公民的人身自由，禁止非法搜查公民的身体。"第38条："中华人民共和国公民的人格尊严不受侵犯。禁止用任何方法对公民进行侮辱、诽谤和诬告陷害。"第33条："凡具有中华人民共和国国籍的人都是中华人民共和国公民。"对照上述条款，超市的做法侵犯了幼儿的人格权。

　　司法实践中，在确定具体的精神损害赔偿数额时，法院依据权利人所受损害的性质、种类、程度、社会影响面的大小等情况，综合考虑受害人为恢复正常的精神生活所需要的时间，然后再依所需时间长短来确定。

　　最高人民法院《关于确定民事侵权精神损害赔偿责任若干问题的解释》第1条规定："自然人因下列人格权利遭受非法侵害，向人民法院起诉请求赔偿精神损害的，人民法院应当依法予以受理：……（三）

人格尊严权、人身自由权。"本案中,开开的人格尊严遭受侵犯,受害人要求被告赔礼道歉和赔偿精神抚慰金,法院经审理,支持了原告的请求,但由于没有造成非常严重的后果,所以精神抚慰金的赔偿数额有了一定的削减。

## 建 议

(1) 商家应依法经商,不得用非法的手段来维持自身的利益。

(2) 应尊重每个公民的人格权,包括未成年的婴儿和幼儿。

(3) 提高全民的法律意识,加强全民的普法教育,加快我国的法制化进程。

# 113. 乱涂他人遗像,幼儿构成侵权

## 案 情

潘某离异,与儿子一起生活。三个月前,6岁的儿子在一次车祸中丧生,潘某极度伤心。由于母子感情很好,潘某一时无法从痛苦中解脱出来,为了抚慰自己憔悴的心灵,告慰已故的亲人,她把儿子的一张遗像放在办公桌上,以解思念之苦。有一天,她外出回来,看到儿子的遗像被涂得斑斑驳驳、五彩缤纷、乱七八糟。她感到十分的恼怒。生前没有被保护好,死后一张遗像也保护不好,她非常自责。经调查,这是同事汪某5岁的儿子小海所为。小海从幼儿园放学后,经常呆在汪某的单位,喜欢乱涂乱画已成习惯。潘某找到汪某,要求其好好管教儿子,不能在别人遗像上乱涂画。汪某并不以为然,说小孩不懂事,乱涂乱写是孩子的天性,死者的相片涂一下也没有多大的影响和损害。汪某袒护儿子、冷漠对待同事的态度,使潘某非常痛心。既然不通情理,潘某也就不留情面,她以小海为被告,汪某为小海的法定代理人告上法庭,要求赔偿精神损失。

## 分 析

这是一起侵害死者肖像权的纠纷案,侵害人又是个5岁的幼儿,情况就有点不一般。

首先,死者是否具有肖像权。最高人民法院《关于确定民事侵权精神损害赔偿责任若干问题的解释》第3条规定:"自然人死亡后,其近亲属因下列侵权行为遭受精神痛苦,向人民法院起诉请求赔偿精神损害的,人民法院应当依法予以受理:(一)以侮辱、诽谤、贬损、丑化或者违反社会公共利益、社会公德的其他方式,侵害死者姓名、肖像、名誉、荣誉。"由此可见,死者拥有肖像权。就本案而言,潘某的儿子还享有肖像权,这一权益不容侵犯,否则,要承担法律责任。

其次,潘某是否有权起诉,即潘某是否具有原告的资格。按照最高人民法院《关于贯彻执行〈中华人民共和国民法通则〉若干问题的意见(试行)》第12条的规定,近亲属的范围包括配偶、父母、子女、兄弟、姐妹、祖父母、外祖父母、孙子女、外孙子女。据此,可以确定潘某原告的资格合法,她有权提起诉讼,维护自身的权利。

最后,小海的行为是否构成侵权。

肖像权是公民对在自己的肖像上所体现的利益为内容的具体人格权。侵害肖像权即未经本人同意非法使用他人肖像的行为。肖像侵权有三种形式:一是以营利为目的使用他人肖像;二是非以营利为目的使用他人肖像;三是以侮辱方式使用他人肖像。

在他人肖像上涂上乱七八糟的文字和图案,应当认为是侮辱性使用肖像和行为之一,侮辱、丑化了肖像权人,乱涂他人遗像,侵害了死者近亲属的感情,构成侵权。本案中,小海是位不懂事的幼儿,涂画相片纯属好玩,而非故意侵权,但对潘某造成的损害的确存在,小海是5岁的孩子,是无民事行为能力人,其侵权的责任应当由其监护人(父母)承担。

汪某坐上被告席后,感受到了事件的严重性,认识到自己的错误。通过法庭的调解和单位工会的工作,汪某主动向潘某认错,赔礼道歉。潘某看在多年同事的份上,以往总是平和相处,没有什么冲突和仇恨,就作了撤诉处理。

## 建　议

(1) 家长要尽到监护人的责任,孩子做错了事应当批评教育,不应袒护,否则不利于孩子的成长。

(2) 作为家长,当孩子侵犯了别人的利益时,就应主动道歉,争取得到他人的谅解,避免事态扩大,造成不必要的矛盾和精力的浪费。

# 114. 4岁幼童被烫伤,究竟谁该来负责?

## 案　情

4岁幼儿贾某,在幼儿园上中班,平时与父母共同生活,偶尔在节假日由父母带着去爷爷家玩,更多时候是爷爷、奶奶在双休日到儿子家看望小孙子。爷爷家住单位宿舍区,一个大院有好几户人家。一天下午,贾某跟随父母去看爷爷、奶奶。爷爷家邻居王伯伯,这天从单位浴室提来一桶开水,置于自家厨房内准备洗衣服用,未加上桶盖,然后合上厨房门(未锁住)去活动室下棋。这时,贾某从爷爷家独自出门,推开王伯伯家厨房进入屋内,玩耍中不慎跌坐在热水桶中,大腿、臀部等处严重烫伤,构成9级伤残。旋即,以贾某为原告、王伯伯为被告的一场民事诉讼引发了,此案究竟谁来承担责任呢?

## 分　析

法院受理本案后,合议庭人员意见不一致,当时出现三种不同的意见。第一种意见认为,被告王伯伯将开水放在厨房内,没有加盖、没有琐上门,未采取适当的防护措施即离开,对贾某的烫伤有一定的过错责任,应承担相应的赔偿责任;第二种意见认为,王伯伯对贾某被烫伤虽然没有过错,但贾某毕竟是在王伯伯家的厨房内被开水烫伤的,根据公平原则,王伯伯应对贾某作出适当的经济补偿;第三种意见认为,王伯伯对贾某被烫伤没有过错,不应承担赔偿责任,也不应对贾某给予经济补偿。

本案经院长提请审判委员会讨论,经过再三的探讨,决定采纳第三种意见。由此法院作出判决:王

伯伯不负民事责任。笔者认为本判决合理合法,对相关法律的把握比较到位。

我国《民法通则》第16条规定:"未成年人的父母是未成年人的监护人。"据此,未成年人的父母是其当然的监护人,其监护人的资格从未成年人出生之时起当然取得,不必经任何程序。监护人的职责主要有以下几项(1)保护被监护人的人身、财产及其他合法权益;(2)管理被监护人的财产;(3)代理被监护人参加各类民事活动;(4)教育和照顾被监护人;(5)在被监护人的权利受到侵害或发生争议时,代理其进行诉讼。监护人不履行监护职责,应当承担责任。

本案中,贾某是4岁的幼儿,当然属于未成年人,其父母就是他的监护人,应对贾某负有完全的监护责任。案发时,贾某与其父母一同去爷爷家,由于父母疏于监护,让贾某独自一人离开爷爷家而走进王伯伯家的厨房内,导致跌入盛有开水的桶内而烫伤。显然伤害结果的产生与监护失责有因果关系,因此,贾某的父母应承担责任,他们是有过错的。

另一方面,王伯伯将一桶开水放置于自家厨房内,并将门关上,他无法预见到可能会对他人造成损害,更不可能想到会有幼儿闯进他的厨房内。贾某平时与父母共同生活,不与爷爷奶奶一起生活,王伯伯不会知道贾某哪天会来看望爷爷奶奶。而且开水不是违禁品、危险品,开水桶是放在自家厨房内,是私人的活动领域,不是共同走道或公共院子,不是公共场所,因此王伯伯不应负赔偿责任。另外,本案也不适用公平原则,因为公平责任原则是在双方均无过错的情况下才适用,本案中贾某父母是有过错的,故不适用公平原则。

## 建议

(1)家长应加强对幼儿的监护,不能让幼儿独自进入他人家中,尤其是厨房间,它里面有菜刀、热水瓶、煤气瓶等可能伤害幼儿的物品。

(2)邻里间多加关照,邻居家有幼儿或有带幼儿来走访邻居的,邻里间应对一些可能的"危险物品"作一定的防护措施。

## 115. 幼儿被狗咬伤,如何请求赔偿?

### 案情

江南水乡农民阿土,养了一条黑色草狗,作看家护院之用,但不是拴着的,而是放养的。一个星期三的下午,同村村民王老五,与往常一样从村幼儿园领回自己6岁的小儿子明明。回家路上,因小孩要吃冷饮,老五就去阿土家开的小商店里买雪糕,明明就在店门口玩。这时,阿土家的黑狗正伏在店门口的地上,明明就拿了一块小石子掷向黑狗,黑狗发怒狂叫着扑向明明,并在明明的大腿上咬了一口。当老五转过身来打狗时,明明的腿上已鲜血直流、血肉模糊,大哭着扑向父亲。在村民们的帮助下,明明被迅速送往医院治疗。出院后小孩的父母即与阿土就赔偿费用问题进行交涉,村委会也进行了几次调解,均未达成一致协议。王老五就将阿土送上了被告席。

## 分析

这是一起动物致人损害赔偿纠纷案。我国《民法通则》第 127 条规定："饲养的动物造成他人损害的,动物饲养人或者管理人应当承担民事责任;由于受害人的过错造成损害的,动物饲养人或管理人不承担民事责任;由于第三人的过错造成损害的,第三人应当承担民事责任。"本案中,咬人的黑狗是阿土所养,即阿土为动物饲养人,这是全体村民均可作证的事实。黑狗咬伤幼童,阿土应负赔偿责任。

但是,在诉讼中,阿土根据上述法律条款,提出了自己不应赔偿的理由。大黑狗本来是静静地伏在店门口,不去碰它不会咬人,以往也从未咬过任何村民和来阿土家购物的顾客。那天是明明用石块掷打黑狗,且被击中而使黑狗发起兽性咬了人,受害人明明是有过错的。如果不用石头击打黑狗,那条狗不会扑向幼童的。

由于明明是未满 10 岁的幼儿,根据《民法通则》第 12 条:"不满 10 周岁的未成人是无民事行为能力人,由他的法定代理人代理民事活动,"第 16 条规定:"未成年人的父母是未成年人的监护人。"第 14 条规定:"无民事行为能力人、限制民事行为能力人的监护人是他的法定代理人。"据此,明明的父母是明明的监护人又是法定代理人,应该承担监护的职责。明明拿石块击打黑狗是由于其父亲没有看管好自己的小孩所致,没有尽到监护人的应尽职责,所以老五也是有过错的。

由于本案发生在农村,在一部分农村地区是允许养狗护院的,但需要在有关部门作一个登记。阿土的黑狗已养了三年,也在有关部门作过登记,所以此狗为合法之犬,但狗咬伤还是应该赔偿。最后法庭判决,阿土负主要责任,老五承担小部分责任。其赔偿的内容主要为医疗费、护理费、交通费、营养费、误工费等。

## 建议

(1) 监护人及家人应加强对幼儿的看管,平日里不要让孩子去击打、伤害狗、猫等小动物。

(2) 幼儿园老师应教育幼儿爱护动物,人与动物和谐相处。

(3) 动物的饲养人尽可能在小孩经常出入的时间内,拴住动物,免除伤害事故发生。

# 116. 幼儿玩耍射箭,击伤眼睛赔偿

## 案情

钱某与张某均为 6 岁的幼儿,住在苏州郊区的同一个村里,两家离得很近,同上一所幼儿园,因此两人经常在一起玩耍。2002 年 5 月的一个星期天下午,钱某找张某去玩,两人打了一会儿小羽毛球后觉得没有劲,就用芦柴做的弓箭玩射箭。开始时,两人站在一起,向另一方向射击;后来为了捡回射出了的箭,就出现相对射击的现象。结果在一次射击中,钱某一箭恰巧击中了张某的右眼,张某中箭后即捂着眼睛倒在地上大哭,被村民发现后迅速送往医院。经鉴定,张某右眼发生

视网膜脱落,无光感,其损伤已构成八级伤残。双方家长为此发生赔偿争议,村委会首先出面作了调解,但对于事故的责任和赔偿的数额双方争执不一,于是走进了法庭。经法官的几番努力,促使双方化戾气为祥和,达成了协议,钱某父母赔偿包括医疗费、残疾补偿金在内的各项费用四万多元。

## 分 析

(1) 幼儿可否为原告?

这是一件幼儿伤害幼儿的赔偿纠纷案。双方当事人均为幼儿,根据我国《民法通则》第12条第二款的规定:"不满10周岁的未成年人是无民事行为能力人,由他的法定代理人代理民事活动。"《民法通则》第16条规定:"未成年人的父母是未成年人的监护人。"幼儿的监护人为幼儿的法定代理人,可以代理孩子的民事活动。本案中,钱某的行为直接侵害了张某的合法权益,所以张某可以成为原告,父母为原告法定代理人,其父母还可以委托1至2人作为委托代理人。受委托人可以是当事人的近亲属、律师和社会团体及其所在单位推荐的人,以及经人民法院许可的其他公民。被告即为钱某,其父母为被告法定代理人,其父母同样也可以委托他人作委托代理人,代理本案的调查、取证、辩论工作。

(2) 幼儿是否承担赔偿责任?

由于本案属于伤害赔偿案,而双方当事人均为幼儿,致害人钱某无经济来源、无劳动能力,不可能由其自己来赔偿。根据《民法通则》第133条的规定:"无民事行为能力人、限制行为能力人造成他人损害的,由监护人承担民事责任。监护人尽了监护责任的,可以适当减轻他的民事责任。有财产的无民事行为能力人、限制民事行为能力人造成他人损害的,从本人财产中支付赔偿费用。不足部分,由监护人适当赔偿,但单位担任监护人的除外。"钱某将张某的右眼致伤,钱某是致害人、侵权者,应承担赔偿的民事责任,但这些责任均由钱某的监护人(父母)来替代其承担。所以法官最后作出的协议是合法的。

(3) 赔偿的内容和责任的分担

本案的赔偿以经济赔偿为主,其内容可分为医药费、护理费、交通费、营养费、继续治疗费等。具体的赔偿数额和形式,双方可以经过协商达成协议,可以一次性付清,也可以分期付款。如果协商不成,则可以通过诉讼,由法院来判决或调解来定。

由于本案双方当事人均为幼儿,是无民事行为人,无论是致害方,还是受害方,都与其监护人的监护不力有关。钱某致人伤害,应承担大部分责任;张某受害,与其父母未尽到监护的职责、监护不到位是有因果关系的,因此也应承担一定的民事责任。本案的赔偿数额是较为合情的。

## 建 议

(1) 家长应禁止幼儿玩耍射箭之类的具有杀伤性的玩具。

(2) 发现幼儿正在玩耍射箭此类游戏的,无论是家长、教师,还是邻居、亲戚,均应及时制止,并妥善保管或销毁玩具。

## 117. 幼儿作品，幼儿署名

### 案情

6岁的幼儿小军，颇有绘画才能，多次在省、市及全国的儿童书画比赛中获大奖，在市内有一定的影响，当地的晚报曾发专题文章，介绍这位小小画家。省里一家美术出版社看到晚报的介绍后，即与小军的父母取得联系，告知出版社年内将出版一本少儿书画作品集，希望小军寄去几幅美术作品，出版社择优选用。小军父母就在以往的作品中选择了春、夏、秋、冬四幅美术作品给出版社，但始终没有得到回音。一年后，小军的指导老师告诉小军父母，有一本少儿书画集，刊登了小军的四幅作品春、夏、秋、冬，但没有署上小军的姓名。小军父母借到该书后，进行了核对，确定是上次寄去的四幅作品，就与出版社联系，询问为何不发录用通知，为何不支付稿费，为何不署上作者的姓名？出版社回答是：小军仅有6岁，不具备选举权和被选举权，哪有著作权？这本书是教材性读物，注重社会效果，没有多少经济效益，作者怎能索取报酬呢？出版社的回答是否具有法律依据呢？

### 分析

著作权又称版权，是作者及其他著作权人对其创作的文字、科学和艺术作品依法享有的权利。我国《民法通则》第94条明确规定著作权是民事权利，是知识产权的组成部分。著作权包括人身权和财产权两大类。根据我国《著作权法》第10条规定，人身权包括作者对其作品的发表权、署名权、修改权和保护作品完整权。财产权指作者及其他著作权人对其作品依法所享有的使用和获得报酬的权利。

《民法通则》第9条规定："公民从出生时起到死亡时止，具有民事权利能力，依法享有民事权利，承担民事义务。"第10条规定："公民的民事权利能力一律平等。"我国《著作权法》第11条规定："著作权属于作者。创作作品的公民是作者。"本案中，尽管小军是6岁的幼儿，但根据以上条款，小军是作品的作者，依法享有著作权。

出版社的回答是没有法律依据的。他们混淆了政治权利和民事权利，选举权和被选举权是政治权利，著作权是民事权利，两者是两种不同的权利。未成年人（幼儿）没有选举权和被选举权，但并不能就此否定了幼儿的民事权利。我国《著作权法》第10条明确规定，作者享有署名权和获得报酬的权利。出版社已出版了少儿书画集，不管其出版的目的、效益、用途是什么，都应该如实告知作者，署上作者的姓名，并按规定支付稿酬。

### 建议

（1）出版社应依法保护作者的合法权利，依法办事。不能因为作者是幼儿而区别对待。

（2）幼儿家长应学习一些法律知识，依法维护孩子的权利。

## 118. 错给孙子服农药，是否犯罪？

### 案 情

苏州市某4岁男孩，由于近期感冒，一直服用"再林"消炎。这天早上，小家伙的奶奶在给他服药时，由于不识字，错把桌子上村里发来的"浸种灵"农药当作"再林"，给幼童服用。事后小孩开始腹痛，脸色发灰，口吐白沫。被110警车送到医院抢救，幸运的是"浸种灵"是一种中等毒性的农药，加之抢救及时，尽管小孩经受了不该有的痛苦，但保住了小生命。那么这位奶奶的行为是否构成犯罪呢？

### 分 析

根据我国刑法总则关于犯罪构成要件的规定来分析。第一，从犯罪主体上分析，行为人是否达到刑事责任年龄并具有刑事责任能力。如果行为人尚未达到刑事责任年龄，或者不具有刑事责任能力，那么，其严重危害社会的行为就不构成犯罪；第二，从犯罪的主观方面分析，看行为人是否出于故意或者过失，从而把犯罪与意外事件区别开来，如果行为人在客观上虽然造成了损害结果，但不是出于行为人的故意或者过失，而是由于不能抗拒或者不能预见的原因所引起的，不认为是犯罪。第三，从客观方面分析，看行为人的行为与危害结果之间是否有因果关系，行为人的行为是否有现实危害或危险性，注意把犯罪行为与犯意表示区别开来。第四，从犯罪客体来看，行为人侵犯的客体是否是刑法所保护的对象，如果侵犯的客体不是刑法保护的对象，就不构成犯罪。

从本案情况来分析，行为人—老奶奶精神正常，具有刑事责任能力。我国《刑法》第17条规定："已满16岁的人犯罪，应负刑事责任。"老太太显然已经达到了刑事责任年龄，其行为侵犯的客体是幼儿的生命健康权，是刑法所保护的对象，而且其行为和结果是有因果关系的。但从老太太的主观上分析，她与儿子、儿媳、孙子的关系很不错，十分宠爱她的小孙子，不可能故意去谋害孙子，没有杀人的动机。老太太不识字，是本案发生的主要原因，她知道自己不认字，有可能搞错药和农药，但她过于自信，认为自己不可能弄错而导致本案的产生，主观上存在过失。本案最后没有造成严重的危害结果，根据我国刑法第13条的规定"情节显著轻微危害不大的，不认为是犯罪。"所以老太太的行为不构成犯罪。

### 建 议

（1）家庭中存放的农药或灭蝇、灭鼠等药，不应随处放置，应放于专门的地方，最好放在专设的箱子中，并加上一把锁，较为安全。

（2）家庭中千万不能把人药与农药、兽药等混同放置，否则可能酿成大祸。

# 119. 女童跌坐油锅，老板作出赔偿

## 案 情

2002年10月的一天，苏州郊县某镇，一位3岁的女童跟着自己的奶奶去菜场买菜。由于已是下午接近落市的时光，市场上顾客稀少。经营点心的徐老板正准备收摊关门，他将炉子上的油锅端下来放在地上，此时恰好有人向他买生煎馒头，由于找不出零钱，他就到邻近的一个鱼贩那儿换零钱，完全忘记了放在地上的油锅。女童的奶奶忙于挑选要买的菜，一时没有看住小孩，小孩就东看看西走走在菜场里瞎逛。当女孩走到徐老板的点心店前面，一个不小心，却下一滑身体一斜，一屁股坐在了油锅里。尽管油锅已经冷却了一些时间，不是滚烫的，但还是烫得小孩一阵大哭。女童的奶奶听到声音，放下了手中的东西，从30米外奔跑过来，抱起小孩迅速送往市里医院治疗。庆幸的是，油锅的温度不是太高，加之治疗及时，小孩住院一周就康复回家，也未留下任何疤痕。之后，女童父母与徐老板协商，要求徐某作出赔偿，但徐某认为，女童的奶奶未尽到监护责任，自己不应承担责任。于是女童父母将徐老板推上了被告席。

## 分 析

本案是一起幼儿伤害纠纷案，3岁女童遭受烫伤，一方面是奶奶没有很好的照看好，另一方面是徐老板乱放油锅所致。

徐老板在此经营点心店五年了，每天落市时都要拿下炉子上的油锅放于地上，然后在大炉子上加上足够的煤，把炉子封好。这样过一个夜晚炉子不会熄灭，第二天凌晨打开炉子封口，炉子很快就能烧旺。五年时间一贯如此做法，从未有过问题，但这一次却招来了麻烦。所以徐老板认为，自己经营多年一直这样做的，从来没有人碰到过地上的油锅，问题出在小孩的家人没有看管好小孩，责任完全在对方，自己没有责任。

徐老板的理由是站不住脚的，他是有过错的，应该负相应的民事责任。首先，小菜场是一个公共场所，任何人都可以出入，小孩也经常会出现在小菜场，徐老板在此经营多年，完全应该知道这个情况；其次，他把热的油锅置于过道的地上（在他店门口），这是一个过错。作为常理，油锅会烫伤人，他肯定知道，然而他把这样的一个存在危险的物品放在公共的走道上，没有任何东西隔离，也没有另外的人看护，自己却走到他人的摊位上去兑零钱，显然存在着给他人造成身体伤害的可能。这是徐老板应该预见到的，主观上的过错是肯定的，客观上给女孩带来了伤害。

女童方也有一定的责任。3岁小孩的法定监护人是其父母，本案中女孩跟随奶奶去菜场买菜，意味着奶奶接受小孩父母的委托看管小孩，那么奶奶就应该尽到相应的职责。菜场人物杂乱，奶奶应该更细心地照管好孙女，但她在挑选菜时忘记了孙女，从而让小孩能够随意地在菜场里游荡，最终导致伤害事故的发生。

本案，法院经过调解双方达成协议，徐老板负责90%的医疗费用，再补偿400元营养费。

## 建 议

（1）家长或近亲属尽量不要带小孩去菜场；如果去了必须加倍小心看管。

（2）菜场经营者，在经营活动中应杜绝一切不规范的操作，避免给他人造成人身伤害。

（3）教师、家长应多教育小孩，在公共场所不能脱离成人随意走开。

## 120. 甜果冻窒息，如何讨个说法？

### 案 情

去年春天，一个星期日的上午，苏州市郊县某镇一个5岁男孩，在父母的陪同下到超市买了一斤国产甜果冻。由于孩子十分爱吃甜果冻，刚回家门孩子就拿了一只甜果冻，揭开上面的一层软盖，一口吞下了整个果冻。由于整块的果冻体积对于幼儿的咽喉容量来讲，显得较大，吞咽的速度又猛，故而整块果冻卡在咽喉部。很快该幼儿感到喘不过气，面色发青。父母发现后及时送往镇医院，尽管医务人员尽了最大的努力进行了抢救工作，但还是未能留住男孩的生命。死亡原因为窒息而亡。半年后，市司法局组织律师到该镇进行普法咨询活动，孩子的父母向律师诉说了案情，询问律师对此事能否通过法律途径讨个说法，让更多的孩子免遭此祸。律师对他们作了详细的问答。

### 分 析

幼儿吞食果冻，有造成窒息的可能，说明果冻这一食品在食用时应注意一定的方法，方法不当，将会导致悲剧的发生，这是果冻本身存在着的隐患。生产商和销售者应当向消费者作出明示，说明食用的正确方法、禁止食用的人群、方法不当可能造成的不良后果等。

《中华人民共和国产品质量法》第26条规定："生产者应当对其生产的产品质量负责，不存在危及人身、财产安全的不合理危险，有保障人体健康和人身、财产安全国家标准、行业标准的，应符合该标准。"该法第27条第五款规定："使用不当，容易造成产品本身损坏或者可能危及人身、财产安全的产品，应当有警示标志或者中文警示说明。"对于本案而言，生产者应该在果冻包装上的标识中加以警示，如果没有这一警示的，说明生产者未尽到法定的义务，消费者因此受到生命、财产损害的，应当承担相应的法律责任。

《中华人民共和国消费者权益保护法》第3章规定：经营者应当保证其提供的商品或者服务符合保障人身、财产安全的要求，对可能危及人身、财产安全的商品和服务，应当向消费者作出真实的说明和明确的警示，并说明和标明正确使用商品或者服务的方法以及防止危害发生的方法。所以本案中，承担者应当是未尽法定警示义务的生产者和未尽告知义务的销售者。

据该幼儿父母回忆，他们购买的果冻确定没有法定的警示标志，因此可以通过诉讼来讨个说法，遗憾的是他们没有把当时的发票保留好，因而就没有证据来确定被告。如果发票还在，则可以该生产厂家和该超市作为共同被告,孩子的父母(监护人)作为原告向法院提起诉讼。如果孩子未死仅伤,则孩子为原告,父母为法定代理人。

根据法律的规定,此类案件,致人伤害的,应当支付医疗费、护理费、交通费、营养费等;造成残疾的,还应当支付残疾者生活自助具费、生活补助费、残疾赔偿金。致人死亡的,应当支付丧葬费、死亡赔偿金等。上述各项的具体数量,应根据地方经济的发展状况、生活水平、案情的情节等来确定。由于目前的幼儿都是独生子女,故而幼儿的伤亡必定给父母、家人带来极大的精神创伤,根据最高人民法院的司法解释,原告可以提出一定的精神损害赔偿,法院应当在一定范围内给予支持。

## 建 议

(1) 生产商和经销商应依法办事,标明果冻的警示标志,告知消费者使用的正确方法。

(2) 作为监护人的父母,应当教育幼儿正确的食用方法,不能一口吞服,应咀嚼后再咽,避免悲剧重现。

(3) 购买商品后,应索取发票并保存一定的时间。

# 121. 幼儿误食农药,谁之过?

## 案 情

家住苏州某镇的 5 岁女孩陈某,从幼儿园放学回家,看到桌上有一个色彩鲜艳的正方形封口塑料袋,袋内装有带有颜色的液体,以为是可食用的物品。陈某就用剪刀将这个小包装袋剪开,将液体倒入口中,不一会儿便感觉不舒服,即告诉正在家中忙碌家务的母亲。母亲知道不妙,那个塑料袋里装的是剧毒农药。急送苏州市区医院,经两家医院的抢救无效死亡。家人哭天喊地,但终无法唤回女孩的生命,谁之过?

## 分 析

我国《民法通则》第 12 条规定:"不满 10 周岁的未成人是无民事行为能力人,由他的法定代理人代理民事活动。"该法第 16 条规定:"未成年人的父母是未成年人的监护人。"我国《婚姻法》第 23 条规定:"父母有保护和教育未成年子女的权利和义务。"《未成年人保护法》第 10 条规定:"父母或者其他监护人应当创造良好、和睦的家庭环境,依法履行对未成年人的监护职责和抚养义务。"

担任幼儿的监护人,其监护的职责主要有以下几项:(1)保护幼儿的人身、财产及其他合法权益;(2)管理幼儿的财产;(3)代理幼儿参加各类民事活动;(4)教育和照顾幼儿;(5)在幼儿的权利受到侵害或发生争议时,代理其进行诉讼。

本案中,女童的死亡与其监护人的不当行为是有因果关系的。父母作为幼儿的监护人,没有尽到监护的责任,致使没有辨认能力的幼儿误食了农药而致命案,监护人在此具有不可推卸的责任。具体地说,有三个方面存在不当的行为。其一,把农药放在显眼且幼儿能伸手即可拿到的桌子上,奠定了命案

发生的隐患。其二,剪刀没有放好,幼儿随手就可以拿到,为事故的发生提供了又一便利条件。其三,没有看管、照顾好幼儿,没有及时发现、制止幼儿误食农药的行为。三个不当行为凑巧在一起,事件的发生就成为必然。

## 建 议

（1）对于家中有幼儿的家长,平日应把剪刀、水果刀之类的锋利器具,放在幼儿不能触摸到的地方,同时要教育小孩子,不能自己去拿刀具来玩。

（2）对于家中盛放的农药等有毒物品,应置于专门的地方,最好不能让幼儿够得到,并加上锁,不能让人随便可以接触。

（3）幼儿园的老师也要加强这方面的安全教育,防患于未然。

（4）对于生产厂家来说,应把农药的包装与市场上幼儿的食品包装有显著的区别,避免幼儿误认。

## 122. 祖父母有监护权和探望权吗?

### 案 情

五年前,王某与许某相恋并登记结婚,次年生有一子,取名小五。王家二位老人也为添得一个小孙子感到非常高兴,老人对小五的宠爱远远超过孩子的父母,一家五口人和睦快乐。不料三年前,王某不幸遭遇车祸身亡,全家人处于极度的悲伤之中。王某的后事处理完,恰巧是小五可以上幼儿园小班的年龄了。唯一的儿子死后,小五成了王家"延续香火"的希望,他们选择了附近最好的幼儿园,托了熟人并出了不小的赞助费,把小孩子送进了理想中的幼儿园。接送小五的任务全部由祖父母来承担,睡觉也跟爷爷奶奶在一起。尽管许某和小五也生活在一个屋檐下,但白天要上班,故与儿子的相处时间并不多。这样的日子过去了一年多,一家人还算和睦。但从去年开始,许某找到了新的婆家,准备建立新的家庭。王家二位老人知道后,心里总是有些不快,但最担心的就是小孩子要被带走。因害怕许某带子改嫁,王家二老带了小孩子东躲西藏,不肯让母子相见。一开始,许某与二老协商,小五由许某带走,二老可以定期来探望。但两位老人硬是不肯。许某无奈就一纸诉状将二老人告上法庭,请求确认对儿子的监护权并拒绝祖父母对小孩子的探望。

### 分 析

这是一起家庭内部监护权的纠纷,随着当今社会离婚率的提高,这样的纠纷也经常出现。

我国《民法通则》规定,未成年人的父母是未成年人的监护人。未成年人的父母已经死亡或者没有监护能力的,由下列人员中有监护能力的人担任监护人:（1）祖父母、外祖父母;（2）兄、姐;（3）关系密切的其他亲属、朋友愿意承担监护责任,经未成年人的父、母所在单位或者未成年人住所地的居民委员会、村民委员会同意的。由此可见,没有特殊情况,未成年人的监护人是其父母,而不是其祖父母,这是法律明确规定的。

许某的第二个诉讼请求是拒绝祖父母来探望孙子,这是她在盛怒之下提出的。那么,祖父母到底有没有探望孙子的权利呢? 我国《婚姻法》第38条规定:"离婚后,不直接抚养子女的父或母,有探望子女的权利,另一方有协助的义务。行使探望权利的方式、时间由当事人协议;协议不成时,由人民法院判决。"法律只规定了孩子的父或母具有探望权,祖父祖母并没有列入其中。

法院认为,未成年人的父母是未成年人的监护人,父亲车祸死亡后,因其母具有完全行为能力,应为法定监护人,代理小五民事行为。其祖父母虽为近亲属,但父母的监护权优于祖父母,除非父母不在或其他原因,否则不能随便剥夺,被告的行为属越位行使监护权,构成侵权。本案在法院的调解下,双方达成协议,小五由许某带走,爷爷奶奶定期去探望孙子。

法院的这一处理是正确的,既符合法律的规定,又合乎中国人的民族习惯。祖辈宠爱孙子并长期和儿孙生活在一起,是中国人的普遍现象,但这并不等于说祖辈就具有法定的监护权了。祖辈探望年幼的孙辈,符合我国优良的传统美德,也是老人们向往的生活境界。父亲过世(或离异)后就断绝祖辈与孙辈的来往,是有悖于中国传统伦理道德的。然而从现行的法律法规来看,祖辈确实没有这种法定的权利,但也不排斥双方协商后,达成探望的协议。本案的处理恰到好处,通过调解让祖父母探望小五,对祖辈是一种安慰,对小五是一种亲情,可以增强祖孙的感情,有利于孩子的健康成长。

## 建　议

(1) 作为祖辈宠爱孙子是可以理解的,但须依法行事,不得侵犯监护人的权利。

(2) 作为晚辈要理解长辈的心情,不能因一时的气愤而提出较为绝情的要求,祖孙间的血缘关系是无法割断的,要从有利于孩子成长的角度出发处理各项事务。

# 123. 儿童骑车带幼儿,两车相撞谁负责?

## 案　情

苏州郊县某镇幼儿园中班孩子红红,今年5岁,平常往返幼儿园总是母亲送、父亲接。由于本周其父亲出差外地,这一星期的接送工作全由其母亲一人完成,较为辛苦。这天,恰好工厂的机器出了故障,产品的数量指标完不成,而且第二天就要报关装船出运,红红母亲必须加班完成规定的任务。那么,幼儿园的红红就没有人去接回了。想来想去,她想到了红红的伯父的儿子亮亮,他在上小学五年级,11周岁,而且小学就在幼儿园的旁边,让亮亮带红红回到伯父家,小孩有人看管,母亲加班也放心,迟些回家也没有关系。由于小镇上人口不多,相互都认识,红红母亲给亮亮的老师打了个电话,让其通知亮亮放学后去幼儿园接红红,又电话通知幼儿园老师说明了情况。亮亮从去年开始骑自行车上学,车技还不错,平日里也曾带了堂妹在马路上骑行。这天他带了红红骑车回家,结果在一个拐弯处与超车的摩托车相撞,造成红红小腿骨折,亮亮没有受伤。经查,摩托车主李某无证驾驶,穿了拖鞋,抢道行驶。为了赔偿问题,双方争执不下。

## 分 析

这是一起道路交通事故纠纷案,摩托车与自行车相撞,自行车方为未满12周岁的未成人。近几年来,郊县、村镇人们的经济收入增加了,很多少年儿童拥有自己的自行车,由于他们的经验技术不足,屡屡发生交通事故。

本案中,摩托车主李某穿了拖鞋、无证驾驶、抢道行驶,撞伤红红,要承担民事赔偿责任是毫无疑问的。《中华人民共和国道路交通安全法》第19条"驾驶机动车,应当依法取得机动车驾驶证。"我国《道路交通管理条例》第7条规定:"车辆、行人必须各行其道。借道通行的车辆或行人,应当让在其本道内行驶的车辆或行人优先通行。"第25条规定:"机动车驾驶员,必须经过车辆管理机关考试合格,领取驾驶证,方准驾驶车辆。"第26条规定:"机动车驾驶员,必须遵守下列规定:(一)驾驶车辆时,须携带驾驶证和行驶证;……(十二)不准穿拖鞋驾驶车辆。"李某明显违反了上述交通法规,应该承担相应的民事责任,作出一定的赔偿。

那么受害方红红是否存在一定的过错呢?也有过错。《道路交通管理条例》第29条:"驾驶非机动车,必须遵守下列规定……(四)未满12岁的儿童,不准在道路上骑自行车、三轮车和推、拉人力车。"红红的堂哥亮亮才11周岁,依上述规定是不准在道路上骑自行车的,但他不仅骑车上道,而且还骑车带人,显然是违反了上述规定,而亮亮又是受红红母亲之托,所以受害方自己也应承担部分责任。

本案中,由于亮亮未伤,他与红红又是亲戚,他们之间没有产生异议。纠纷仅存在于红红李某之间,后经交通部门的多次调解,双方作了让步,达成一致意见,按8:2的比率双方承担相应责任。

## 建 议

(1)家长要把交通安全放在心上,不仅自己要遵守交通规则,更要教育子女遵守交通规则,以保护自己的生命。

(2)作为幼儿的家长,需要委托他人接送孩子时,不应让未成年人去完成,应该让成年人去做,确保幼儿的安全。

(3)教师要提醒、督促家长,接送幼儿不能任意委托别人。

# 124. 啤酒瓶爆炸,伤害了幼儿,应向谁索赔?

## 案 情

王大山这天约了几个朋友到家中吃晚饭,他在小店老板孙某处买了五瓶啤酒和其他一些酒放在客厅里。下午四点左右,他的儿子小山从幼儿园回来,刚进客厅,就听见"呼"一声响,接下来是小山的大哭声。只见小山手护着下颌,鲜血从指缝中流出。原来是一瓶啤酒突然爆炸,客厅里到处是碎玻璃片,一块酒瓶上的碎玻璃击中小山的下颌,击开了一个口子,去医院缝了10针。王大山把现场拍了照片并录了像,然后找到了店主孙某,要求孙某作出赔偿。而孙某认为,啤酒瓶爆炸完全是由于啤酒厂的原因造成的,自己不应承担赔偿责任。

## 分 析

本案是因产品质量问题引起人身伤害的赔偿案件。啤酒瓶爆炸伤害了无辜的幼儿,究竟谁来承担赔偿责任。

首先,啤酒厂应当承担赔偿责任。本案中,造成啤酒瓶爆炸的原因是由于瓶内压力严重超过规定的标准,啤酒厂应当承担产品质量责任。我国《民法通则》第 122 条规定:"因产品质量不合格造成他人财产、人身损害的,产品制造者、销售者应当依法承担民事责任。"而《产品质量法》第 26 条对生产者的产品质量责任作出了明确规定:"生产者应当对其生产的产品质量负责。产品质量应当符合下列要求:不存在危及人身、财产安全的不合理的危险,有保障人体健康和人身、财产安全的国家标准、行业标准的,应当符合该标准。"该法第 41 条规定:"因产品存在缺陷造成人身、缺陷产品以外的其他财产损害的,生产者应当承担赔偿责任。"本案中,啤酒厂生产的啤酒没有达到国家的产品质量要求,存在着爆炸的隐患,即存在着危及人身、财产安全的危险,并发生了爆炸伤害他人人身和财产的事实,所以啤酒厂应当承担赔偿责任。

其次,小店老板孙某也应承担赔偿责任。我国《产品质量法》第 40 条规定:"售出的产品有下列情形之一的,销售者应当负责修理、更换,退货;给购买产品的消费者造成损失的,销售者应当赔偿损失:(1)不具备产品应当具备的使用性能而事先未作说明的;(2)不符合产品或者其包装上注明采用的产品标准的;(3)不符合以产品说明、实物样品等方式表明的质量状况的。"本案中,孙某销售的啤酒存在严重的质量缺陷,并产生了人身伤害,所以孙某应承担赔偿责任。

在实际操作中,王大山应该向啤酒厂索赔,还是向小店老板索赔呢?《产品质量法》第 43 条有规定:"因产品存在缺陷造成人身、他人财产损害的,受害人可以向产品的生产者要求赔偿,也可以向产品的销售者要求赔偿。属于产品的生产者的责任,产品的销售者赔偿的,产品的销售者有权向产品的生产者追偿。属于产品的销售者的责任,产品的生产者赔偿的,产品的生产者有权向产品的销售者追偿。"据此,王大山既可以单独要求啤酒厂,也可单独要求孙某赔偿,也可以要求两者共同赔偿。从本案情况来看,爆炸原因在于啤酒厂,如果孙某先作了赔偿,也可以向啤酒厂作追偿。

## 建 议

(1) 家长尽可能到大商店去购买食品,产品质量相对有保证。

(2) 家中有幼儿的,处处要想到保护幼儿。啤酒买回家,随手放在客厅里,即使不爆炸,小孩子跑来跑去也可能会碰伤。

## 125. 幼儿可获精神赔偿吗？

### 案 情

林林和其父母一起住在一个大宅院内，院内共有8户人家。邻里间平日相处较好，大人、小孩经常串门拉家常。一个星期日的下午，邻居马某说上午领取的500元工资，放在大橱的抽屉里，现在不翼而飞，家里人都没有拿。除了林林中午时分到过马家，没有别人来过。马某就到林林家。找到林林和其父母，说明情况并要求林林拿出500元。林林是6岁的幼儿，上幼儿园大班，他承认去过马家，但否认拿过钱。于是林林父母与马某发生了争执，引来了众邻居的围观。马某一怒之下，骂林林是小偷，小小年纪就生三只手。但事实上没有任何确切证据。事后，林林父母以法定代理人的身份，以小孩名誉权受到侵害为由，向法院提起诉讼，要求马某承担民事责任，并赔偿精神损害抚慰金1 000元。法院判决，马某停止侵害，恢复名誉，消除影响，赔礼道歉，对精神损害的赔偿不予支持。那么，是不是幼儿不能获得精神损害的赔偿？

### 分 析

这是一起幼儿名誉侵权案，法院的判决是合法合理的。但是，这并不是说幼儿不能获精神赔偿费，而是因为本案未造成严重后果，所以原告未能得到精神损害的赔偿。最高人民法院《关于确定民事侵权精神损害赔偿责任若干问题的解释》第8条："因侵权致人精神损害，但未造成严重后果，受害人请求赔偿精神损害的，一般不予支持，人民法院可以根据情形判令侵权人停止侵害，恢复名誉，消除影响，赔礼道歉。"

精神损害赔偿是对于无法用物质来衡量的损失的一种赔偿，一般具有抚慰金的性质。我国《民法通则》第120条规定："公民的姓名权、肖像权、名誉权、荣誉权受到侵害的，有权要求停止侵害，恢复名誉，消除影响，赔礼道歉，并可以要求赔偿损失。"这里所提的赔偿损失，实际上包括了精神损害赔偿。因为公民的姓名权、肖像权、名誉权、荣誉权，一旦受到不法行为侵害，权利人所受的损失主要是精神方面的，而不是物质的。最高人民法院《关于确定民事侵权精神损害赔偿责任若干问题的解释》第1条规定："自然人因下列人格权利遭受非法侵害，向人民法院起诉请求赔偿精神损害的，人民法院应当依法予以受理：……（二）姓名权、肖像权、名誉权、荣誉权。"

名誉权是人格权的组成部分，人格权是民事主体所固有的、以人格利益为客体、平等地享有且为实现其独立人格所必须的权利。这种权利与主体之间具有不可分离的属性，民事主体依据出生的事实，即可取得人格权，权利的享有始于出生，终于死亡，为公民终身享有。幼儿是独立的民事主体，依法享有名誉权，在其名誉权遭到侵害并造成严重后果时，依法可以获得精神损害的赔偿。

司法实践中，在确定具体的精神损害赔偿数额时，法院依据权利人所受损害的性质、种类、程度、社会影响面的大小等情况，综合考虑受害人为恢复正常的精神生活所需要的时间，然后再依所需时间长短来确定。

我国立法确立精神损害赔偿制度，体现了社会主义国家对公民人格的充分尊重，是社会主义文明进步的标志,有利于全民族法制观念的提高。

## 建 议

(1)应尊重每个公民的名誉权,包括未成年的孩子,包括幼儿园的孩子。

(2)加强公民的普法教育,提高每个公民的法律意识。

## 126. 幼儿租车受伤,谁来负责?

### 案 情

　　小豆上幼儿园大班,平时由爷爷和奶奶接送。这几天,爷爷生病住院,奶奶在护理爷爷,小豆来回幼儿园只能由其父母来承担。这一天,他母亲临时上早班,六点钟就出门了,父亲有急事要出差,是七点半的火车票。天正下大雨,时间又紧张,他父亲就托付一位开出租车的邻居蒋某,来接小豆去幼儿园。由于蒋某开了一夜的车,非常疲倦,本想回来休息了,但又碍于邻居的面子,不能拒绝,所以蒋某与小豆父亲提出,路滑难行又非常困乏,如有意外概不负责。小豆父亲因为时间紧迫,就表示同意。结果,车在幼儿园附近的交叉路口,由于路面滑,能见度低,车子冲上了人行道,碰上了一根大树。小豆前额撞开了一个口子,缝了25针,蒋某自己也受了轻伤。为此,小豆父母要求蒋某赔偿有关医疗费用。但蒋某认为,他们有约在先,蒋某对此概不负责。

### 分 析

　　本案中,要确定蒋某是否应承担责任,关键在于弄清楚小豆父亲与蒋某之间事先约定的免责条款是否成立并生效。如果免责条款能生效,蒋某的责任就会被免除;如果不能生效,蒋某则应承担责任。

　　根据本案情况,当事人之间设定的免责条款不符合民事法律行为的生效要件,故不能生效。首先,此条款违反了自愿、公平原则。按照自愿和公平原则,当事人在订立免责条款时,应充分表达自身的意愿,任何一方都不得利用对方的迫切需要和缺乏经验,而强迫对方接受明显对自己不利的条款,否则,将构成显失公平的条款。本案中,蒋某明知小豆父亲时间紧迫而提出如有意外概不负责的不公平条款,这对小豆父亲来说是不公平的。根据我国《民法通则》第59条的规定,可以要求撤销该条款。其次,该条款违反了法律规定和社会公共道德。

　　一般来说,当事人所设定的免责条款,既可能免除其合同责任,也可能免除其侵权责任,但是对于因故意和重大过失而致人损害的责任,当事人不得通过设定免责条款而加以免除,因其在本质上违反了法律关于任何人不得侵害他人的财产和人身的一般义务。行为人实施此种行为具有明显的不法性,应受到法律的制裁,否则必将对法律秩序构成威胁,同时也有违社会公德。

　　该条款排除了被告所应负的基本合同义务,即承运人负有将客人安全、及时地送到目的地的基本义务。本案中,蒋某与小豆父亲订立合同时提出因路面难行,如有意外概不负责。蒋某本意是无论发生任何事故,导致小豆不能被安全、准时地送到目的地,蒋某都不负责任,通过此免责条款来免除其应负的基本义务。但由于免责条款与合同内容形成了矛盾,它的设定使合同规定的蒋某的基本义务名存实亡,这显然是不当的。

综上所述,小豆父母可以请求撤销免责条款或确认该免责条款无效。蒋某未能将小豆安全地运达幼儿园,一方面违背了他们之间已成立的合同关系;同时由于蒋某的过错使小豆的身体受到伤害,这侵害了小豆的健康权,蒋某的行为又构成了侵权。所以,小豆父母的请求将会得到法院的支持。

## 建 议

(1) 幼儿父母应学习一些相关的法律知识,维护自己及孩子的合法权益。

(2) 幼儿园在进行家长学校的培训时,可以渗透一些保护幼儿权利的法律知识,提高家长的法律素质。

## 127. 邻居公鸡啄伤幼儿,双方各有责任

### 案 情

王家与李家隔墙而居,各有一个小院,院墙高约为两米。农忙期间的一天下午,王家夫妇下地干活,将5岁的儿子小王锁在自家的院子里独自玩耍。李家养了一只大公鸡在院子里,这天下午,李家全家人也下田务农去了,院子大门紧锁。不知什么缘故,这只大公鸡飞过院墙,进入王家院里,将正在玩耍的小王的左眼啄伤。小王受伤后在院里大哭,同村的王大爷恰巧路过此地,就打开院门将小王送往医院。经二家医院的治疗,王家共花去近万元的费用。为此,王家向李家提出赔偿请求,李家未答应,由此发生纠纷。

### 分 析

这是一起动物致人伤害案,日常生活中经常会遇到。

根据我国《民法通则》第127条的规定:"饲养动物造成他人损害的,动物饲养人或管理人应当承担责任;由于受害人的过错造成损害的,动物饲养人或管理人不承担民事责任;由于第三人的过错造成损害的,第三人应当承担民事责任。"本案中,李家的公鸡飞过院墙,啄伤王家的小孩,责任在李家,饲养动物应当加强对动物的管理,疏于管理造成动物伤害他人的应当作出赔偿,所以李家应当承担民事责任。

《民法通则》第131条规定:"受害人对损害的发生也有过错的,可以减轻侵害人的民事责任。"本案中,受伤害的是5岁的幼儿,属于无民事行为能力人。根据《民法通则》第12条:"不满10周岁的未成年人是无民事行为能力人,由他的法定代理人代理民事活动。"第16条规定:"未成年人的父母是未成年人的监护人。"担任幼儿的监护人,其监护的职责主要有以下几项:(1)保护幼儿的人身、财产及其他合法权益;(2)管理幼儿的财产;(3)代理幼儿参加各类民事活动;(4)教育和照顾幼儿;(5)在幼儿的权利受到侵害或发生争议时,代理其进行诉讼。

王家夫妇将5岁的儿子小王锁在自家院子里,在一定程度上可以认定其没有尽到监护人的义务,对小王的损害也应负一定的责任。

本案,法院通过调解工作,说明法律上的一些规定,劝说双方相互作些让步,珍惜邻里间已有的感情,相互理解、相互体谅。最后双方达成协议,李家承担大部分费用,王家也承担了小部分费用。

## 建 议

(1) 公鸡啄伤人的事件比狗咬伤人的事要少得多,但是现实中确实发生过,所以饲养动物的人应该认真管理好所养的动物。

(2) 对于幼儿的家长来说,看管好小孩子是不可推卸责任,不能因为工作忙碌而疏于监护,避免发生不幸的伤害事故。

## 128. 弱智女溺水亡,村委会作赔偿

### 案 情

6岁女孩许某是一个弱智小孩,家在农村,经济条件并不富裕,普通的幼儿园不肯收她,父母也没有条件送她到城里的培智学校,更不可能请专门的教师到家里,所以小孩一直在家里,由家人看管照顾。去年7月的一天中午,许某趁家人的一时疏忽,走出了家门。小孩独自一人走到村东面一个已废弃了的矿区里,内有一个人工挖掘的水潭,她沿着水潭行走时滑入水中。由于矿区里无人出入,待有人发现许某漂浮着尸体时,已是下午5时许。村民们迅速将小孩送往医院,由于溺水时间太久,许某经抢救无效死亡。办完丧事后,许某父母在亲戚的提醒下想到,矿区里原本是没有水潭的,前二年村委会和村经济合作社为销售土方而挖掘了这个水潭,但未对现场予以清理、整治,没有作相应的防护措施,使这一水潭长期与外界畅通,因此村委会和村经济合作社对此应负责任。当许某父母提出这个要求时,遭到对方彻底的否定。为了给死去孩子讨个说法,他们走进了法庭。

### 分 析

这是一起弱智幼儿死亡纠纷案。弱智者尽管智力低于常人,但其民事主体资格依法拥有,其生命健康权依然得到法律的保护。

我国《民法通则》第9条规定:"公民从出生时起到死亡时止,是有民事权利能力,依法享有民事权利、承担民事义务。"第10条规定:"公民的民事权利能力一律平等。"第98条规定:"公民享有生命健康权。"由此可见,无论公民的智力高与低,其民事权利和生命健康依法享有,他人不得非法剥夺。

本案中,村委会和村经济合作社是存在一定的过错的。这个水潭是此两个组织为了销售土方而挖掘的。水潭形成后,没有在潭边设立警示标志,也没有设置一定的防护措施,使水潭与外界直接相通,没有一点阻挡。这些过错,为许某的闯入提供了便利条件,成为事故产生的一大因素,所以这两个组织应当承担相应的民事责任。

许某的家长也是有责任的。我国法律规定,未成年人的父母是其法定监护人,承担监护的责任。监

护人的职责主要有以下几项(1)保护被监护人的人身、财产及其他合法权益;(2)管理被监护人的财产;(3)代理被监护人参加各类民事活动;(4)教育和照顾被监护人;(5)在被监护人的权利受到侵害或发生争议时,代理其进行诉讼。监护人不履行监护职责,应当承担责任。

本案中,许某不仅是未成年人,又是一位智力障碍者,作为监护人更应悉心关怀,照顾好小孩,然而由于一时的疏忽,让孩子走失了,导致悲剧的发生。

在法庭辩论中,两被告认为,许某作为智障幼儿,却能一个人跑出来,是父母未尽到监护责任,况且出事地点在村外,又不是公共场所,应由原告负全部责任。原告认为,两被告在挖出水潭后,未设置防护措施,应负主要责任。

经审理,法庭采纳了双方的主要意见,认为原告应负主要责任,判令两被告承担丧葬费和死亡赔偿金的40%。

## 建 议

(1) 在农村,挖土成水潭是常有的事,通常不太注意设置相应防护措施,导致类似的悲剧发生。因此一定要做好防护措施。

(2) 监护人对于弱智幼童应悉心看护,尽可能得村民的帮助,共同来关心小孩的成长。

# 129. 遗嘱可以剥夺幼儿的继承权吗?

## 案 情

王某之前妻因病而亡,王某与前妻生有两个女儿,均已长大成人。五年前,王某与李女结婚,生有一子叫山山。由于婚前感情基础较差,再婚后,王某与李女的关系一直不好,常为家庭琐事而大打出手。在山山4岁时,王某与李女分手,山山跟母亲生活。一年后,经医院检查得知,王某患有不治之症。王某即立下遗嘱,内容大致如下:20万银行存款和120平方米住宅房一套均由两个女儿来平均继承。三个月后,王某离开了人世。李女获悉后,就与王某之女协商,山山应有继承父亲财产的权利,但遭到两女儿的拒绝。李女无奈,只得请求人民法院依法处理。

## 分 析

这是一件遗嘱纠纷案,涉及幼儿继承权的问题。

我国《继承法》第16条规定:"公民可以立遗嘱将个人财产指定由法定继承人的一人或者数人继承,公民可以立遗嘱将个人财产赠给国家、集体或者法定继承人以外的人。"但是,遗嘱自由并非不受任何限制。《继承法》第19条规定:"遗嘱应当对缺乏劳动能力又没有生活来源的继承人保留必要的遗产份额。"本案中,山山是王某的亲生儿子,是法定继承人,他只有4岁,是未成年人,肯定是缺乏劳动能力和生活来源的。因此,王某在遗嘱中没有给山山留下必要的遗产份额是违法的。

我国《继承法》第7条规定:"继承人有下列行为之一的,丧失继承权:(1)故意杀害被继承人的;

（2）为争夺遗产而杀害其他继承人的；（3）遗弃被继承人的，或者虐待被继承人情节严重的；（4）伪造、篡改或者撤销遗嘱，情节严重的。"这一法律条款，确实了继承人将被剥夺继承权的情况。但本案中，山山不可能会有以上情节，故山山不可能被剥夺继承权。

本案中，王某所立遗嘱，剥夺了山山的继承权，是不合法的。那么，是不是整个遗嘱全部无效呢？不是的。遗嘱的部分条款无效，不影响其他部分的效力。根据本案，王某的两个女儿仍有权继承王某的大部分遗产，山山能够得到一定数量的遗产，能维持他正常的生活。李女作为山山的法定代理人（监护人），保管这些财产。

本案告诉大家，当事人立遗嘱时，不应当剥夺未成年人的继承权。这不仅是法律制度所规定的，也是社会主义道德的基本要求。

## 建　议

（1）家长应多学一些有关家庭的法律知识，保护自己和孩子的合法权益。
（2）生活中碰到一些问题，可以咨询律师，避免不必要的诉讼，耗费大量的财力和精力。

## 130．幼儿摔死垃圾堆，损害责任找哪家？

### 案　情

伟伟今年6岁，在幼儿园上大班。其父母在所住小区内开了一家杂货店，生意颇为兴隆。星期天的上午，父母忙着照顾生意，伟伟一人在小区的道路上踢皮球。皮球是他最心爱的玩具，一有空就要拿出来踢。玩得正来劲时，皮球滚到了路边的建筑垃圾堆中。伟伟飞快地跑过去，跳上垃圾堆，脚下一滑侧倒在垃圾上，一根钢筋刺穿了伟伟的股动脉，顿时鲜血直流，小孩大声哭叫。父母闻讯立即放下生意，将孩子送往附近医院抢救，不幸的是由于流血过度，小孩离开了人世，父母悲痛欲绝。丧事结束后，伟伟父母认为孩子不该这样不明不白地离开世界，要为孩子讨个说法。于是将垃圾的主人潘某、物业管理部门、居委会告上了法庭。据查，垃圾为潘某在一个月前倒下，居委会曾多次要求潘某、物业去处理掉，但未产生任何效果，最后引发了悲剧。法庭将如何处理？

### 分　析

这是一桩幼儿伤害事故纠纷案。现在社会竞争激烈，作父母的，工作压力大，十分繁忙，放在孩子身上的时间和精力相对减少，稍一疏忽，很有可能带来终身遗憾。

潘某住房搞装修，将拆下的建筑垃圾倒在小区的道路旁，属乱倒垃圾的行为，影响居民的生活，侵犯了居民的合法权益，违反了小区的有关规定，也违反了市民的相关守则，存在一定的过错。居委会发现这一情况后，多次上门要求潘某把垃圾搬走，但潘某都置之不理，他是错上加错。伟伟是摔在潘某所倒的垃圾上而死亡，潘某的行为与伟伟的死亡是有因果关系的，潘某承担民事责任不可推卸。

物业管理部门也有责任。物业部门收取了业主一定的管理费，应该为业主提供维修、卫生、安全等

方面的服务。本案中,居委会曾几次去物业部门,要求他们派人处理掉建筑垃圾,这项工作本来就是物业部门的分内之事,但居委会的几番努力始终未能使物业部门采取任何措施,这是一种违约行为。最终酿成命案,物业有不可推脱的责任。

家长也有监护不力的责任。伟伟父母作为伟伟的监护人,这是我国《民法通则》所规定的。监护人应该照顾、看管、教育好自己的小孩,尽到监护人的职责。本案中,伟伟父母忙于杂货店的经营,要紧照待顾客,没有时间顾及自己的孩子,只能让小孩子一个人围着皮球玩,而且玩耍的地方是小区的街道,车来人往很多,存在着一定的安全隐患,这是家长的过错。

居委会没有过错,不应对此负责。居委会是一个民间自治性组织,限于人力、物力和权限,不能强制潘某去处理垃圾,也不可能强制物业去履行其职责,只能起一个督促、协调的功能。本案中,居委会几次三番要求潘某的物业去解决此垃圾,尽到了自己的最大努力,由于对方的不配合,未能产生理想的效果而已。

法院经过开庭审理,判决潘某和物业承担主要责任,家长承担小部分责任,居委会不负责任。

## 建 议

(1)家长要加强对孩子的安全教育,让孩子学会一点自我保护的方法。
(2)监护人要尽到监护的职责,切实看管好自己的小孩,来不得半点大意。

## 131. 照相馆擅自展出幼儿照片,是否合法?

### 案 情

王一夫妇在其女儿5岁生日时,到照相馆为小孩子拍了一组艺术相片。照相馆感到这组照片很有质量,就暗地里多印了三张相片留下。一个月后,照相馆把这三张艺术相片放在店门口的橱窗内展出。王一单位的同事看到了展出的照片后,就告诉了王一。王一获知后,立即去照相馆,要求取下艺术照片,并在橱窗内刊登公开道歉声明。而照相馆则认为,该组照片是该照相馆的创作作品,根据我国《著作权法》,该馆对这幅照片享有著作权,而展览权是著作权中的一个内容,所以该照相馆有权予以展览,而不必征得王一的同意。双方为此发生了争议。

### 分 析

我国《民法通则》第100条规定:"公民享有肖像权,未经本人同意,不得以营利为目的使用公民的肖像。"根据这一规定,公民享有肖像权。所谓肖像权,是指公民对自己的肖像以及在自己的肖像上所体现的利益为内容的人格权。肖像权的内容有:第一,制作专有权,即有权制作自己的肖像并许可或禁止他人制作。第二,使用专有权,即有权以任何方式使用自己的肖像并许可或禁止他人使用。第三,肖像利益维护权,即当他人非法使用自己的肖像损害了自己的人格利益时,公民可以依法追究侵权人的责任。

侵犯肖像权有以下构成要件:第一,有使用肖像的行为。这里的肖像,应指一切再现公民形象的视觉艺术作品及其复制品。第二,未经肖像权人的同意。第三,主观上出于是故意或过失。未经他人同意而使用他人肖像,在一般情况下是出于故意,但是,如果误认为某人的画像是虚构的艺术作品而擅自使用,同样构成侵权。

最高人民法院关于贯彻执行《民法通则》若干问题的意见第139条也规定:"以营利为目的,未经公民同意利用其肖像做广告、商标、装饰橱窗等,应当认定侵犯公民肖像权的行为。"本案中,照相馆私下多印了三张艺术相片,并置于橱窗内,有广告宣传的作用。无论是私留照片还是展出相片,都没有经过肖像权人的同意,所以构成侵犯肖像权是无疑的。

顾客到照相馆照相,向照相馆支付一定的费用以后,照相馆给其拍照,交付约定数量的照片,这已形成了一种合同关系,更准确地讲,是一种服务合同。合同的标的即照相馆提供的服务,这种服务将以照片为表现载体,它以最终工作成果即照片上的人的形象的方式表现出来。所以照相馆私留照片,是一种违约行为。

照相馆以拥有著作权而提出可以使用的理由,是不成立的。根据我国《著作权法》第3条规定,摄影作品有著作权,但是著作权人行使著作权时,必须尊重肖像人的肖像权。以行使著作权为借口而侵犯他人的肖像权,是非法的行为,应当承担法律责任。

本案中,王一可以法定代理人的身份(小孩子为原告)向法院提起诉讼,其请求会得到法院的支持的。

## 建 议

(1) 著作权离我们并不遥远,家长应多学习相关的关法律、法规,保护自己孩子的合法权利。

(2) 加强公民的法制教育工作,无论是哪一行工作,均应依法办事,避免侵权、违约行为的发生。

## 132. 无证经营危险品,幼童受害谁负担?

### 案 情

浙江省某地的一个6岁小孩强强,独自一个人在329国道附近玩耍。路旁放着几个彩色的塑料桶,没有隔离,没有警示,其中有一个桶安装着阀门,并渗出透明的液体。强强误认为是水,便拧开阀门。不料桶里冲出一股液体,喷到强强的脸上、颈上,强强发出一声惨叫,便失去知觉,倒在马路旁边。后来,过路的好心人租车将小孩送到医院,经检查、化验,发现强强面部3度烧伤,构成轻伤。该种液体是浓度为38%的烧碱,其主人为黄某。经查,黄某为无证经营化学危险品,那天是黄某准备将几桶烧碱先放在路边,乘便车运往外地客户,黄某等候了一个多小时没有便车来,就去小饭店吃饭了,也没有安排人看管这些危险品,导致了悲剧的发生。事发后,强强父母与黄某进行了交涉,要求黄某承担民事责任;黄某认为自己不该赔偿,是小孩子自己去开笼头而致伤,家长没有看管好自己的儿子是事故的关键。双方不能达成统一意见,纠纷开始了。

### 分 析

这是一件危险品致幼儿伤害案,由于强强已经构成轻伤,本案已涉及刑事。

黄某应该承担责任,黄某是烧碱的生产者,应该知道自己生产的38%的烧碱是一种危险品,对人体有一定的伤害。他把装有烧碱的塑料桶置于马路边,没有进行隔离,也无警示标志,自己离开现场去饭店吃饭,把这样的危险品留在经常有人往来的公共场所,显然存在着造成他人身体受到伤害的可能,这是黄某应该能够预见到的,所以黄某主观上存在故意(间接故意)。客观上,由于黄某的过错造成了强强的伤害,而这些伤疤将永远留在小孩的脸上,给他将来的生活带来很多困难,这一痛苦将相伴终身,后果是较为严重的。黄某又是无证生产、无照经营,违反了我国危险品生产、经营的相关规定,所以黄某承担赔偿责任是无可推卸的。

强强是6岁的幼儿,依据我国《民法通则》的规定,他是无民事行为能力人,所以黄某认为是小孩子自己去开阀门而受伤,应该自己负责的观点是无法律依据的;而黄某认为强强的父母没有尽到作为父母的责任,没有很好地看管好自家的小孩,这是有一定的道理的。根据《民法通则》第16条的规定:"未成年人的父母是未成年人的监护人"。监护人应该履行照顾、管理、教育孩子的职能。我国《道路交通管理条例》第63条第五款规定:"学龄前儿童在街道或公路上行走,须有成年人带领。"本案中强强一人独自在车辆很多的国道边玩耍,其父母没有尽到监护的责任,或者说是父母监护不力,最终导致小孩因无判断能力而打开阀门受伤。这个理由可以稍稍减轻黄某的责任。

由于强强已构成轻伤,小孩的父母可以作为法定代理人,向法院提起刑事自诉,要求法庭追究黄某的刑事责任,并作出民事赔偿。本案经法院审理,判处黄某拘役6个月,缓刑6个月,赔偿医药费、治疗费、交通费、护理费等共计16万元。

## 建 议

(1)家长在做好本职工作的同时,要尽到监护人的责任,不要让小孩到有一定危险隐患的地方去。

(2)家长、教师应加强对孩子的教育,不要随便去动别人的东西,尤其是陌生的东西。

## 133. 亲母杀子该当何罪?

### 案 情

女子贾某,今年26岁,租住在北京市大兴区某小区的房屋内,因与婆家关系不好,贾某感觉2周岁的儿子王小小眼神像婆婆,心里对儿子更是充满怨气,经常拿儿子撒气。丈夫王某不在家时,贾某经常不给儿子换纸尿裤、不给饭吃,还先后10余次掐过儿子脖子,直到其脸色发青才罢手。

2014年10月11日清晨7时许,贾某因其儿子王小小发出声音很大将她吵醒,非常生气,愤而将王小小摔在地上致其颅骨骨折。为制止王小小的哭声,贾某又用手猛掐王小小的颈部,后又将塑料袋套在王小小头上并用棉被压盖,导致王小小死亡。当晚,孩子父亲王某伙同贾某,驾车将王小小尸体埋至河北某地。

公安机关在接到报警后,进行了侦察与走访,侦查员向王某调查取证时,王某还故意作假证明包庇贾某。在强大的政策压力下,10月15日,贾某到公安机关自首,王某于第二天被查获归案。

## 分　析

这是一桩真实的刑事案件,百姓是难以想象一个母亲怎么可能亲手杀死自己的儿子呢?然而在现实中却真的发生了。

6月1日上午,北京二中院对这起年轻母亲杀子案作出一审宣判:26岁的河北籍女子贾某因杀害2周岁的儿子,犯故意杀人罪,判处十一年有期徒刑,剥夺政治权利三年;孩子父亲王某犯帮助毁灭证据罪、包庇罪,判处一年三个月有期徒刑。

贾某平日里就经常虐待儿子,不给儿子吃饭、掐儿子脖子,在儿子身上出气等行为,已经涉及虐待罪。6月11日,贾某又摔儿子致其颅骨骨折,还将塑料袋套头并用棉被压盖,使其不能呼吸导致王小小死亡,主观上有剥夺他人生命的故意。法院的定性是准确的,量刑是偏轻的。

宣判现场,贾某流下了悔恨的泪水,王某始终低着头,一言未发。这是一起典型的因家庭矛盾导致未成年人受害的悲剧。成年人之间发生矛盾、犯下错误,却让无辜儿童成为情绪的"宣泄口"。此类案件一再发生,引人深思。

## 建　议

(1) 因家庭矛盾致伤未成年人案件屡有发生,作为家长应正确对待夫妻之间的问题,不要拉扯到小孩身上,力争让孩子不受伤害。

(2) 极个别的孩子家长通过伤害子女寻求心理平衡,这种心理需要调整,或通过心理医生进行治疗,逐步改善不良的心态。

## 134. 幼儿培训受伤,机构负责赔偿

### 案　情

王某的儿子伟伟今年5岁,上幼儿园中班。由于王某夫妇工作十分繁忙,早上自己送伟伟去幼儿园后,没有时间去接儿子回家,所以就委托一家幼儿培训机构负责接去,并参加此机构的放心班学习,再由小孩父母到该机构将小孩接回家。双方签定的一份协议。一天,伟伟的父亲接到培训机构的电话:"伟伟的爸爸,我是少儿英语放心班的老师,你儿子今天摔跤受伤了,你快过来一趟。"挂掉电话,王某向单位请假,匆匆赶去机构看儿子。

走进培训机构,伟伟一个人躺在办公室睡觉,眼角已经肿了起来。王某心疼地抱起儿子,伟伟醒来后就吐了王波一身,哭闹不止。王某立刻送儿子去了苏州大学附属儿童医院,医生检查后说伟伟是眼部骨折需要手术,但是这个手术苏州不能做,只能转到上海医院去做。经过一段时间的治疗,伟伟的眼睛逐渐恢复,总共花费了38 000多元。王某觉得与机构签订放心班的协议书,约定由机构负责伟伟放学后的生活与学习,伟伟是因为当时教室地面太滑才摔倒的,要求学校赔偿。机构认为自己已经尽到安全负责的义务,伟伟是自己不小心摔倒磕在课桌上的,而且课桌椅都是

塑料的,排除了许多不安全的隐患,培训方不应负责。

于是,王某夫妇以代理人的身份,将培训机构告上了法院。

## 分 析

这是一起社会办学机构内发生的幼儿伤害事故,社会培训机构与幼儿园的办学要求不同,师资配置也不同,但是在安全方面的条件是不可降低的。

我国《未成年人保护法》第22条规定:"学校、幼儿园、托儿所应当建立安全制度,加强对未成年人的安全教育,采取措施保障未成年人的人身安全。学校、幼儿园、托儿所不得在危及未成年人人身安全、健康的校舍和其他设施、场所中进行教育教学活动。"

依据最高人民法院关于贯彻执行《中华人民共和国民法通则》若干问题的意见(试行)第160条规定:"在幼儿园、学校生活、学习的无民事行为能力人或者在精神病院治疗的精神病人,受到伤害或者给他人造成损害,单位有过错的。可以责令这些单位适当给予赔偿。"

孩子家长认为,是教室的地面太滑才使伟伟摔倒的;而培训方认为,是小孩自己不小心摔倒的,而且已经注意到安全因素,课桌都用塑料的。

经法官调查,培训机构具备合法资质,可以举办培训班放心班。对发生的事故,法官认为幼儿摔倒的原因,自己不小心是一个因素,但幼儿毕竟不同于成人,不能用成人的小心谨慎来要求幼儿;教室地面滑也是一个因素,而且是主要原因,所以培训方应负主要责任。依据前述相关法律条款,经过多次调解达成协议,培训方一次性赔偿24 000元给伟伟,幸运的是校方为每个孩子投过保险,获得4 000元的赔偿。其余部分家长负责。

法院的调解是比较合理的,培训方既然开设了对幼儿的放心班,就要考虑到幼儿的特点,采取更为妥当的方法,保护好幼儿的安全,毕竟安全是第一的。

## 建 议

(1) 现在社会培训机构很多,家长在给孩子选择放心班的时候,应当选择环境安全、师资充足、具有经营资质的正规辅导班。

(2) 家长尽可能为小孩购买一份保险。

## 135. 幼童亡于自然河道,父母担责

## 案 情

据《姑苏晚报》2015年7月21日报道,李先生夫妇从外地来苏州吴中区务工,租住在吴中区一村落已有5年了。家中小孩佳佳4岁,平日里佳佳由妈妈照看。租住房对面有一条走廊可以通向

河道,走廊西侧的房屋已被拆迁公司拆掉,形成了一块空地。通过空地进入走廊,行进 40 米左右就能到达一条自然河的埠头,河埠头有 5 个台阶伸入河道。

2012 年 8 月的一天下午,小佳佳到河边玩耍。待家长来找时,河埠头台阶上只留下了一双童鞋和一辆玩具汽车。原来,佳佳不幸溺水,经医院抢救无效于当日死亡。于是佳佳父母要求街道、居委会和拆房公司共同赔偿 50 余万元,协商不成,便告上了吴中区法院。

## 分 析

这是一起水乡经常发生的儿童溺水案,涉及侵权责任的纠纷。

李先生夫妇认为,村委会和街道疏于对事发河道及河边的维护和管理,致使周围村民私设搭建物,造成河道水流改变,水深增加,形成漩涡;街道和负责该片区拆除工作的某拆房公司在拆迁房屋后,未设置警示和安全防护措施,增加了女儿佳佳进入河边的风险。他们对此案负有责任,应当作出赔偿。

村委会称,事发河段是自然河道,其只有对河道进行卫生清洁的职责;附近居民为方便生产、生活建造的河埠头与本案事故发生没有关联性;原告在事发地附近居住多年,应当清楚周围环境,事故是原告未尽监护职责所致。

街道办称,附近村民搭建的驳岸与河埠头,均形成于原告来苏州务工之前;原告称村民私设搭建物,造成河道水流改变和水深增加并无依据;法律未规定其有义务对自然河道周围设置防护和警示标志,故不存在这方面的管理责任。溺水身亡事故系失去监管的儿童在河边玩水不慎落水所致,与河流本身和拆迁环境无关。

拆房公司称,其只负责拆房,不涉及外围的东西,不可能要求其对河道进行防护。

吴中法院审理认为,佳佳年仅 4 岁,系无民事行为能力人,父母放任其在无成人看管的情况下外出游玩,导致其溺水身亡,其父母未尽到照顾、保护和管理的监护职责,对佳佳的死亡有着不可推卸的责任。

虽然村民委员会负有一定的公共事务管理职责,但该职责不应过度扩张。河道周围居民为生产、生活便利搭建河边驳岸及河埠头现象在江南水乡常见,其所含的一定限度的危险性为常人所能理解和接受,只要不破坏河道本身或显著增加他人危险,通常不必制止。以公共事务职责,要求村委会对自然河道及其周围有防护设施和警示标志的义务,过于苛刻。街道办作为政府派出机构,对辖区内的自然河流及其周围进行防护和设置警示标志不是其法定义务,故不存在疏于管理的情形。拆房公司在被拆房屋及其场地周围设置防护措施和警示标志的目的是警示施工现场而非河道危险,故拆房公司的不作为不是导致本案事故发生的原因。

因此,原告脱离看护是事故发生的直接原因。原告请求三被告因河道、被拆房屋及其周围,未设置防护措施和警示标志而承担责任,缺乏内在关联性。最终,法院判决驳回了李先生夫妇的诉讼请求。法院的判决是合理的,自然河道与临时挖掘的水塘,在管理职责上是有本质的差别的。

## 建 议

(1)幼儿尚不能真正意识到河道的危险性,家长作为监护人,要对孩子加强涉及河道的危险性教育。

(2)家长要看管要自己的小孩子,千万不能让小孩单独到河边玩耍。

## 136. 大妈跳舞撞伤幼童，如何赔偿

### 案 情

据《扬子晚报》2015年7月21日报道，2014年6月12日晚，戴大妈与往常一样在常熟某公园和舞友们一起跳广场舞。伴随着音乐声响，戴大妈越跳越投入。3岁的幼童小周，跟随父母也到广场上玩乐。当戴大妈跳到快速后退步时，突然觉得被绊了一下，身体迅速失去平衡，重重倒地。原来她已将一名3岁的幼童压倒在地。戴大妈一骨碌爬了起来，然而这位小朋友却哭着站不起来了。闻讯而来的孩子父母将孩子扶起后在第一时间送往医院，经诊断这位被压伤的幼童右股骨骨折，花费医疗费24 000多元。

双方因赔偿事宜协商未果，小周的父母一纸诉状将戴大妈告上法庭，要求戴大妈赔偿小周医疗费、护理费、住院伙食补助费、营养费、交通费、鉴定费等46 000多元。

### 分 析

这是一起过失伤害事件，成人在活动中不巧撞伤了幼儿。

戴大妈认为，自己没有责任，广场舞是个集体活动，不是一个人在跳。是小孩子自己跑到跳舞的队伍中来的，即使我不撞倒小孩，别的跳舞人也会撞倒小孩子的。而且，小孩子在我的身后，我不可能看到。主要原因是家长没有尽到对小孩子的看管责任，让小朋友在人员杂乱的环境中到处跑动，肯定要被撞着的，责任应由家长承担。

家长认为，广场是公共活动的场所，可以跳广场舞，也可以让小孩子来玩耍。3岁小孩随意跑动是天性，十分正常。小孩的骨折是由于大妈压倒所致，大妈就该负全部责任。

立案后，法官详细地向双方当事人了解情况，在仔细分析事情发生的原委和现场情况后，认为这次事故当事人双方均有过错，都应承担相应责任。戴大妈在公共场所跳舞时，未观察身后情况，撞击其身后的小周，并压倒在小周身上导致小周受伤是发生事故的一个原因；而小周父母作为监护人，未对年仅3周岁的小周看管、照顾好，任由小周穿行于跳舞队中，未尽到监护责任，也是事故发生的一个原因。经过法官多次协调，最终双方达成协议，戴大妈同意一次性赔偿18 000元，一场因广场舞引发的纷争就此平息。

### 建 议

（1）广场舞是一种很普遍的健身运动，如今已遍布城乡每个角落。但广场舞中有不少视觉盲区位移的动作，舞者要注意身后可能出现的小孩、动物等障碍物。

（2）家长带领自家小孩去公共活动的场所，一定要看管好孩子，不能让其乱跑，并加强安全教育。

# 137. 面对孩子，请不要冷漠

## 案　情

笑笑3岁时父母离婚，笑笑跟随父亲生活。一年后，继母胡某某进门，笑笑的苦日子就开始了。胡某某对笑笑非打即骂，经常让笑笑吃不饱饭，笑笑稍有不顺，就用针扎笑笑，还不准笑笑哭，如果哭打得更狠。笑笑全身被打得没有一块好的地方，针眼遍布全身。邻居发现后，赶紧打电话报警。

## 分　析

本案是一起虐待儿童案，继母胡某某涉嫌构成虐待罪。虐待罪是指对共同生活的家庭成员以打骂、捆绑、冻饿、限制自由、凌辱人格、不给治病或者强迫作过度劳动等方法，从肉体上和精神上进行摧残迫害，情节恶劣的行为。

我国宪法明确规定：儿童受国家保护，禁止虐待儿童。《刑法》第260条规定：虐待家庭成员，情节恶劣的，处二年以下有期徒刑、拘役或者管制。犯前款罪，致使被害人重伤、死亡的，处二年以上七年以下有期徒刑。

胡某某的行为符合虐待罪的特征，已构成虐待罪。

虐童案一般有三大特点：一是儿童在受到家庭的虐待后不敢吭声，即使有邻居、老师、同学、亲戚等知情人发现，也因各种因素未举报或未及时报警，导致虐童案难以被人发现。二是家庭和社会存在错误的思想观念，很多父母认为孩子是自己的，自己想怎么样就怎么样，别人管不着。外人也存在"别人家的事不要管"的错误心态，导致儿童成了最后受害者。此外，虐童案往往发生在单亲、离异重组等结构不稳定家庭。

为保护像笑笑这样的儿童不受伤害，一方面社会应建立防止虐童"强制报告"制度，由专业机构受理此案，避免虐童事件恶化、蔓延。另一方面，针对重组家庭，另一半应切实担负起责任，或由儿童的祖父母、外祖父母照料，或送至全托幼儿园，减少虐待者与儿童的接触时间。

## 建　议

(1) 制定专门法律，针对虐童行为进行严厉制裁。

(2) 动员社会各界力量共同干预，最大限度为儿童提供最广泛救助渠道。

## 138. 四龄童商场游乐场里被砸伤，商家游乐公司都无责吗？

### 案 情

前不久，家住南京玉兰路的何女士，带着4岁的儿子去附近一家商场购物。从暑假开始，商场就在大厅内设置了一个儿童游乐设施，每天都吸引了众多家长带孩子过来游玩。何女士也不例外，当即购票让孩子到里面玩耍。

大约10分钟后，孩子突然哭了起来，何女士立即跑过去一看，原来是孩子们在玩耍时，将游乐场内的一张桌子弄翻，桌子将何女士的儿子砸伤。何女士立即将儿子送往医院救治，还好只是皮外伤，花去医药费750元。

孩子伤愈后，何女士带着医院的病历和药费单，要求商场赔偿。没有想到的是，商场认为责任在于何女士没有带好孩子，商场无错，因此拒绝赔偿。游乐场以同样理由拒绝赔偿。气愤之际，何女士拨打了消协投诉电话。雨花台区消协立即介入，在消协的协调下，该商家最终同意赔偿何女士孩子的医药费。

### 分 析

一是商场超市开游乐场无视安全，游乐场里按要求需要4～6名工作人员现场看护。但是实际操作中，（公司）为了节省人力，不会配备人员，没有一些常规的安全救助措施，也没有消毒等卫生措施。游乐场的管理基本上由售票人员代劳。

二是审批无门槛安全监管空白。

游乐场的营业执照，一般写明的项目属于体育类型。由于他们有经营场所和营业执照，工商部门只能查看他是否合法经营，至于有没有通过审批，是否具备相关的安全措施，不在他们管辖范围。

既然这些儿童游乐场的营业执照上的经营项目属于体育项目，那么他们的审批资格是不是由体育局负责和监管？而体育局说明儿童游乐场的确属于体育项目，但是它不属于危险性体育项目，因此儿童游乐场不在体育局审批和监管范围。出现儿童伤害事件时，工商消协也只有根据相关规定，进行协调工作。

笔者认为根据《消费者权益保护法》的规定，消费者在购买、使用商品和接受服务时享有人身、财产安全不受损害的权利，而经营者应当保证其提供的商品或者服务符合保障人身、财产安全的要求。商家出售了门票，就预示商家和消费者达成了消费协议，商家就要对儿童的安全承担责任孩子们在游乐场中游戏，安全上应该得到保障，若是受到伤害，家长应该尽量保留票据、照片以及其他家长的证言、联系方式，作为日后索赔的证据。

### 建 议

(1) 发生意外留好证据及时索赔

(2) 一般的游乐场中孩子多工作人员少，一人看多个孩子难免疏忽，建议家长尽量陪在孩子身边，确保孩子安全。

附编

国外案例

这里共收集了 15 个国外有关幼儿遭侵权的案例。但对国外的案例,我们只对事件作客观的描述,不进行分析,也不提出任何建议。因为,各个国家的法律体系不同、公民的法律意识不同、各民族传统的习惯相异,加上编者对国外法律的了解甚少,对不同国家的案例难以作出恰当的法律分析,也就不可能提出适合的建议了。但是,通过这些国外的案例,可以窥视国外的一些法律及对幼儿的保护,并有所启示。

## 139. 美国首例虐童案

玛丽·艾伦·威尔逊是美国社会公认的第一例虐童案的当事者。

1874 年当她终于站上法庭作证控诉时,她已经被养母康奈利太太虐待了近 8 年时光。在邻居的证言中,每天康奈利太太都会"有系统地"进行毒打,玛丽的哭声和哀号充斥着整个房间。后来,那件毒打的证物被发现了,是一条半米多长的马鞭。玛丽从未看过窗外,更没出过门,如果和别人交流就会被痛打,每天被锁在狭小的"地狱般的壁橱"里。

当教会工作人员发现玛丽时,疤痕和烧伤已经覆盖了她的整张脸,甚至还有一条从额头到下巴的大切口,那是康奈利太太用剪刀削出来的。

当社会各方准备组织营救她时,却遭遇了"没有保护受虐儿童的法律,却有防止虐待动物协会"的尴尬现状。由于司法界和媒体界的关注逆转了玛丽的命运。

这一事件的发生,推动了社会对儿童的保护运动。当年纽约就成立了美国第一个防止虐童协会。政府和法律也在行动,1899 年,伊利诺伊州库克县建立了第一个保护受虐儿童的少年法庭。1912 年,美国国会创建了美国儿童局。1944 年,美国联邦最高法院确认:各州政府在保护儿童的目的下,有权干预家庭事务。

(来源:反思:美国应对虐童事件的措施 · 摇篮网 www. yaolan. com 2013 - 03 - 21)

## 140. 美国幼儿认识"O"

1968 年的一天,美国一位 3 岁女孩指着一个礼品盒上的"open(开)"对妈妈说,她认识第一个字母"o"。妈妈非常吃惊,问她是怎么认识的。女孩说是幼儿园老师教的。这位妈妈却一纸诉状把幼儿园告上了法庭,理由是这家幼儿园剥夺了孩子的想象力。因为她女儿在认识字母"o"之前,能把"o"说成是苹果、太阳、足球、鸟蛋等圆形的东西。

法院开庭时,这位妈妈又当庭进行了如下辩护:"我曾在一个公园里见到两只天鹅,一只被剪去了左边的翅膀,放在较大的水塘里;另一只翅膀完好无损,被放在很小的水塘里。管理人员说,这样能防止它们逃跑,剪去左边翅膀的因无法保持身体平衡而无法飞行;在小水塘里的那只天鹅因没有足够的滑翔路程,也只能待在水里。现在,我女儿就犹如一只幼儿园的天鹅,他们剪掉了她一只想象的翅膀,过早地把她投进了那片只有 abc 的小水塘。"

法庭最后宣判幼儿园败诉！从此，美国《公民权法》中多了两项特别规定——幼儿在幼儿园和学校拥有两项权利：(1)玩的权利；(2)问"为什么"的权利。

（来源：幼儿的权利　http://www.cnsece.com　2009 - 01 - 18）

## 141.　美国老师发现家长虐童

2009年2月，美国加利福尼亚州洛迪市一所学校的老师发现，他们一名6岁女生身上有熨斗烫伤的痕迹，还有被棍子抽打的伤痕。结果老师报了警。女生的父亲被起诉以虐儿罪，母亲则被控危害儿童罪。

（来源：美国虐童调查2 500家美国网站刊登非法图片.南方都市报 2012 - 04 - 01）

## 142.　美国母亲体罚异国养子

2011年8月29日，阿拉斯加州一家法院裁定一名体罚俄罗斯养子的美国母亲杰西卡·比格莱虐待儿童罪名成立，判处她180天监禁，缓期执行。杰西卡·比格莱去年参加心理类电视栏目《菲尔医生》时允许电视台播放一段自己体罚7岁俄罗斯养子的视频。视频中，比格莱强迫养子吞食热果酱、洗冷水澡。

（来源：美国虐童调查2 500家美国网站刊登非法图片.南方都市报 2012 - 04 - 01）

## 143.　美国一狗咬自家幼儿

美国一名2岁幼儿被自家饲养的猎犬咬伤致死，他的父母也因此受到包括谋杀在内的多项指控。

两个月前，弗吉尼亚州萨福克地区居民詹姆斯·乔纳森·马丁和希瑟·弗兰戈夫妇2岁的儿子乔纳森·马丁被自家饲养的两条美洲猎犬咬伤面部和四肢，后因失血过多死亡。

警方调查发现，小马丁遭到攻击时自己在楼下，与两条大狗和几只小狗在一起，而他的父母都在楼上。

《弗吉尼亚向导报》15日援引警方发言人戴比·乔治的话报道说，29岁的马丁和25岁的弗兰戈已经受到谋杀、过失杀人以及忽视照顾儿童等指控。事发后，他们被警方关押，并不得保释，15日第二次出庭受审。

（来源：美国2岁幼儿被自家狗咬死　父母被控谋杀　北京娱乐信报 2005 - 12 - 17）

## 144. 美国父亲车内闷死孩子

2014 年,美国堪萨斯州威奇托市的男子赛斯·杰克逊(Seth Jackson)在家中一边悠然地吸食大麻,一边观看电视剧《权力的游戏》,直到剧中出现一个小孩的角色,这位迷糊的父亲才想起自己 10 个月大的孩子被遗忘在了车内。而等他赶去孩子身边时,孩子已经被热死在温度高达 32℃的封闭汽车中。目前,赛斯面临一级谋杀罪的指控,因为他的疏忽而断送了一个孩子脆弱的生命,等待他的只有法律的惩罚。

(来源:昆山一幼童被锁车内近一小时　城市商报 2015 - 05 - 28　A03 版)

## 145. 美国母亲超市购物孩留车内

美国名叫莫妮卡·楘(Monica Yang)的华裔母亲,在圣地亚哥县拉梅萨市(La Mesa)一处购物中心停车场被警察逮捕,原因是她不顾烈日当空,将两名幼儿留置在露天停放的汽车内,被指危及儿童生命安全。

(来源:昆山一幼童被锁车内近一小时　城市商报 2015 - 5 - 28　A03 版)

## 146. 美国幼儿教师打男童被起诉

2013 年 8 月,美国西弗吉尼亚州《蒙哥马利先驱报》报道了一起幼儿园教师虐待幼童的事件。57 岁的幼儿教师凯瑟琳·韦德在调解两名幼童的争执时,用手打了一名男童的头以示惩戒。凯瑟琳的做法被当地儿童保护机构工作人员撞个正着,后者随即向警方报告。警方之后的调查还发现,凯瑟琳此前还拉扯过一名幼童的双耳,原因是怀疑这名幼童偷东西。

当地警方对此案的处理很快,在获得了几份证人证言后,凯瑟琳就被送上法庭,罪名是"殴打罪"。"殴打罪"在西弗吉尼亚州法律中属于轻罪,但程度比"攻击"更恶劣。殴打罪最重可判处 1 年的监禁和 500 美元的罚款。凯瑟琳最终缴纳了 5 000 美元的保释金才得以回家。

(来源:日美将老师虐待学生与犯罪挂钩严防虐童事件　法制晚报 2014 - 05 - 08)

## 147. 美国教师醉酒后到校上课被拘

据美国 CBS 电视台网站报道,2014 年 3 月,丹佛市一名幼儿教师特雷莎·波曼在醉酒后到校上课。

醉醺醺的特蕾莎抵达学校后,还没有进入教室便被学校领导发现。学校领导连"批评教育"都省掉,直接打电话报了警。

不久警察赶到现场,对特蕾莎进行了酒精检测,确认她醉酒后将其拘留。特蕾莎被警察带走后,校方还主动向学生家长发布声明,说明事件的过程,并强调特蕾莎在事发当天绝对没有接触过学生。

(来源:日美将老师虐待学生与犯罪挂钩严防虐童事件　法制晚报 2014 - 05 - 08)

# 148. 德国入托难可起诉政府

德国莱比锡一地方法院日前宣布,支持三名家长长时间不能为孩子找到幼儿园的诉状,判处当地政府向家长支付因为没有找到幼儿园而误工的损失。自 2013 年德国"入托法"生效以来,这是第一个因入托问题起诉政府的案例,在整个德国引起了极大关注。

"入托难"在德国是个老生常谈的话题。早在 2008 年,德国政府就做出决定,各地政府必须加大投入建设托儿所和幼儿园,力争在几年时间里增加 80 万个托儿所指标。2013 年,德国政府又通过一项法律,法律规定,所有年满 1 周岁的孩子都享有入托的权利。如果被托儿所拒绝,父母可以依法起诉。

2015 年年初,三位生活在莱比锡的家长起诉了当地政府。家长们认为,政府没有履行好建设足够托儿所的责任。莱比锡地方法院认为,政府有责任为妇女在家庭与事业冲突时提供帮助。建设足够的托儿所和幼儿园是政府不可推卸的责任。从 2008 年到现在,德国各级政府有充分的时间开展建设托儿所的工作。因此,莱比锡地方法院判决认为,当地政府存在失职问题,要求政府向三位家长支付因为没有找到幼儿园而误工的损失,每位家长可获得 1.5 万欧元的补偿。

"入托难"是不少德国年轻父母面临的棘手问题。德国公立托儿所数量较少,远远不能满足需求。每 7 个 3 岁以下的幼童中,只有一个能进托儿所。所以,大多数女性在生育后,都不得不放弃工作,在家当全职母亲。这些父母都希望,尽早将自己的孩子送进幼儿园。一方面,父母自己可以腾出时间工作;另一方面,孩子也可以尽早参与集体生活,培养与群体打交道的能力。为此,在孩子出生之前,不少父母就已经开始在幼儿园为孩子报名,开始漫长的排队等待。

(来源:德国入托难可起诉政府　光明日报 2015 - 04 - 26　06 版)

# 149. 德国两幼儿园女教师被曝给孩子脸上涂粪

德国萨克森州诺伊尔萨尔茨市一家日托托儿所于 2009 年 11 月曝出丑闻。两名托儿所阿姨强迫那里的孩子吃呕吐物,把粪便涂在他们的脸上,还用石膏封上他们的嘴。两名阿姨是时年 53 岁的拉莫娜和 48 岁的伊洛娜,法院指控她们犯下多起非法拘禁和人身攻击。她的同事、时年 38 岁的科斯汀还讲述了另一种令人感到愤怒的做法。"她们两人强迫给孩子们喂饭,她们把没吃完的东西统统塞到孩子们嘴里。一名男孩忍受不住,把吃进去的东西又吐了出来,伊洛娜就强迫他把呕吐物吃下去。"

(来源:盘点世界各国虐待儿童狂魔事件　人民网 2012 - 10 - 29)

# 150. 英国女幼儿教师性侵幼童受审

英国普利茅斯市一名幼儿园女教师瓦妮莎·乔治涉嫌对多名儿童实施性侵犯被捕,2009 年 6 月 12 日,觉得"抬不起头来"的瓦妮莎家人宣布和她断绝关系。

## 〈女教师看起来"性格和善"〉

据报道,39 岁的瓦妮莎是普利茅斯"小泰德幼儿园"的一名教师,工作已有 3 年。然而,这名看起来"性格和善"的女教师却涉嫌对幼童实施性侵害。

检方提供的照片显示,2007 年以来,瓦妮莎涉嫌性侵犯幼儿园内两名女童和一名男童,最小一名女童当时只有 1 周岁。此外,乔治还涉嫌给这些幼童拍摄色情照片。

## 〈法庭前被扇耳光〉

瓦妮莎 8 日晚被警方逮捕,并在 11 日首次出庭。大约 30 名家长和抗议者堵在法庭门口,大部分家长难掩悲愤。当瓦妮莎准备走进法庭时,家长们大声责骂她"恶魔"。还有一名男子突然从人群中冲出,扇了瓦妮莎一记耳光。

在十分钟的出庭时间里,瓦妮莎对于听众的愤怒和咒骂毫无反应,她只向法庭交待了自己的姓名和住址。

在检方宣读罪状时,瓦妮莎只是闭上眼睛。而悲痛的家长们呜咽声一片,一名年轻的父亲无法忍受,哭泣着跑出法庭。当押解瓦妮莎的车辆驶离法庭时,抗议人群向车子投掷水瓶和面粉,并大声诅咒。

(来源:英国女幼教性侵幼童受审　新京报 2009 - 06 - 13)

# 151. 瑞典男幼儿教师涉嫌性侵 14 名幼儿

瑞典一名幼儿园男教师因涉嫌性侵 14 名学童,被法院勒令接受心理治疗。

这名男教师 21 岁,在瑞典中部一所幼儿园工作,2014 年 1 月到 4 月期间,他涉嫌性侵 14 名 2 岁到 6 岁学童,还把过程录像放上网络。

法院审理时对嫌犯进行精神评估,报告显示嫌犯心理不正常,而且相当严重,法官因此勒令嫌犯接受心理治疗。

此外,该名教师还被判赔偿受害幼儿家属约 16.9 万美元。

(来源:瑞典一幼儿园男教师涉嫌性侵 14 幼儿　疑神智失常　中新网 2014 - 09 - 11 电)

## 152. 加拿大幼儿园老师暴摔幼儿

2009 年 10 月,加拿大卑诗省列治文市一名家长发现,自己 18 个月大的孩子从柏萨尼幼儿园接回后,面部有伤痕,怀疑是摔倒所致,于是向警方投诉。半年后警方调查发现,这个孩子和其他幼儿都曾被老师举起直接摔在地上致伤,71 岁的幼儿园经理和两名幼儿园老师均与此有关,警方随即逮捕上述三人,并控以 1 至 3 项故意伤人罪。这件事在加拿大社会内部造成巨大影响,当地警方为此特别设置专人接受相关询问。

(西方国家虐童案不断 欧美绞尽脑汁杜绝"虐童" 今晚报 2012-11-09)

## 153. 韩国幼儿园教师虐童,没有吃完泡菜就要被打?

人民网首尔 2015 年 1 月 16 日电近日,韩国仁川一名仅 4 岁的幼童在幼儿园因泡菜没吃完被殴打的视频引起韩国网友一片哗然。

14 日,韩国各大电视台公布了这段视频,视频中仁川某幼儿园的教师以午餐中的泡菜没吃完为由,用手掌重重击打孩子的头部,孩子被打后,几乎要飞了起来,随后重重摔倒在地。孩子在摔倒后并没有哭,而是迅速起来,跪在地上,用手去捡掉在地上的泡菜。经调查,打人幼儿园教师还曾威胁受害学生说,"是你做错了,如果回家和妈妈说起此事会被教训得更厉害"。

该事件发生后,该幼儿园其他学生家长表示,对幼儿园孩子来说,打人教师负责的班级是整个幼儿园最恐怖的地方,如果其他班的孩子犯了错不听话,老师就会恐吓孩子说,不听话就把你送到 B 班(打人教师所负责的班)。

受虐儿童母亲流泪表示:"在看到视频中孩子被打的一瞬间,整个人就完全'瘫'了。内心还一直在疑问,教师怎么会打人?但事实就是被称作'教师'的人把自己的孩子几乎打飞。就算我一直劝自己忘掉那一幕,但孩子被打飞起来的画面一直浮现在脑海中,心就像被针扎一样难受,一定要严惩施暴教师。"

虐童事件也引起了韩国网友们的愤怒。韩国网友纷纷表示:"没有吃完泡菜就要被那样虐待?""看到孩子被打的场面,气得肺都要炸开了""打孩子的老师都是杀人未遂犯,孩子又不是物品,怎么能够说打就打""看完新闻报道太震惊了,到现在心脏还蹦蹦地跳。幼儿园在选教师的时候难道不看一个人的素养吗?该事件发生后更加不放心把孩子送到幼儿园了"等。

15 日,韩国警方在经过一系列调查后,已对仁川幼儿园施暴教师进行了紧急逮捕。韩国社会副总理兼教育部长黄佑吕也表达了对此事的愤慨和痛心,并表示会吸取此事的教训,采取更加强有力的措施防止类似事件再次发生。

(来源:韩国幼儿园教师虐童事件引网友愤怒:没有吃完泡菜就要被打? 人民网—韩国频道 2015-01-16)

**图书在版编目（CIP）数据**

幼儿教育法制案例分析/童宪明主编. —上海:复旦大学出版社,2016.1
ISBN 978-7-309-11940-4

Ⅰ. 幼…　Ⅱ. 童…　Ⅲ. 学前教育-教育法-案例-中国-幼儿师范学校-教材　Ⅳ. D922.165

中国版本图书馆 CIP 数据核字（2015）第 270604 号

**幼儿教育法制案例分析**
童宪明　主编
责任编辑/查　莉

复旦大学出版社有限公司出版发行
上海市国权路 579 号　邮编:200433
网址:fupnet@ fudanpress. com　http://www. fudanpress. com
门市零售:86-21-65642857　　团体订购:86-21-65118853
外埠邮购:86-21-65109143
浙江省临安市曙光印务有限公司

开本 890 × 1240　1/16　印张 11　字数 309 千
2016 年 1 月第 1 版第 1 次印刷
印数 1—5 100

ISBN 978-7-309-11940-4/D・769
定价:29.00 元